O que as pessoas estão falando sobre
Mitos da Gestão

CB019656

"Este livro é tão verdadeiro, tão sensato, tão conciso e fluente que eu gostaria de tê-lo escrito eu mesma. Se todas as pessoas de negócios o lerem, toda a estupidez da gestão será exterminada."

Lucy Kellaway, editora associada e
colunista de trabalho e carreira, Financial Times.

"Considero-me bastante sofisticado e um tanto refinado em meus processos mentais. Assim, sinto-me perplexo ao não encontrar absolutamente nada em *Mitos da Gestão* com que eu não concorde. Por certo, eu teria dito isto ou aquilo de maneira um pouco diferente, com ênfase em X ou Y. Mas, no final das contas, eu compro a iniciativa. Você talvez não concorde integralmente com os argumentos do autor, mas posso lhe garantir: você será questionado 44 vezes e, sem dúvida, obterá retorno estratosférico ao ler com atenção cada página do livro e ao refletir com profundidade sobre as ideias nela expostas. Bônus: acho que você, como eu, rirá, muitas vezes, da maneira como caiu nas armadilhas expostas por Stefan Stern e Cary Cooper."

Tom Peters, importante guru da gestão e
coautor do clássico In Search of Excellence.

"Stefan Stern e Cary Cooper compilaram todas as tolices que já li sobre gestão em um livro e, então, as descartaram como mitos, oferecendo insights de grande bom senso, em linguagem simples e direta, de fácil compreensão. Para todas as pessoas que quiserem gerir – ou seja, criar condições para que outras pessoas sejam bem-sucedidas –, este é um livro indispensável."

Sir Ian Cheshire, Presidente do Conselho da Debenhams
e ex-CEO da Kingfisher plc.

"O âmbito da gestão é crucial, mas suscetível a mitos. Neste livro fascinante, Stefan Stern e Cary Cooper reúnem inteligência e coragem para mostrar que é necessário ir além das exaltações e dos modismos para tornar-se um gestor criativo e, talvez, até brilhante."

Lynda Gratton, professora de Prática de Gestão, London Business School.

"Declarações sobre a morte da gestão são enormes exageros. Ainda exercemos a gestão com falhas e ainda precisamos de melhores ideias sobre como melhorá-la. Stefan Stern e Cary Cooper exumaram e exorcizaram alguns dos mitos mais mortais que ainda assombram os Conselhos e as Diretorias das empresas e fizeram um trabalho notável ao identificar abordagens vitais para executar o trabalho árduo de gerir."

Margaret Heffernan, escritora, líder de negócios e consultora.

"Se quisermos melhorar a produtividade da economia, o que acontece nas organizações é fundamental. Liderança e gestão são importantes. No entanto, durante décadas, consagramos a liderança (acarretando remuneração excessiva para muitos CEOs) e profanamos a gestão. Neste livro brilhante, Stefan Stern e Cary Cooper desbancam os mitos que descambam em más práticas. Como argumentam os autores, a liderança e a gestão abertas, humildes, inclusivas e receptivas são essenciais – e podem ser aprendidas. Não deixe de ler este livro!"

Vicky Pryce, ex-chefe do Government Economic Service do Reino Unido.

"A gestão é importante – mas é mal compreendida. Neste livro, dois observadores muito experientes destacam com grande competência equívocos comuns sobre a teoria e prática da gestão. O raciocínio claro deles nos ajuda a descobrir como a boa gestão pode contribuir positivamente para transformar as organizações em ambientes de trabalho mais produtivos e motivadores. Este é um livro oportuno e instigante. Merece ser lido com muita atenção por todos os gestores."

Rob Goffee e Gareth Jones, autores de
Quem disse que você pode liderar pessoas?
e O que é preciso para ser um verdadeiro líder.

"Stefan Stern e Cary Cooper escreveram um livro maravilhoso para nos lembrar da essência da gestão, além das miçangas. Ele trata de pessoas, pura e simplesmente."

Herminia Ibarra, professora de Comportamento Organizacional,
London Business School.

MITOS
DA GESTÃO

—

DESCUBRA POR QUE
QUASE TUDO QUE VOCÊ OUVIU
SOBRE **GESTÃO** É **MITO**

Copyright © 2018 Stefan Stern e Cary Cooper
Copyright © 2018 Editora Autêntica Business

Título original: *Myths of Management – What people get wrong about being the boss*

Tradução publicada mediante acordo com a Kogan Page.

Todos os direitos reservados pela Editora Autêntica Business. Nenhuma parte desta publicação poderá ser reproduzida, seja por meios mecânicos, eletrônicos, seja cópia xerográfica, sem autorização prévia da Editora.

EDITOR	REVISÃO TÉCNICA
Marcelo Amaral de Moraes	Marcelo Amaral de Moraes
ASSISTENTE EDITORIAL	REVISÃO
Vanessa Cristina da Silva Sá	Lúcia Assumpção
CAPA	DIAGRAMAÇÃO
Diogo Droschi	Larissa Carvalho Mazzoni
(sobre imagem de	
Andrii Cherniakhov/Shutterstock)	

Dados Internacionais de Catalogação na Publicação (CIP)
(Câmara Brasileira do Livro, SP, Brasil)

Stern, Stefan

Mitos da gestão : descubra por que quase tudo que você ouviu sobre gestão é mito / Stefan Stern e Cary Cooper ; tradução Afonso Celso da Cunha Serra. -- São Paulo : Autêntica Business, 2018.

Título original: Myths of Management.

ISBN 978-85-513-0357-3

1. Gestão 2. Gerenciamento 3. Administração 4. Liderança 5. Negócios I. Cooper, Cary. II. Título.

18-14141 CDD-658

Índices para catálogo sistemático:
1. Mitos da gestão : Administração 658

A **AUTÊNTICA BUSINESS** É UMA EDITORA DO **GRUPO AUTÊNTICA**

São Paulo
Av. Paulista, 2.073,
Conjunto Nacional, Horsa I
23º andar . Conj. 2310 - 2312.
Cerqueira César . 01311-940
São Paulo . SP
Tel.: (55 11) 3034 4468

Belo Horizonte
Rua Carlos Turner, 420,
Silveira . 31140-520
Belo Horizonte . MG
Tel.: (55 31) 3465 4500

Rio de Janeiro
Rua Debret, 23, sala 401
Centro . 20030-080
Rio de Janeiro . RJ
Tel.: (55 21) 3179 1975

www.grupoautentica.com.br

STEFAN STERN E
CARY COOPER

MITOS
DA GESTÃO

DESCUBRA POR QUE
QUASE TUDO QUE VOCÊ OUVIU
SOBRE **GESTÃO** É **MITO**

TRADUÇÃO Afonso Celso da Cunha Serra

autêntica
BUSINESS

*Em memória de Diana J. Stern (1935-2014), mãe,
gestora e Mensch* [pessoa íntegra e honrada].
SFDS

*Eu gostaria de dedicar este livro a dois de meus
mentores em gestão, que não mais estão conosco, professor
Sir Roland Smith e professor Fred Massarick (UCLA).*
CLC

SUMÁRIO

Introdução 13

Mito 1- Há uma maneira certa de liderar ou gerenciar..................... 17

Mito 2- É árduo no topo... 21

Mito 3- Longas horas de trabalho levam ao sucesso........................ 25

Mito 4- É importante não mostrar vulnerabilidade ou dúvida.......... 29

Mito 5- É solitário no topo 33

Mito 6- Você precisa ser a pessoa mais esperta do pedaço 37

Mito 7- A hierarquia acabou.. 40

Mito 8- Coerência é essencial.. 44

Mito 9- Só contrate pessoas que se encaixam............................. 46

Mito 10- Liderança é mais importante que gestão.......................... 50

Mito 11- É preciso pagar bem para conseguir a pessoa certa............. 54

Mito 12- As avaliações anuais ajudam você
a gerenciar o desempenho 58

Mito 13- As informações devem ser controladas e limitadas 62

Mito 14- ...mas as mulheres, na verdade, não querem altos cargos...... 66

Mito 15- Os líderes são inatos, não criados 70

Mito 16- Os primeiros 100 dias no cargo são decisivos 74

Mito 17- Você precisa saber tudo o que está acontecendo 78

Mito 18- Os líderes heroicos podem mudar
sozinhos toda a organização................................... 82

Mito 19- O chefe com a melhor estratégia vence 86

Mito 20- Não é possível trabalhar com flexibilidade
em funções de alto nível 90

Mito 21- Os salários devem ser confidenciais.............................. 94

Mito 22- Psicologia é psicoblablá desnecessário e inadequado........... 97

Mito 23- Os robôs estão chegando para tirar o seu trabalho 101

Mito 24- A liderança deve ser transformacional 106

Mito 25- A conformidade leva ao sucesso 110

Mito 26- Sentimentos são frescuras de fracassados 114

Mito 27- Mantenha-se distante se quiser ser respeitado 117

Mito 28- Seja você mesmo – tudo tem a ver com autenticidade 121

Mito 29- A data de nascimento é destino 125

Mito 30- As pessoas são motivadas por dinheiro 130

Mito 31- O medo funciona e o "engajamento" é desnecessário 134

Mito 32- O caso de negócios sempre será convincente 138

Mito 33- Não há nada de errado com o negócio,
só há algumas maçãs podres 142

Mito 34- Despertamos para os problemas
provocados pelos preconceitos 146

Mito 35- Todo o poder emana do topo 149

Mito 36- As pessoas aprendem quando explicamos com clareza 153

Mito 37- É preciso acompanhar e experimentar
todas as novas ideias sobre gestão 156

Mito 38 - Você deve falar como verdadeiro profissional
de negócios, sério e experiente. Aprenda o jargão 161

Mito 39- Não é possível gerenciar pessoas que não são vistas 165

Mito 40- Quem precisa de empregados?
Engaje-se na economia do biscate 169

Mito 41- As pessoas odeiam mudanças 173

Mito 42- O *big data* consertará tudo 177

Mito 43- O escritório confortável aumenta a criatividade 181

Mito 44- Só 44 coisas podem dar errado 184

Apêndices: Conversa ao pé da lareira com
notáveis pensadores da gestão 186

  1. Charles Handy 186

  2. Eve Poole 192

  3. Henry Mintzberg 195

  4. Herminia Ibarra 199

  5. Laura Empson 205

6. Lynda Gratton 211

7. Margaret Heffernan 217

8. Rob Goffee e Gareth Jones 224

9. Tom Peters 232

Referências 237

Agradecimentos 247

INTRODUÇÃO

A gestão tem importância. É coisa séria.
Chata, às vezes – mas quase sempre importante.
Precisamos encará-la com seriedade e melhorá-la.

A gestão está em toda parte, ao nosso redor, mas quase sempre invisível. O trem está atrasado? Gestão. Uma operação é adiada? Gestão. Uma renúncia repentina, inesperada? Gestão.

Nem tudo, porém, é má notícia. Um ótimo restaurante novo? Gestão. Um bem-sucedido medicamento experimental para um tratamento revolucionário? Vitória nos esportes? Gestão. Tudo é gestão, o tempo todo.

Você precisa lidar com duas coisas no trabalho: pessoas e recursos. Se você gerenciar pessoas e recursos com mais eficácia do que os concorrentes, tudo bem. Nos setores público e sem fins lucrativos, os recursos talvez sejam limitados. Nesses casos, a maneira de gerenciar pessoas é ainda mais importante. Por certo, determinará a qualidade e a eficácia dos serviços públicos.

A gestão tem importância, e muito. Parodiando a tão repetida observação do economista Paul Krugman sobre produtividade, a gestão não é tudo, mas é quase tudo. Logo, caso você estivesse em dúvida: "Por que outro livro sobre gestão?" – por isso.

Qual é a grande ideia?

Os autores deste livro estão por aí há algum tempo. Os dois juntos têm cerca de sete décadas de estudos e reflexões sobre o trabalho em organizações e suas formas de execução. Tivemos nossas parcelas de bons e maus chefes e, vez por outra, exercemos algumas funções gerenciais. Já entramos na água e nos molhamos. Experimentamos e fizemos. Por isso é que declaramos, cheios de confiança, logo de cara, que não há absolutamente nenhuma novidade neste livro.

Por que haveria? As pessoas gerenciam e são gerenciadas há séculos. A mais notória compilação formal das práticas gerenciais no mundo moderno foi produzida há mais de cem anos por F. W. Taylor, com o seu método conhecido como "administração científica". Várias décadas depois, Taiichi Ohno descreveu o sistema de produção desbravador da Toyota, que a ajudou a tornar-se a mais importante empresa automobilística do mundo. E, então, o mundo se encheu de livros sobre gestão...

A tecnologia muda, os ciclos de negócios vêm e passam, os modismos despontam e desapontam, mas os seres humanos continuam basicamente os mesmos. Ajustamo-nos às mudanças e às vezes descobrimos novas maneiras de fazer as coisas; no entanto, os componentes fundamentais do trabalho – pessoas, equipes, líderes e tarefas – realmente não se transformam. Cuidado se alguém lhe disser que tem nova ideia sobre como gerenciar pessoas.

Quase tudo é gestão

Em seu livro de 2010, *Reinventing Management: Smarter Choices for Getting Work Done*, Julian Birkinshaw, professor de Estratégia e Empreendedorismo na London Business School, observa que, embora muitas organizações tenham modelos de negócios definidos, poucas têm um modelo de gestão, uma descrição clara da maneira como querem que se pratique a gestão. Daí decorrem algumas consequências previsíveis, reveladas pelo vasto World Management Survey (iniciado em 2002), sob a liderança de três professores de economia: Nicholas Bloom, Raffaella Sadun e John Van Reenen.

Em suma, o estudo descobriu que muitas empresas (mais de 8.000 foram estudadas) simplesmente não são nem de longe tão boas em gestão quanto supõem ser. Nada menos que 79% das organizações se consideravam acima da média. De fato, porém, só 15% das empresas americanas e menos de 5% das empresas de outros países realmente podiam dizer que eram melhores operadoras quando avaliadas com base numa escala de práticas gerenciais elaboradas pelos pesquisadores. (A boa notícia é que certas intervenções específicas envolvendo metas, incentivos e monitoramento, mostraram-se capazes de melhorar o desempenho.)

No Reino Unido, pelo menos, precisamos urgentemente aumentar a nossa produtividade. Há muito tempo ela tem sido inexpressiva. Se quisermos aumentar os salários (alguém contra?), temos que ser mais produtivos. Isso significa aumentar a produção per capita ou por unidade de insumo, por meio do trabalho mais eficaz. Também significa que precisamos de melhor gestão.

Conclusão? A gestão tem importância. CQD.

O que é ideia de porte médio?

Este livro pertence a uma série destinada a explorar alguns mitos. Ele nos deu a oportunidade de lançar novo olhar sobre algumas daquelas coisas que os chefes, por instinto, acreditam ser verdadeiras, mas que, no duro, são falsas. Você realmente precisa ser a pessoa mais esperta do pedaço? Os dias de trabalho longos são a melhor maneira de alcançar o sucesso? Tudo bem em mudar de opinião? E assim por diante.

Não há notas de rodapé a ler, nem vastas quantidades de dados a digerir. Embora o livro seja fático, por basear-se em fatos e não em dogmas, nem em seitas, e por aceitar a realidade objetiva, sem filtros e bolhas, o que aqui expomos é o que pensamos, depois de anos de estudo e prática da gestão, à luz das circunstâncias.

E, embora talvez não haja aqui nenhuma Nova Ideia Brilhante e Vibrante, é possível que exista, pelo menos, uma Grande Ideia Razoável, que é a seguinte: olhe o lado humano. Todos somos humanos. Ainda não nos tornamos (e não seremos durante muito tempo) redundantes, por força das tecnologias inovadoras, da inteligência artificial e da robotização crescente. Os empregos estão mudando, e também o trabalho está em transformação constante. Os seres humanos, contudo, ainda estão por aí, e a tarefa da gestão ainda é a mesma.

Gestão tem a ver com pessoas: trabalhar com pessoas, compreender as pessoas, encorajar as pessoas, expandir e desenvolver as pessoas, inspirar as pessoas. Gestão significa fazer acontecer por meio de pessoas. Daí resulta que nossos ambientes de trabalho devem ser lugares seguros e civilizados, onde as pessoas são respeitadas e dão o melhor de si. Esperamos que qualquer leitor que questione esses pontos sinta-se diferente depois de chegar ao fim deste livro. E se, para tanto, nossas palavras não forem suficientes, por favor, leia e desfrute as "conversas ao pé da lareira" (entrevistas) que promovemos com alguns de nossos gurus favoritos em gestão, que citaremos profusamente ao longo destas páginas e que podem ser lidas em sua versão completa numa seção à parte, ao fim deste livro.

Fazer acontecer

No filme para crianças *O poderoso chefinho* (2017), um dos momentos divertidos é quando os bebês que saem da linha de produção (é um filme para crianças, certo?) são submetidos a testes para definir o seu destino. Se os bebês sorrirem e gorgolejarem, eles serão levados para famílias felizes e hospitaleiras. Se resmungarem e choramingarem, acende-se um aviso com a palavra "administração" e os bebês são levados para o trabalho. (É uma brincadeira destinada mais aos acompanhantes adultos na plateia do que à nova geração.)

Mesmo assim, não deixa de ser um desafio. A palavra "gestão" é malsonante para muita gente. Por que será que a comédia sutil e sombria *The Office* tornou-se sucesso retumbante e fenômeno global? Porque todos tivemos maus chefes, e todos sofremos na ponta passiva da má gestão.

As últimas palavras, antes de começarmos, evocam Peter Drucker, o maior pensador e escritor sobre administração de todos os tempos. Rejeitar os mitos e, em vez disso, focar nos aspectos realmente eficazes da gestão é, acima de tudo, uma grave advertência. "Muito do que denominamos administração", alertou Drucker, "consiste em dificultar o trabalho para as pessoas."

Que essa seja uma lição para você.

MITO 1

HÁ UMA MANEIRA CERTA
DE LIDERAR OU GERENCIAR

*Acautelem-se os que dizem ter "decifrado" para sempre
o código da liderança e da gestão.*

Será que a vida no trabalho não seria muito mais fácil se houvesse soluções simples para nossos problemas complexos? Haveria muito menos sobre o que pensar. E bem menos estresse. Seu repertório de comportamentos e escolhas seria muito menor. Você poderia prosseguir na crença de que o estilo de liderança A ou a decisão sobre gestão B abrangeria todas as soluções, sem outras variantes. Trabalho concluído – literalmente.

Esse anseio por simplicidade explica, em parte, por que você vê todos aqueles livros sobre gestão nas lojas dos aeroportos, tentando seduzi-lo com promessas irresistíveis, como "Três passos para competir e vencer" ou "A maneira certa de liderar".

Não existe, porém, uma maneira certa de liderar ou gerenciar. As pessoas são diferentes. As circunstâncias mudam. As empresas e as organizações, em geral, passam por diversas fases e ciclos, como ocorre com as condições comerciais predominantes. Os concorrentes podem mudar as próprias práticas, exigindo que também você se ajuste às novas situações. Os líderes e os gestores devem ser capazes de se adaptar, da mesma maneira como querem que suas equipes se ajustem.

A ideia de que poderia haver apenas "uma maneira certa" foi contestada por Paul Hersey e Ken Blanchard (1969), quase cinco décadas atrás. Eles desenvolveram a proposta de "liderança situacional" – uma maneira mais adaptável e flexível de considerar a tarefa dos líderes e dos gestores.

As pessoas no trabalho precisam de orientação e de apoio, com diferentes intensidades. Hersey e Blanchard argumentaram que, dependendo das pessoas com quem você trabalhava, e de outras condições, aplicavam-se pelo menos quatro padrões diferentes de comportamentos ligeiramente distintos.

De início, ao começar uma tarefa ou um projeto, a equipe talvez precise de muita orientação – esse é o estilo "comando" (*telling*). À medida que a natureza e as demandas do trabalho ficam mais claras, precisa-se de um pouco mais de apoio e um pouco menos de orientação. A comunicação é mais de mão dupla – esse é o estilo "venda" (*selling*).

Depois que o trabalho toma rumo e ganha velocidade, as decisões são compartilhadas e as equipes atuam quase que com autonomia – com ainda menos orientação e ainda mais apoio – esse é o estilo de "participação" (*participating*). E quando a equipe assume integralmente a execução do trabalho, quase que não precisa de orientação e necessita apenas de apoio solidário, mas à parte – esse é o estilo "delegação" (*delegating*).

O psicólogo Rob Davies, não muito a sério, comparou essa proposta com uma descrição reducionista de como jogar golfe (conversa com autores). O golfista tem apenas quatro maneiras diferentes de dar a tacada: lançar a bola longe, lançar a bola perto, bater na bola sobre piso de grama, bater na bola sobre piso de areia. (Amadores ansiosos podem contestar que a experiência deles envolve maior variedade de alternativas e menor velocidade de progresso no manejo do taco e da bola e em suas desventuras sobre a grama e a areia.)

O ponto principal, porém, é o mesmo. Um estilo de gestão ou de liderança não será adequado em todas as situações. Essa é uma das razões de Rob Goffee e Gareth Jones, autores do essencial *Why Should Anyone Be Led by You? What It Takes to Be an Authentic Leader*, 2006 (ed. bras. *Quem disse que você pode liderar pessoas?*, trad. Alessandra Mussi Araújo, 2006), sustentam que a instrução simples de "ser você mesmo" é inadequada para qualquer aspirante a chefe. Eles acrescentam o qualificativo "com competência". Você precisa do que eles denominam "habilidades de percepção da situação" para julgar como (e quanto) você precisa intervir em qualquer situação (ver também Mito 28, sobre autenticidade).

Bons modelos e maus modelos

Por que, então, ainda somos tão suscetíveis à ideia de que um tipo de líder ou gestor pode ter "decifrado o código" de uma vez por todas, e de que tudo o que precisamos é imitar o gênio? Trata-se, em parte, do apelo da solução simplista: "tudo o que você precisa saber". (Convém lembrar, porém, da visão geralmente atribuída ao jornalista americano H. L. Mencken, de que para todo problema complexo há uma solução simples, clara e errada.)

Como também argumentou Phil Rosenzweig, do IMD (International Institute for Management Development), em Lausanne, Suíça, em seu livro *The Halo Effect: ...and the Eight Other Business Delusions That Deceive Managers* (2007), talvez sejamos tentados a acreditar nos mitos (ou nas histórias simples) que as organizações narram a si mesmas e ao mundo exterior sobre como alcançaram o sucesso. São histórias que, por seu turno, são difundidas e validadas por jornalistas e acadêmicos de negócios.

Assim, diz-se que o CEO A ou B incorporou um estilo e método de liderança ideal, *de uma vez por todas*. Seja mais como Sir Terry Leahy ou Steve Jobs ou Lou Gerstner, aconselha-se, e tudo dará certo. Mas esse é um mau conselho.

Líderes e empresas vencem uma vez, por período limitado. Não há, porém, vitórias permanentes, nem maneiras únicas de liderar e gerenciar que sempre serão eficazes. Na verdade, o sucesso temporário muitas vezes leva as empresas a pensar, equivocadamente, que elas têm menos razões para mudar o que estão fazendo. O Tesco é apenas o mais recente ex-jogador dominante, que teve de reformular completamente suas operações, quando, não mais que poucos anos atrás, a empresa e seus gestores eram considerados infalíveis. O cerne do livro *Good to Great: Why Some Companies Make the Leap... and Others Don't*, de Jim Collins, 2001(ed. bras. *Empresas feitas para vencer: good to great*, trad. Maurette Brandt, 2013) não é que suas empresas exemplares tenham desenvolvido o segredo do sucesso atemporal, mas sim que, em determinado período, elas empreenderam mudanças importantes que as levaram ao sucesso.

Como a autora Eve Poole nos disse em nossa entrevista com ela (Apêndice 2), a liderança não é estática. "A função do líder é, de fato, uma habilidade artesanal que requer prática diária... E o trabalho que tenho feito sugere que os verdadeiros líderes sabem disso, e trabalham com isso, buscando oportunidades para cultivar suas habilidades, a fim de torná-las mais resistentes à obsolescência de um modelo pronto e acabado." A Dra. Poole chama esse processo de *leadersmithing*, algo como "liderança artesanal", ou abordagem artesanal à liderança.

"*Leadersmithing...* dá a receita para a liderança no topo e define as maneiras de aprendê-la, por meio de exercícios semanais ou de exposição a incidentes críticos, sob pressão, para consolidar o aprendizado e possibilitar o desempenho consistente e sustentável, sob pressão, no futuro", diz ela. "É como acumular camadas de experiências, deliberadamente, em vez de ao acaso, a fim de desenvolver o caráter e a memória muscular para liderar em todo o espectro de situações tendentes a ocorrer no futuro".

"Por que você deve ser mais como eu"

A passagem famosa de Tolstói sobre famílias – as famílias felizes são mais ou menos parecidas, enquanto as famílias infelizes o são à sua maneira – não se aplica a empresas e organizações. Por isso é que não pode haver uma única maneira certa de liderar ou gerenciar em qualquer contexto. O ex-sócio-gerente global da McKinsey, Ian Davis, certa vez deixou esse ponto bastante claro numa conversa com os autores. "Todas as generalizações sobre negócios estão erradas", disse ele. E, quando se consideram quantos negócios a empresa dele analisou ao longo dos anos, esse parece ser um conselho útil e inusitadamente barato. É preciso tentar compreender a situação em que você se encontra agora e atuar da maneira como as circunstâncias exigem.

Na verdade, Davis certa vez resumiu com brilhantismo o que há de errado com aquelas pilhas de livros de negócios reluzentes, tão comuns nos aeroportos,[1] que prometem revelar os segredos dos líderes de negócios superastros. Qualquer que seja o título oficial do livro, o verdadeiro subtítulo é realmente: "Por que você deve ser mais como eu" (conversa com os autores). Não importa, porém, quanto você imite a maneira de vestir de Steve Jobs, você nunca será Steve Jobs. Não tente ser mais como eles. Seja mais como você. Afinal, é tudo o que você tem.

---

[1] Evidentemente, se você comprou este livro no aeroporto, obrigado.

MITO 2

É ÁRDUO NO TOPO

A conversa autoelogiosa sobre a dureza de ser líder ignora os estresses e as pressões enfrentados pelo resto do pessoal.

Cuidado com o CEO que alardeia, como é comum, que "demitir pessoas" é o seu encargo mais difícil. O mais provável é que ele não esteja sendo sincero. Numa época em que o conjunto de seres humanos de uma empresa recebe a denominação depreciativa de "*headcount*", no jargão de negócios, literalmente "número de cabeças", como em "cabeças de gado", e em que redução de custos e aumento de eficiência são prioridades permanentes, a ideia de os CEOs terem escrúpulos em fazer cortes de empregados parece no mínimo bizarra. As reorganizações para eliminação de redundâncias e aumento da produtividade estão na ordem do dia e, às vezes, são inevitáveis. Reserve sua empatia para quem se encontra sob o gume dessas guilhotinas.

É fácil para os chefes consolar-se com o pensamento de que algumas pessoas os admiram pela dificuldade de seu trabalho. Que eles seguram a peteca não deixa de ser verdade. Esses indivíduos talvez recebam, de longe, a mais alta remuneração, não raro desmesurada, mas eles assumirão a culpa se e quando algo der errado. É a reputação deles que está na linha.

Pense, porém, nas razões por que não é realmente tão árduo no topo. Primeiro, você conta com muita ajuda, quase sempre à sua disposição. Não se trata apenas do número de assistentes pessoais. Os colegas, cujas perspectivas de carreira dependem do seu julgamento a respeito deles, estarão ansiosos para ajudá-lo a qualquer hora e em qualquer lugar.

Todas as dificuldades logísticas estarão sendo manejadas e atenuadas por terceiros. Você viajará com todo o conforto e ficará em acomodações luxuosas. Você será ouvido com atenção. Você será o primeiro e o último a falar, expondo os temas e os critérios, na abertura, e resumindo os entendimentos e as conclusões, no fechamento, antes de qualquer outro participante. Você escolhe as tarefas a serem executadas por você mesmo e as tarefas a serem delegadas. Você terá muito mais autonomia do que qualquer outra pessoa no negócio.

É árduo no meio e na base

Os extensos "estudos Whitehall" (1991), de Sir Michael Marmot, pesquisa sobre a saúde e o bem-estar dos servidores públicos, revelou que os indivíduos situados nos níveis mais baixos da hierarquia, não no topo, estavam sujeitos a mais estresse e a sérios problemas de saúde.

A análise das pessoas que têm baixo "controle da função" mostrou que a probabilidade de morrerem de ataque cardíaco era quatro vezes superior à de pessoas que têm alto "controle da função". Elas também pareciam estar mais propensas a sofrer de outras doenças relacionadas com o nível de estresse, como câncer, derrames e transtornos gastrointestinais.

Em outras palavras, não é árduo no topo. É árduo no meio e na base. "As pessoas de alto nível estão sujeitas a muitas demandas", escreveu Marmot, "mas elas também exercem muito controle sobre o trabalho, e é a combinação de alta demanda e baixo controle sobre o trabalho que gera mais estresse". O pessoal de nível mais baixo também desfruta de muito menos "participação social": suas redes sociais são menores e menos poderosas, o que torna mais difícil influenciar a própria situação. Cada vez mais, com a bifurcação do mercado de trabalho, a verdade nua e crua é que há um número diminuto de cargos realmente bons (e bem pagos) no topo, uma oferta um pouco maior (embora ainda pequena) de cargos satisfatórios no meio, e uma quantidade ainda razoável de trabalhos incertos e mal pagos na base, embora menos do que no passado. E é aqui que o caminho fica difícil.

Caia na real

No livro *The Leader on the Couch: A Clinical Approach to Changing People & Organizations* (2006), o professor Manfred Kets de Vries, da escola de negócios INSEAD, cita um CEO que admitiu, na privacidade de uma sala de seminários: "Todos os dias, quando entro em meu escritório na empresa, tenho a capacidade de tornar a vida de meus dez mil empregados miserável ou promissora. Não é muito difícil nos dois sentidos".

Essa é, pelo menos, uma avaliação honesta. E confirma até que ponto as dificuldades da vida no trabalho se concentram nas linhas de frente e nas gerências de nível médio, não nas salas de reuniões do Conselho de Administração, nem nas suítes executivas, nem nos corredores do poder.

Dar-se conta dessa realidade deve influenciar os métodos de todos os líderes e gestores. Quanta autonomia e liberdade de ação você dá ao seu pessoal? Será que eles ainda precisam de autorização para executar as tarefas mais simples?

Você já refletiu sobre as pressões a que eles estão sujeitos – por exemplo, o fato de, no andar de baixo onde eles trabalham, os recursos serem limitados, ao contrário da situação no contexto mais sereno do andar de cima? Sem meias palavras, as restrições da renda mais baixa também exercerão pressões inevitáveis sobre o pessoal na base da pirâmide. Você tem alguma ideia de como o custo de vida afeta essas famílias? Você já passou pela experiência de enfrentar os meios de transporte público abarrotados nas horas mais movimentadas do dia? Não é tão relaxante quanto ser conduzido numa limusine blindada, com ar-condicionado e isolamento acústico.

Privilegiados

À medida que a remuneração dos "supergestores" do mundo dispararam – como foi detalhado por Thomas Piketty, em seu livro revolucionário *Capital in the Twenty-first Century*, 2014 (ed. bras. *O Capital no século XXI*, trad. Monica Baumgarten de Bolle, 2014) – muitos ficaram para trás, economicamente e sob outros aspectos. E daí decorreram consequências políticas dramáticas, como o voto pró-Brexit, no Reino Unido, a eleição de Donald Trump, e a ascensão de partidos populistas por toda parte, na Europa e mundo afora. Os líderes de negócios talvez não gostem dessas ocorrências, mas elas foram provocadas, em parte, por chefes que, atabalhoadamente, se consideram mal compreendidos e mal apreciados, mesmo quando desfrutam de excelente remuneração, benefícios e condições.

Os chefes transpiram um cheiro repulsivo de privilégios, com suas pretensões de terem talentos raros e especiais que lhes conferem o direito de serem tratados com prerrogativas e reverências. A remuneração descomedida é apenas uma manifestação dessa conjuntura, mas é, sem dúvida, a mais impactante. Considerar-se merecedor de multiplicador tão desmesurado do salário médio dos empregados da empresa diz muito sobre a ética dos executivos e das empresas. É como admitiu um ex-CEO de uma empresa do índice FTSE 100: "Ganhamos na loteria todos os anos". Nada mau, não é?

Se você realmente acha que é árduo no topo, tente viver e trabalhar na várzea.

MITO 3
LONGAS HORAS DE TRABALHO
LEVAM AO SUCESSO

Evidentemente, prolongue as horas de trabalho quando necessário.
Mas saiba que é preciso parar de trabalhar e viver a vida.
Restabeleça algum equilíbrio.

Primeiro a entrar, último a sair. Alguns chefes acham que devem dar o exemplo de jornada de trabalho. E isso significa começar cedo e acabar tarde. O problema é que esse talvez não seja um bom exemplo. Estar presente, mas não ser produtivo – "presenteísmo" – não é proveitoso para ninguém. E intimidar os colegas a prolongar as horas de trabalho apenas por exibição é ainda pior.

E esse mal não é apenas anglo-saxônico. Os japoneses até criaram um termo, *karoshi*, que significa "morte por excesso de trabalho". Ficar até tarde para ver a banda passar (também há uma expressão para isso), só porque o chefe ainda não foi para casa, há muito tempo é sintoma dos ambientes de trabalho japoneses. (Um grupo de trabalho do governo japonês sugeriu que as horas extras dos empregados fossem limitadas a 100 horas por mês, com um limite anual de 720 horas (*The Japan Times*, 2 maio 2017). Mesmo esse número imenso está sendo difícil de cumprir. No entanto, na Alemanha, trabalhar até tarde normalmente é visto como sinal de ineficiência. Você deveria ficar envergonhado de ainda estar no escritório, em vez de orgulhoso.

A produtividade do Reino Unido, sempre na horizontal, não aponta para muitos benefícios resultantes dessa cultura de jornadas de trabalho longas. Ser 20% menos produtivo do que os franceses, por exemplo, justifica que os ingleses ainda trabalhem nas sextas-feiras, enquanto os franceses já adotaram o fim de semana de três dias. Seria isso sucesso? (Dica: não é.)

Por que você não quer ir para casa?

Criar uma cultura de vício em trabalho não é resposta para o nosso problema de produtividade, nem bom para nossa saúde mental. A empresa de relações públicas Larsons estudou a força de trabalho do Reino Unido, em 2015, num estudo intitulado, com bastante razão, *Britain at Work*, enquete envolvendo mais de 2.000 empregados. A pesquisa mostrou que muita gente está fazendo grande quantidade de horas extras, sem remuneração, com 61% dos participantes declarando que trabalham normalmente além das horas contratadas. Em 2017, o Trades Unions Congress (TUC) acumulou 2,1 bilhões de horas de trabalho não remuneradas no ano anterior, com valor per capita superior a £ 6.000, em média, ou quase £ 34 bilhões no total. Se, porém, estamos trabalhando tanto, por que não somos produtivos? Baixa produtividade significa que as pessoas não estão sendo pagas como poderiam. Estão oferecendo jornadas longas, mas não estão produzindo resultados.

Quando sempre trabalhamos muitas horas, a saúde e o bem-estar sofrem as consequências. Ficamos cansados e perdemos a capacidade de apresentar soluções criativas para os problemas, o que, por seu turno, exerce impacto negativo sobre o desempenho. Desencadeamos um círculo vicioso. Muita gente compensa o mau desempenho com jornadas de trabalho mais longas, o que acaba provocando altos níveis de pressão, erros e más decisões, e até piorando o desempenho, em geral. A vida doméstica e familiar inevitavelmente sempre sofre as consequências.

Saúde é riqueza

No passado, as principais causas de ausências prolongadas por motivo de saúde eram coisas como dores nas costas e outros transtornos musculoesqueléticos. Hoje, estresse, depressão e ansiedade são os males que afastam as pessoas do trabalho. Ou permitindo o comparecimento ao local de trabalho, mas incapacitando-as para o trabalho.

De acordo com a enquete *Britain at Work*, 30% dos trabalhadores acham que não têm tempo suficiente para cumprir suas obrigações no trabalho, e 18% afirmam que estão cansados demais para serem eficazes no trabalho. O Reino Unido se emaranhou na armadilha cultural de longas jornadas e baixa produtividade. Presumimos que trabalhar mais horas à plena capacidade é a resposta para a queda abrupta em nossa produtividade, quando, na verdade, é parte da causa. Se realmente queremos melhorar a produtividade, precisamos mudar nossas atitudes e compreender que as jornadas prolongadas não são saudáveis, nem produtivas, nem sustentáveis como estilo de trabalho no longo prazo.

Será que todas as reuniões são de fato necessárias? Você realmente precisa fazer tantas viagens, ausentando-se de casa por tanto tempo? Será que todos esses eventos sociais à noite e nos fins de semana são efetivamente indispensáveis? Essas são perguntas que os gestores sempre devem fazer a si mesmos.

Rompendo a cultura das jornadas longas

Se queremos mudar o comportamento das pessoas, o topo deve emitir sinais inequívocos de que as jornadas longas não são necessárias, nem desejáveis. E essa mensagem precisa ser transmitida a toda a organização. Para tanto, é necessário recrutar gestores não só competentes do ponto de vista técnico, mas também capazes de liderar outras pessoas. Com muita frequência, vemos indivíduos inaptos serem promovidos para posições gerenciais. Assim é porque muitas organizações não contratam gestores com base em suas competências com pessoas, mas sim em função de suas aptidões técnicas ou de suas contribuições para os resultados financeiros em outra empresa, sem se importar com os danos colaterais daí resultantes.

Ao recrutar gestores, precisamos levar em conta suas competências interpessoais e considerar até que ponto são capazes de gerenciar e construir relacionamentos com os colegas.

O Reino Unido precisa de líderes que saibam conversar com os empregados na linguagem deles; ou seja, de líderes engajados capazes de construir confiança, de cultivar culturas flexíveis e de atribuir à equipe cargas de trabalho factíveis, com prazos realistas e com autonomia suficiente e razoável, que lhes pareça sensata.

Para muitos, gerenciar a equipe é mais difícil quando a vida pessoal dos trabalhadores transborda para a vida profissional. A maioria dos gestores de linha não está preparada para manejar conversas difíceis envolvendo problemas pessoais e familiares, sentimentos de depressão e ansiedade, ou relacionamentos problemáticos no trabalho – coisas da vida. Também nesses aspectos precisamos melhorar.

As organizações precisam garantir que seus gestores têm as competências necessárias para conduzir essas conversas e para priorizar as denominadas *soft skills*, ou competências suaves, com muito mais ênfase em suas agendas de recrutamento. Até que isso aconteça, não veremos melhorias significativas na produtividade do Reino Unido. O desenvolvimento de uma cultura viciada em trabalho não é a resposta. Tampouco é bom para a saúde dos trabalhadores. Como disse Woody Allen, "Não quero alcançar a mortalidade pelo meu trabalho, mas sim não morrendo!"

"Diga-me, o que você pretende fazer com sua vida frenética e preciosa?"

Não é necessário repetir aqui a anedota sobre o que nunca foi dito por ninguém no leito de morte. Todos conhecemos a piada, mas temos dificuldade em praticar a mensagem nela contida. Evidentemente, a economia – dinheiro – contribui para isso. Mas é possível não cair na armadilha de persistir num trabalho que você odeia só para garantir a continuidade do fluxo de renda. Essa é uma situação que parece ser bem compreendida principalmente por muitas pessoas com menos de 40 anos. Elas viram os pais cometer esse erro e não querem repeti-lo.

O trabalho é importante. Oferece estrutura e significado, além de renda. As pessoas querem fazer contribuições valiosas para propósitos importantes. Se, porém, não forem bem lideradas e gerenciadas, muita gente se perderá na rotina deprimente do trabalho enfadonho e infrutífero. A tarefa para os líderes e para os gestores é mostrar como longas horas de trabalho podem ser mais nocivas do que benéficas, e que, às vezes, a melhor opção é ir para casa.

CRÉDITO: Este mito é a reprodução de um artigo que apareceu pela primeira vez na edição de 2015 da revista *HR*. Reproduzido com a gentil permissão da revista *RH*.

MITO 4

É IMPORTANTE NÃO MOSTRAR VULNERABILIDADE OU DÚVIDA

John Wayne morreu. No século XXI, tudo bem que os chefes nem sempre acertem, exponham preocupações e peçam ajuda.

Em outubro de 1980, Margaret Thatcher, líder do Partido Conservador e primeira-ministra havia cerca de um ano e meio, compareceu à convenção anual do partido, em Brighton, sob fortes pressões políticas. O desemprego estava aumentando com rapidez e a inflação ainda estava em dois dígitos. O governo de Mrs. Thatcher era profundamente impopular, e muitos observadores esperavam que ela mudasse o curso e moderasse suas políticas.

Em vez disso, ela afirmou o seguinte: "A quem espera com a respiração suspensa por aquela frase de efeito tão a gosto da imprensa, a curva em U, só tenho uma coisa a dizer: vocês mudem de opinião, se quiserem, mas a senhora não é dada a reviravoltas!"

Os delegados e os observadores da imprensa ficaram encantados. A frase pegou, tanto que, ainda hoje, a ideia de curva em U ou "reviravolta" ainda é considerada politicamente desastrosa. Não se faz isso. Os líderes devem ser fortes e decididos. Eles nunca mudam de opinião.

Margaret Thatcher, a primeira mulher a exercer a função de chefe de governo no Reino Unido, era uma figura notável. Aprovando-se ou não o que ela realizou como primeira-ministra, seu lugar na história está garantido. Essa passagem famosa, porém, depreciativa das curvas em U, ou reviravoltas, das mudanças de direção, em outras palavras, tem sido um desastre para a liderança e para a gestão. Este é um dos mitos mais persistentes da gestão: qualquer que seja a situação, você persevera, não muda de posição, nem faz concessões, não demonstra fraqueza, nem dúvida, e prossegue, a todo vapor, sem arrefecer, em quaisquer circunstâncias. Nunca dê um passo atrás; revertam o rumo se quiserem... sejam perdedores.

Esse mantra mítico, no entanto, nem mesmo descreve com exatidão o legado de Mrs. Thatcher no cargo. Sim, ela liderou uma batalha vitoriosa contra os mineiros, durante a greve de 1984-1985, mas ela, de fato, recusou-se a combatê-los, três anos antes, quando as chances eram favoráveis ao sindicato. Ela era capaz de falar grosso no palco e de abrandar o discurso nos bastidores. Esse é o mundo real. Os mitos, porém, se popularizam e perduram.

Ser macho não basta

Ideias retrógradas e superadas sobre liderança e gestão ainda comprometem o desempenho. Talvez já seja clichê declarar a morte da "gestão por comando e controle"; o fato, contudo, é que a velha prática está agonizando há muito tempo. A gestão de cima para baixo ainda pode dominar e fazer demandas opressivas e improdutivas à equipe. Uma enquete envolvendo 3.500 gestores de alto nível, conduzida pelo Chartered Institute for Personnel and Development (CIPD), em outubro de 2015, revelou que 29% dos participantes tinham de "flexibilizar seus princípios" para atender às necessidades correntes do negócio. E 20% afirmaram que atenuavam suas posições para satisfazer o chefe.

As pressões por um estilo de gestão mais aberto e inclusivo, em oposição à postura inflexível e autoritária, são crescentes e irreversíveis. Quando milhões de pessoas eram contratadas para executar tarefas repetitivas relativamente simples, numa economia industrial em que predominavam atividades manufatureiras, o trabalho do gerente consistia, sobretudo, em simplesmente atingir as metas de produção. A "administração científica", de F. W. Taylor, baseada em processos eficientes e em estudos de "tempos e movimentos", era tudo de que se precisava.

Agora, com os serviços representando, de longe, a maior parte da economia madura e moderna do Reino Unido, ou, mais exatamente, algo em torno de 80%, o fator humano tornou-se mais importante. Precisamos de pessoas no trabalho capazes de refletir e de responder com sensibilidade e criatividade às necessidades dos clientes. É realmente impossível impor esse comportamento às pessoas, como atitude contínua e espontânea. Portanto, os gestores também devem ser mais humanos: abertos, em vez de fechados; acessíveis, em vez de distantes; comunicativos, em vez de reservados; e sim, às vezes, vulneráveis e indecisos; em vez de blindados e "resolutos".

O professor Henry Mintzberg (ver Apêndice 3) é claro: "A gestão com letra minúscula é o simples e velho engajamento de pessoal. Nada elegante, nada sofisticado. Apenas pessoas que se importam, que se envolvem, e sabem o que está acontecendo. Elas têm empatia por outros seres humanos, não por 'recursos humanos'. ...Sabe, quando se vê alguém que se encaixa espontaneamente no cargo, fazer o que essa pessoa faz é a coisa mais natural do mundo".

Fragilidade, teu nome é... todos

O psicólogo Daniel Goleman popularizou o termo "inteligência emocional" em meados da década de 1990. Várias são as maneiras de entendê-lo, mas, no "coração" – o trocadilho foi intencional – consiste em considerar e compreender as reações emocionais de você próprio e de outras pessoas, no trabalho e em qualquer outro contexto. Isso significa, por exemplo, reconhecer quando você está inseguro e indeciso, quando você não consegue dar instruções ousadas e inequívocas à equipe.

Rob Goffee e Gareth Jones (2006) argumentaram que pretender atuar como chefe, macho e decidido, era um esforço equivocado. "Os líderes devem revelar suas fraquezas", escreveram. "Ao exporem certa vulnerabilidade, os líderes se tornam acessíveis e se mostram humanos."

Homem forte, desempenho fraco

Em todo o mundo, um bando de homens fortes segura as rédeas do poder – Trump (Estados Unidos), Putin (Rússia), Erdogan (Turquia), Xi Jinping (China), Duterte (Filipinas). Eles impressionam os seguidores e assustam os opositores. Até que ponto, porém, eles de fato estão se dando bem? Em que extensão e com que intensidade eles estão incubando problemas prestes a explodir? Em que condições estarão seus países ao deixarem o cargo? Será que estaremos extraindo as lições erradas desse sucesso ilusório e transitório, se concluirmos que o estilo e os métodos desses "homens fortes" podem ser transplantados para o ambiente de trabalho?

Até Mrs. Thatcher, tão dominadora, no Reino Unido, durante tantos anos, sofreu um revertério político acachapante e seu legado ainda é questionado e contestado. E, na esteira de sua liderança, o Partido Conservador implodiu, ficando fora do poder durante 13 anos, só voltando a conquistar maioria em 2015, 23 anos depois de sua última grande vitória em 1992.

Clint, não Maggie

Se estamos em busca de modelos, Hollywood oferece uma alternativa um pouco melhor do que o "mundo real" da política. O inspetor Harry Callahan, da divisão de homicídios de São Francisco, "Dirty Harry", o "Perseguidor Implacável", estrelado por Clint Eastwood, dá alguns conselhos úteis no segundo filme da série, *Magnum Force* (1973).

Combatendo a corrupção e a desonestidade que o cercavam por todos os lados, Harry mantém-se calmo. Ele superou em esperteza o inimigo, que ultrapassou os próprios limites, e mais uma vez vence, no final. E qual foi o veredito dele sobre o inimigo derrotado? "As pessoas precisam reconhecer as próprias limitações", diz ele.

Clint está certo. Não finja ser alguém que você não é, nem simule não estar sujeito a dúvidas e incertezas. Tudo bem em mudar de opinião e em reverter o rumo para ajustar-se à situação. Você até pode pedir ajuda se precisar. Isso não é fraqueza, é força.

MITO 5
É SOLITÁRIO NO TOPO

Ao assumir a missão, é hora de comunicar-se,
não de ensimesmar-se.

"Não confie em ninguém, meu amigo, em ninguém!" É assim que Herodes Agripa I adverte o jovem e futuro imperador Cláudio, na adaptação pela BBC da história de Robert Graves sobre a ascensão do improvável líder romano (WISE, 1976). "Nem em seu mais grato liberto. Nem em seu mais íntimo amigo. Nem em seu mais amado filho. Nem em sua adorada esposa. Não confie em ninguém!"

Quem encara a vida e o trabalho como um torneio em que a vitória sempre ocorre à custa da derrota de outros provavelmente considerará persuasivo esse conselho. E, sem dúvida, não faltam ambientes de trabalho onde os níveis de confiança são baixos e todos só cuidam de si mesmos e de mais ninguém.

Esses contextos de baixa confiança, no entanto, são ineficientes. Todos perdem muito tempo com politicagem, sempre olhando para trás, receosos de alguma emboscada. Você nunca sabe em quem realmente confiar. A falta de confiança aumenta o custo de fazer negócios, conforme mostrou Oliver Williamson, ganhador do Prêmio Nobel (NOBEL PRIZES AND LAUREATES, 2009).

Essa constatação não é controversa, nem difícil de compreender. Todavia, um dos mitos mais duradouros da gestão é o de que é, e deve ser, solitário no topo. As grandes decisões competem a você e somente a você, como se diz. Você não pode fazer confidências a ninguém, pois nunca se sabe se elas serão respeitadas. Pior ainda – e se os confidentes se revelarem inconfidentes, prestes a darem o bote? Compartilhe e revele o mínimo possível. Conhecimento é poder. Esse tipo de insegurança está por trás daquele velho gracejo amargo sobre como conduzir o planejamento da sucessão: ao chegar ao topo, você deve perscrutar a organização de alto a baixo para identificar os sucessores mais prováveis – e eliminá-los o quanto antes.

Só o solitário

Os chefes não devem tomar grandes decisões sozinhos. As ideias devem ser discutidas e testadas antes de serem executadas. Isso não é só governança empresarial, é acima de tudo bom senso. Peter Drucker disse que não deveria haver consenso no topo se antes não tivesse havido dissenso. Em outras palavras: é preciso debater antes de avançar. É difícil agir sozinho, guiado só pelas próprias ideias, sem conversar com ninguém mais. O mito do líder solitário, promulgando editos sem consultar os colegas primeiro, é ultrapassado e deve ser revogado.

As sociedades profissionais – como as empresas de advocacia ou contabilidade e as consultorias de gestão – e também sociedades comerciais às vezes oferecem uma alternativa esclarecida para o modelo de liderança do pistoleiro intrépido, que enfrenta sozinho os malfeitores. Essas organizações talvez demorem mais para chegar a um acordo por meio da prática de consultar e reconsultar os sócios. Quando, porém, tomam a decisão e se comprometem com um caminho para o futuro, é mais provável que se trate de uma escolha realmente consciente e solidária. Depois da queda da atividade econômica que se seguiu à crise financeira de 2008, sociedades profissionais e comerciais até então de grande sucesso, como o escritório de advocacia Allen & Overy e a varejista John Lewis, defrontaram-se com a necessidade inédita de eliminar redundâncias. Ambas superaram o desafio com o mínimo de tumulto e ruptura para o negócio, em parte por conta da natureza participativa da liderança que predominava nessas duas entidades tão diferentes. As decisões foram árduas, mas não foram autocráticas. Muita gente interagiu com ideias e opiniões.

Laura Empson, professora da Cass Business School, em Londres, e especialista em empresas de serviços profissionais, assim se expressa, com elegância e sutileza: "Se você acha que é solitário no topo, você não está agindo da maneira certa" (ver nossa "conversa ao pé da lareira" com Laura, no Apêndice 5).

Confie em mim

O antídoto contra a solidão é a confiança. E as pessoas só conseguirão provar que são confiáveis se você primeiro mostrar-lhes que confia nelas. Você precisa dar confiança para recebê-la de volta. Nesse sentido, você deve primeiro assumir o risco de romper a armadilha da solidão.

Também é importante que você procure pessoas com visões diferentes das suas. Uma maneira de, à primeira vista, combater a solidão é procurar pessoas que concordarão com você. Essa, porém, não é a maneira adequada de se sentir parte de alguma coisa maior. Resultará apenas em embotamento e obtusidade. Comunicar-se com os outros significa procurar genuinamente pessoas que não são iguais a você, que trazem algo diferente para a conversa. Debruçar-se sobre si próprio, em autoimersão, é muito ruim. Mas é ainda pior fingir para si mesmo e para os outros que você é aberto a vozes exteriores, enquanto, na verdade, ouve apenas a própria voz, mesmo que oriunda de bocas alheias, de bajuladores subservientes.

É esporte de equipe

A liderança é esporte de equipe. Você precisa de outras pessoas da equipe para ajudá-lo a exercer a liderança. A afirmação é literalmente verdadeira no mundo real dos esportes. Mesmo os astros com luz própria, que iluminam outros corpos e sobressaem entre os demais, geralmente dependem de outras peças do conjunto. Os jogadores de tênis sempre recorrem aos seus coaches e a membros da equipe (que podem ser fisioterapeutas, preparadores físicos, nutricionistas e psicólogos) como fonte de inspiração e energia. Os golfistas conversam com o caddy em todo o percurso do campo. Ninguém nunca precisa sentir-se sozinho no gramado. A mesma conclusão se aplica a gestores no trabalho.

Apreenda essa essência, e tudo o mais sobre liderança e gestão de pessoas ficará mais fácil. Você não está por conta própria. Você pode pedir ajuda. Você pode e deve questionar as próprias ideias com as perspectivas alheias. Você não precisa oferecer todas as respostas sozinho.

Mesmo aquele "astro de rock" de Wall Street, Jamie Dimon, da J. P. Morgan, diz que precisa do conselho e do apoio de colegas de confiança. Num evento na Harvard Business School, poucos anos atrás, ele estava expondo sua opinião sobre liderança e revelou-se um iconoclasta improvável ao destruir ao menos um mito consagrado.

"Dizem que você sempre precisa ter no mínimo um colega de confiança, que lhe dirá a verdade", afirmou Dimon. "Mas, se você só contar com um cara em dez, quem lhe dirá a verdade de que você precisa demitir os outros nove?" (STERN, 2008).

"Se você acha que é solitário no topo, você não está agindo da maneira certa." Abra a porta, saia do escritório, converse com os outros, peça ajuda e conselhos. Deixe o mundão exterior arejar e iluminar o seu mundinho interior, se você quiser ser um chefe melhor.

MITO 6

VOCÊ PRECISA SER A PESSOA
MAIS ESPERTA DO PEDAÇO

Não se trata de ser o mais inteligente.
A questão é contratar pessoas capazes e
motivá-las a trabalhar bem.

Às vezes você ouve quando o chefe fica cheio de todas as queixas e resmungos: "Tudo bem, se você se acha tão esperto, porque não assume a direção?" A queixa se baseia na premissa de que a pessoa no topo também é, de alguma maneira, a mais inteligente. Os líderes recebem tanta grana, assim se supõe, por serem tão espertos. Mas não é bem assim, de modo algum. Nem toda a sabedoria se acumula nas posições mais elevadas. A atitude mais sábia dos gestores é reconhecer onde de fato se situa o talento e orientar o máximo possível do trabalho nessa direção.

A visão reverencial da liderança sustenta que as melhores ideias surgem no topo. A palavra "estratégia" deriva do vocábulo grego que designa "general", no contexto militar (ver Mito 19). Portanto, é compreensível que os gestores sintam-se pressionados como fontes de inspiração. E, do ponto de vista do empregado, é muito mais fácil para os membros de equipes aboletar-se na cadeira e esperar que o chefe lhes diga o que fazer.

O líder realmente esperto, porém, reconhece que quase certamente ele ou ela não é a pessoa mais inteligente do pedaço. Para isso, é preciso muita humildade, virtude hoje pouco valorizada.

Não é assim que os líderes de negócios geralmente são vistos e retratados. O sucesso será maior, no entanto, quando for possível aproveitar e, no melhor sentido da palavra, explorar as melhores capacidades de todos.

Saber o que você não sabe

Em sua carta de 2017 para os acionistas, Jeff Bezos, fundador e CEO da Amazon, revelou a combinação de inteligência e humildade que o ajudou a construir o sucesso notável da empresa. Bezos, sem dúvida, é um cara muito esperto. Mas ele não tem a pretensão de saber tudo, nem se considera um sabichão que deve exercer a autoridade suprema em qualquer grande decisão.

Bezos enfatizou a importância de ser disciplinado na hora de decidir. "A maioria das decisões deve ser tomada, provavelmente, com base em cerca de 70% das informações consideradas necessárias", escreveu ele. "Se você esperar por 90%, é provável que, na maioria dos casos, você demore muito" (BEZOS, 2017). Portanto, este é o primeiro ponto: você não pode saber tudo, por mais esperto que você se considere. Às vezes, é preciso decidir, e se a decisão não tiver sido das melhores, faça as correções e os ajustes necessários.

E prosseguiu, para enfatizar um aspecto fascinante de como decidir com objetividade, com base nos próprios méritos da proposta, sem permitir que considerações indevidas em termos de hierarquia e de reverências indevidas interfiram no processo e prejudiquem os resultados.

Discorde, mas comprometa-se

"Use a frase 'Discorde, mas comprometa-se'", aconselhou Bezos. "Essa frase economizará muito tempo. Se você tiver convicção quanto a determinado rumo, mesmo que não haja consenso, é bom dizer: 'Olha, sei que discordamos sobre isso, mas será que vocês apostariam nisso comigo? Discordam, mas se comprometem?'" Ao chegar a esse ponto, ninguém pode saber a resposta ao certo, e você provavelmente receberá um sim.

"O processo não é de mão única. Mesmo sendo o chefe, você deve agir da mesma maneira. Discordo, mas me comprometo o tempo todo. Recentemente, acendemos a luz verde para uma produção para TV da Amazon Studios. Expressei minha opinião à equipe: discutível se seria interessante o suficiente, complicada de produzir, condições de negócios não muito boas, e muitas outras oportunidades. A opinião deles era completamente diferente e queriam prosseguir. Escrevi de volta imediatamente: "Discordo, mas me comprometo, e espero que se torne a produção mais vista de todos os tempos". Pense em como o ciclo de decisão seria muito mais lento se a equipe tivesse de me convencer, em vez de simplesmente conseguir o meu comprometimento.

"Observe o que esse exemplo não é. Não se trata de eu pensando comigo mesmo: 'Esses caras estão errados e não pegaram o ponto, mas não vale a pena perder tempo'. É mesmo uma discordância de opiniões, a manifestação franca do meu ponto de vista, uma chance para a equipe avaliar a minha visão, e meu comprometimento rápido e sincero de seguir o caminho deles. E considerando que essa equipe já trouxe para casa 11 Emmys, 6 Globos de Ouro e 3 Oscars, estou muito feliz de terem deixado que eu entrasse na sala!"

Lembre-se, você é humano

É natural querer liderar, progredir na organização e saber que seus talentos são reconhecidos. A ambição pode ser saudável. E se você, realmente, tiver alguma coisa a oferecer como líder, seria errado privar os outros das suas capacidades.

O sucesso, porém, é mau professor. Pode confirmar, aos olhos do vencedor, que ele é de fato extremamente bem-dotado e que seus instintos são mais ou menos infalíveis. É nesse ponto que o que ainda lhe resta de humildade se esvai e seja substituído pela convicção perigosa de que você é de fato a pessoa mais esperta do pedaço.

Neste livro, estamos tentando demonstrar que liderança e gestão importam, mas não por causa dos supremos dons individuais do líder; e sim pela competência de coordenar e promover as habilidades de outras pessoas. Os gestores são cruciais pelo que encorajam em outras pessoas e pela maneira como criam condições para que elas realizem. Todos são espertos, não só o chefe.

E àqueles que ainda persistem na ideia de serem vistos como "os caras mais espertos do pedaço", lembre-se de que essa frase ficou conhecida depois do colapso da Enron, a empresa de energia que no início parecia heroica, mas que, no fim, revelou-se fatídica, ao afundar em 2001. Às vezes, você insiste tanto em parecer esperto que acaba passando por burro, na melhor das hipóteses.

MITO 7

A HIERARQUIA ACABOU

Quando uma pessoa conhece outra,
uma hierarquia se constitui imediatamente.
(Professor John Hunt [1937-2015], London Business School)

Na década de 1960, uma frase expressava essa ideia: "Não confie em ninguém acima dos 30 anos". Ela resumia uma atitude perante a autoridade que era, para dizer o mínimo, desrespeitosa e, às vezes, totalmente cínica. O que, por acaso, teriam esses idiotas grisalhos para nos ensinar? Eram operadores seniores num sistema falido, "superiores" e, portanto, suspeitos. Eram os inimigos.

Um pouco mais diluída, uma atitude semelhante infiltrou-se em algumas empresas e organizações. Uma hierarquia rígida, de vários níveis, talvez fizesse sentido num mundo mais formal, menos inclusivo e mais restritivo. Isso, porém, é uma história de ontem, querido. Hoje, somos todos iguais – ou estamos caminhando para isso. Quem é quem para me chefiar por aí? A hierarquia estava em apuros. Era a hora de destruí-la ou de, pelo menos, solapá-la.

Os críticos da hierarquia tinham alguns bons argumentos. O nível do cargo em si não deveria conferir autoridade, nem ser visto como sinal de que o titular possui capacidades superiores. O respeito deve ser conquistado. Além disso, o tipo de pessoas talentosas e criativas que você talvez queira contratar e ver progredir não espera receber instruções sobre o que fazer, nem obedecer a alguma forma de escala de autoridade. "Se as pessoas inteligentes têm alguma característica definidora é a de não quererem ser conduzidas", como Rob Goffee e Gareth Jones argumentam no livro *Clever: Leading Your Smartest, Most Creative People* (2009).

Com o começo da recessão, no início da década de 1980, o ataque à hierarquia foi reforçado pela conjuntura econômica predominante. As redundâncias em grande escala provocadas pela onda de desindustrialização e de *downsizing* se justificavam pelo argumento de que níveis hierárquicos inteiros se tornaram desnecessários e podiam ser eliminados. E, por se tratar de gestão, criou-se uma nova palavra da moda, mais um neologismo para o jargão: *delayering*, eliminação de camadas, ou "horizontalização". Sem meias palavras, isso envolvia corte maciço de cargos e de pessoal. Mas os chefes podiam apresentar esses expurgos, em parte, como tentativa para simplificar a hierarquia, o que lhes conferia um aspecto progressista.

Até hoje persiste o anseio por um modelo de negócios não hierárquico, realmente "horizontal". O conceito de holacracia tem sido objeto de muitos debates nos últimos anos. Oriundo do setor de TI, a ideia é que uma "holarquia" – uma rede horizontal de equipes autogeridas e autogovernadas – possa substituir a hierarquia vertical formal. Como ocorre com a maioria dos modismos da gestão, suas reivindicações foram exageradas, e as poucas histórias de sucesso foram efêmeras e nem sempre corresponderam às expectativas.

Mais interessante e convincente é uma organização como a W. L. Gore, empresa têxtil e fabricante de fibras de alta tecnologia. Nela, não há títulos de cargos formais, a hierarquia é limitada ou não existente, e as pessoas se organizam em equipes pequenas de especialistas, que trabalham em colaboração e definem por acordo o que deve ser feito. A autoridade é conquistada, mas não é formalizada. Como um empregado da Gore disse ao professor Gary Hamel em *The Future of Management*, 2007 (ed. bras. *O futuro da administração*, trad. Thereza Ferreira Fonseca, 2007), "Para descobrir se você é considerado líder na Gore, convoque uma reunião e veja se alguém aparece".

A cultura da W. L. Gore, porém, é única, desenvolvida por seu fundador, na década de 1950. É uma empresa de capital fechado, não precisando responder às demandas de acionistas impacientes. Não se trata de um modelo que poderia ser adotado facilmente por uma empresa madura ou mais convencional.

A natureza detesta o vácuo

"Quando uma pessoa conhece outra, uma hierarquia se constitui imediatamente." Essa observação é do falecido professor John Hunt, da London Business School. Foi, na época, uma afirmação quase contracultural e, por certo, provocativa. Esse não era o espírito das tendências igualitárias e antielitistas que haviam surgido nas décadas de 1960 e 1970.

Hunt, no entanto, tinha alguma razão. Gostemos ou não, as hierarquias tendem a se estabelecer em qualquer ambiente de trabalho, de maneira formal ou informal. Pense nas relações de poder sutis e, geralmente, em grande parte ocultas, existentes nas empresas de serviços profissionais, como de advocacia e contabilidade. Essas sociedades podem parecer muito horizontais para os observadores externos. Talvez haja um sócio principal e um sócio-gerente, trabalhando com os colegas à primeira vista de maneira não hierárquica. Alguns sócios, porém, serão mais iguais que outros. Colegas de alta confiança (ou com alta remuneração) podem exercer "poder funcional" oficioso, mas inequívoco. A hierarquia pode ser tácita e sutil, sem ser formalizada por organogramas, nem títulos de cargos. Seja como for, no entanto, é uma realidade que não pode ser ignorada. Jeffrey Pfeffer, da escola de pós-graduação em negócios de Stanford, concorda. "A hierarquia é princípio estrutural fundamental de todos os sistemas organizacionais", escreveu ele, em 2013. E está "aqui para ficar".

Progressão e escala de carreira

Uma observação, porém, talvez um pouco ultrapassada, deve ser reiterada sobre a hierarquia. Trata-se, efetivamente, de uma ideia muito boa. A horizontalização das décadas de 1980 e 1990 teve várias consequências negativas, que não se limitam apenas à grande destruição de empregos, por pior que tenha sido. A eliminação de camadas de gestão gerou equipes e áreas organizacionais grandes demais para serem gerenciadas. (O falecido John Garnett, na The Industrial Society, hoje The Work Foundation, costumava dizer que uma equipe de 12 pessoas era mais ou menos do tamanho certo: "Bastante boa para o Senhor, bastante boa para qualquer outra pessoa".)

Embora muita gente zombe das mesquinharias das organizações multicamadas, que desperdiçam muita energia emocional em cada pequeno passo para o degrau seguinte, a velha escala de carreira oferecia, ao menos, o senso de progressão e estrutura na vida profissional. Hoje, sem a consciência nítida da própria posição e situação nas organizações, muita gente perdeu de vista a perspectiva de carreira, o que as deixa meio sem rumo e paradeiro. O salto para o nível seguinte na organização é muito maior, o que o torna quase sempre assustador. Essa situação reflete, em parte, o agora familiar "esvaziamento" das empresas, com algumas tarefas de gerência de nível médio sendo eliminadas por novos recursos tecnológicos. Daí resultam muitos trabalhadores de baixa qualificação e mal remunerados na base, com poucos supergestores com alta remuneração no topo. Uma estrutura mais hierárquica, com mais camadas, ajudaria a lidar com a desorientação e a desilusão semeadas pela eliminação da hierarquia.

De volta ao futuro

Vamos ser claros: isso não é um grito reacionário ou conservador pelo retorno das hierarquias de classe rígidas, nem pela redução da mobilidade social, muito menos pelo impensável comportamento subalterno e obsequioso da velha ordem. Tudo isso é horrível e inaceitável. Na verdade, muito mais precisa ser feito para criar novas organizações e negócios que ofereçam oportunidades de trabalho a mais gente. Nesse sentido, a velha hierarquia precisava e ainda precisa ser desmantelada.

Os trabalhadores mais jovens, a famosa geração do milênio, por exemplo, talvez ache a hierarquia bizarra e absurda. Eles não aceitam que os colegas mais velhos saibam mais e devam ser ouvidos. Eles não admitem que é bom "conhecer o seu lugar", para a frustração ocasional de seus gerentes grisalhos. Esse é um grande desafio para que os "adultos" se mostrem capazes de conquistar o respeito e de se fazer ouvir pelos mais jovens. No entanto, as sucessivas disrupções na base perturbam o ambiente de trabalho para todos. Uma equipe coesa aceitará que alguém (ou alguma ideia ou propósito) oriente o rumo, como condição para chegar ao destino e realizar os objetivos comuns.

Quando alguns empregadores descartaram as camadas hierárquicas, eles também destruíram as escalas de carreira norteadoras e motivadoras. Eles deveriam ter sido mais cuidados sobre o que estavam semeando e almejando. Uma organização saudável e vitoriosa sempre terá uma hierarquia em que todos possam realizar o seu potencial e alcançar o sucesso.

MITO 8
COERÊNCIA É ESSENCIAL

Gestão não é trabalho para ator de um só papel.
As situações mudam e é preciso se adaptar para enfrentá-las.

Apenas os inseguros nunca mudam de opinião. A vida toma rumos diferentes. As situações evoluem. Nos negócios, a tecnologia, os mercados e os concorrentes ditam e seguem tendências inesperadas. No setor público, as políticas e os orçamentos são muito instáveis. Não há nada de errado em abandonar uma antiga visão ou posição. A adaptação contínua é requisito de sobrevivência. Se o navio estiver navegando para os rochedos, é preciso ajustar o curso, e talvez até dar uma reviravolta completa. Mesmo que você tenha investido emocionalmente em determinada trajetória e estratégia, é preciso primeiro identificar e reconhecer seus vieses, e, então, mudar de rumo e partir para outra.

Já analisamos como a curva em U (ou "reviravolta") passou a ser vista como a pior forma de indecisão gerencial (ver Mito 4). Mas vale a pena falar um pouco mais sobre o falso deus da coerência. A necessidade de ser coerente é compreensível. Dá a impressão de solidez e constância, e pode tranquilizar os colegas. A vacilação e as oscilações de humor não inspirarão confiança. A coerência também pode significar equidade: tratar as pessoas da mesma maneira, qualquer que seja a senioridade e o *status*, por exemplo.

E há um lugar para a coerência: coerência de propósitos. Ao tentar alcançar um objetivo, porém, a estratégia e as táticas terão de mudar, dependendo das circunstâncias. Ao ser promovido para uma nova função, seu repertório de comportamentos terá de aumentar. Isso não é coerência – é desenvolvimento. Se a natureza tivesse sido coerente, a evolução jamais teria ocorrido. Vida é adaptação e mudança, não coerência e constância.

No mundo comercial, a coerência pode ser fatal. A Kodak talvez tenha sido coerente ao insistir na velha tecnologia do filme para registrar imagens, quando o mundo já havia evoluído para a tecnologia digital. Do mesmo modo, a cadeia de varejo Woolworths, do Reino Unido, talvez tenha tentado preservar uma fórmula já vitoriosa. Ambas as empresas sofreram as consequências da sua coerência.

Palavras para os sábios

O escritor Ralph Waldo Emerson escreveu em seu ensaio *Self-Reliance, and Other Essays*, de 1841, a passagem famosa: "A coerência tola é o duende das mentes mesquinhas, tão adorado pelos governantes, filósofos e oráculos medíocres". É preciso coragem para admitir a necessidade de fazer as coisas de maneira diferente, mas é estupidez pretender o contrário, quando a mudança é necessária. E é covardia ocultar-se atrás da coerência, quando você já deveria estar fazendo as coisas de maneira diferente.

A crítica mais bem conhecida à coerência parece ser, infelizmente, uma citação em parte inventada ou em parte deturpada, atribuída ao economista John Maynard Keynes. Ele disse, ou talvez não disse: "Quando os fatos mudam, eu mudo de opinião. E o senhor?"

Ninguém encontrou um documento escrito ou uma transcrição literal de Keynes exatamente com essas palavras. Mas realmente não importa quem disse ou não disse isso, ou algo parecido – a mensagem é inequívoca. É a resposta perfeita a ser dada pelo gestor acusado de incoerência. Precisamos de gestão fática e realista, não em gestão mítica. Pelo menos quanto a isso devemos ser coerentes.

MITO 9
SÓ CONTRATE PESSOAS
QUE SE ENCAIXAM

Uniformidade é morte. Procure pessoas diferentes,
que acrescentarão alguma coisa à equipe.

"Ele é um de nós?", perguntava Mrs. Thatcher sobre as pessoas com quem se reuniria ou trabalharia pela primeira vez. Ela queria saber se a pessoa estava "no mesmo lado". Evidentemente, coesão é importante. Quando falamos sobre trabalho em equipe, quase sempre temos em mente uma imagem de harmonia, um mundo em que pessoas com opiniões semelhantes acham relativamente fácil colaborar e ser eficaz.

No entanto, perguntar de antemão, na hora de selecionar e contratar pessoal, se os candidatos são "um de nós" é, talvez, a pior atitude possível, capaz de comprometer todo o processo. As pessoas que se encaixam facilmente nem sempre são as melhores escolhas.

Pense bem. Talvez pareça sensato, até natural, escolher outra pessoa exatamente como você ou que seja parecida com outros membros da equipe. Alguns chefes não escondem a satisfação quando um minissósia entra na sala para uma entrevista de emprego. Sentem afinidade imediata com o candidato, que lhes parece familiar, com formação semelhante, e assim por diante.

Como, porém, contratar alguém tão igual agregaria alguma coisa ao que você já tem? O mundo lá fora está mudando rapidamente e se torna cada vez mais matizado. Os clientes também gostariam de alguma afinidade com as pessoas que os servem. A variedade é o condimento da vida de negócios.

No topo da empresa, a falta de diversidade pode ser ainda mais problemática. Só a imposição de cotas (ou a ameaça de imposição) sacudiu o velho Clube do Bolinha em que tantos Conselhos de Administração começaram a se transformar. "Para que precisamos de uma mulher aqui?", tem sido, há muito tempo, a pergunta tão notória, mas que ninguém faz. "Nunca tivemos uma antes. Isso não é lugar para mulheres. Por que mudar uma fórmula vencedora?" Esse é o raciocínio hermético e interesseiro que mantém tudo como está, na mesma. O que atende a algumas pessoas – aquelas já refesteladas no topo.

No entanto, as equipes de alto nível, em que todos "se encaixam", que são monoculturais e homogêneas, serão as sementeiras do pensamento de grupo (*groupthinking*), os redutos das bolhas de filtro e das perspectivas estreitas. Serão muito tribais e sectárias. A autoridade não será questionada. E é assim que os pequenos problemas infeccionam, supuram e viram crises.

Similaridade sedutora

Os vieses inconscientes podem nos levar a rejeitar pessoas que são diferentes e a favorecer as que parecerem familiares. Por isso é que os grupos de entrevistas devem conter um mosaico de pessoas – homens e mulheres, indivíduos com diferentes antecedentes e de diversas faixas etárias, para tentar evitar o favoritismo inconsciente. Como a psicóloga Binna Kandola argumenta (conversa com autores), simplesmente lembrar um grupo de entrevista, antes do início da sessão, de que eles devem fazer um esforço consciente para serem justos e para evitar a influência de vieses inconscientes pode ajudá-los a serem mais imparciais.

Talvez haja uma ou duas exceções à ideia de que é importante ser proativo na busca da diversidade. Certa vez, perguntaram a um alto membro da equipe da *The Economist* o que explicava o notável sucesso da revista. "Eu diria que é devido à tremenda falta de diversidade", foi a resposta, para um público um tanto perplexo, em grande parte de americanos, conforme testemunho dos autores. Você não deve dizer coisas desse tipo, mas nosso representante da *Economist* estava sendo um pouco maldoso, fiel ao espírito do empregador. A equipe do "jornal", como eles insistem em chamar a publicação, pode contratar muitos egressos de Oxbridge (Oxford + Cambridge), de classe média e média-alta. Para sobreviver e prosperar fazendo jus ao título, eles precisam cultivar e ostentar mentalidade crítica e aberta, além de ampla variedade de interesses. A aparente uniformidade na superfície oculta uma colmeia de mentes ativas e matizadas.

Clube de cultura

Talvez "encaixar-se" seja simplesmente uma noção equivocada, se implicar uniformidade e constância exageradas. Gary Hamel, guru da gestão, lamentou o anseio tão comum por "alinhamento" no trabalho (conversa com os autores). Por que insistir nisso? Para impedir o surgimento de novas ideias? Para reprimir conflitos que precisam aflorar?

A seguradora Hiscox orgulha-se de sua imagem menos do que convencional, com os escritórios cheios de arte moderna "questionadora" e membros de equipe que, nas férias, se aventuram em excursões perigosas. O diretor-gerente no Reino Unido, Steve Langan, disse à revista *Director*, em janeiro de 2016: "Gostamos de pessoas com pontos de vista idiossincráticos, peculiares, diferentes, fazendo o que gostam, à sua maneira – há um veio contracultural aqui". Na verdade, a empresa se empenha em "se reinventar todos os anos" (Koch, 2016).

O CEO da Hiscox, Bronek Masojada, diz ser bom que a cultura da organização seja de difícil adaptação para os novos recrutas. Em outras palavras, você não quer que as pessoas se ajustem com facilidade. O fato de as pessoas demorarem para conhecer e compreender o negócio é sinal positivo. Por definição, a cultura será difícil de copiar, e quem fica a compreenderá com profundidade e extensão inacessíveis para os concorrentes.

Diferente é bom

O jornalista A. A. Gill, que morreu em dezembro de 2016, dizia que as pessoas mais interessantes geralmente eram as "desajustadas". "Os adultos mais interessantes são sempre os fracassados na escola, os esquisitões, os perdedores, os descontentes", observou. "Não é devaneio. É a regra." (Gill, 2012)

No entanto, precisa-se de coragem e persistência para procurar a diferença, para evitar o candidato óbvio ou enlatado, para resistir à tentação de conformar-se com a vida tranquila. Há uma tensão paradoxal no trabalho aqui: queremos espírito de equipe e coesão, mas não queremos que todos sejam iguais. Queremos que as pessoas sejam complementares, mas variadas. Por isso que esta é uma das melhores piadas dos Monty Python, em *A vida de Brian* (filme de 1979):

Brian: Vocês precisam pensar por si próprios!
Todos vocês são indivíduos.

Multidão: Sim! Todos somos indivíduos!

Brian: Todos vocês são diferentes!

Multidão: Sim. Somos todos diferentes!

Homem na multidão: Eu não...

Multidão: Psiu! Psiu!

O homem na multidão não se ajustava, mas talvez ele tivesse a melhor ideia. Peça-lhe para enviar o currículo.

MITO 10
LIDERANÇA É MAIS IMPORTANTE QUE GESTÃO

*O debate de sempre – "ou isto ou aquilo",
"o que é mais importante, liderança ou gestão?" –
é monótono e inútil. Precisamos de ambas.*

Os gestores precisam de pelo menos alguma simpatia. Não só são responsabilizados por quase tudo que sai errado, seja ou não culpa deles, mas também estão sempre às voltas com o que você poderia chamar de questão de marca. Eles enfrentam um rival no mundo do trabalho, uma presença mais carismática e imponente, que desperta reverência e, às vezes, o mais submisso respeito. Em termos simples, o problema consiste no seguinte: o que é *gestão* banal, pequena e cotidiana, em comparação com a *liderança* musculosa, dinâmica e heroica? Por que ser um velho gestor entediante, quando você pode ser um novo líder empolgante?

Quarenta ou cinquenta anos atrás, quando a lembrança de ditadores – e da Segunda Guerra Mundial a que eles levaram – ainda estava viva, é improvável que a ideia de liderança fosse exaltada como bem tão categórico e inequívoco. As pessoas tinham bons motivos para se preocupar com *Führerprinzip*. É verdade que o presidente Kennedy tinha varrido algumas ideias do passado, com seu extraordinário discurso de posse, em 1961: "A tocha foi transferida para uma nova geração de americanos – nascida neste século, temperada pela guerra, disciplinada por uma paz árdua e amarga, orgulhosa de nossa antiga herança". Mesmo seu breve período no cargo, porém, não foi imaculado. O ceticismo e a insegurança em relação aos líderes e à liderança perdurariam por mais duas décadas.

A partir da década de 1980, os líderes e a liderança começaram a reconquistar parte do brilho perdido. A recessão do começo dos anos 1980 estimulou o surgimento de impiedosos *downsizers* (também conhecidos como *corporate killers*, ou matadores de empresas), como Jack Welch, da GE, que aproveitou a oportunidade oferecida pela crise econômica para promover mudanças devastadoras – cortes – em seus negócios. No cenário mundial, o eixo Reagan/Thatcher oferecia cobertura política para tamanha destruição, reforçando a tendência para a liderança dura.

A "reengenharia dos processos de negócios" tornou-se o método consagrado dos durões, enfatizando a necessidade de adoção de abordagens resolutas no exercício da liderança. "Se os empregados estão reclamando, é sinal de que você está avançando", era o lema da época. Os líderes tinham recuperado o prestígio.

"Agregar valor para os acionistas"

Também por volta dessa época, coincidindo com o ressurgimento de líderes "fortes", a preferência do mercado de ações por executivos-chefes que aumentavam com rapidez o preço das ações tornava-se cada vez mais notória e intensa. A função dos CEOs era impulsionar as empresas com firmeza e "gerar" valor para os acionistas. Os líderes de negócios que cultivavam uma visão mais equilibrada do propósito das empresas e olhavam para horizontes mais distantes e abrangentes não eram tão valorizados quanto os desbravadores e aventureiros que "faziam acontecer". Lordes Hanson e White quase conquistaram o prêmio valioso que era a ICI em 1991. Os lordes predadores enfrentaram resistência, mas a ICI nunca voltou a ser a mesma, e acabou se comprometendo com o mesmo *éthos* do "valor para os acionistas", que, no final das contas, se revelou um beco sem saída. (A empresa finalmente foi adquirida pela sueca AkzoNobel, em 2008.[2])

---

[2]   John Kay escreveu com brilhantismo sobre o declínio lastimável e a queda irreversível da ICI. Mais a esse respeito em: https://www.johnkay.com/2003/02/13/the-high-costof-icis-fall-from-grace/ (2003). E em: https://www.johnkay.com/2014/05/07/drug-companies-are-built-in-labs-not-boardrooms (2004).

Eu culpo a gestão

Os gestores, enquanto isso, eram... o quê, mesmo? Inexpressivos, triviais, simplórios, mesquinhos, em comparação com sua contraparte grandiosa. E os gerentes de nível médio encontravam-se em situação ainda pior, uma camada de ranço, a ser eliminada. A "horizontalização", ou eliminação de camadas, como conceito, baseava-se em parte na ideia de que os líderes oniscientes no topo pouco precisavam de gestores para implementar a "visão" (quase sempre "dele", não "dela"). O líder simplesmente julgava que as coisas aconteceriam, nos termos do professor canadense Henry Mintzberg (THINKERS 50, 2011).

Os líderes pensavam grande e os gestores faziam pequeno. Os líderes, dizia-se, fazem as coisas certas, enquanto os gestores simplesmente fazem certo as coisas. Uma linha negra e espessa era traçada entre liderança e gestão como disciplinas. Quando John (agora Lorde) Birt deixou o cargo como diretor-geral da BBC, dizia-se que, durante seu mandato, a organização havia sido "supergerenciada e subliderada". A hora da liderança finalmente havia chegado, o que seria feito por seu sucessor, Greg Dyke. E foi o que ele fez, com brilhantismo, sob certos aspectos, mas, talvez, de maneira caótica, sob outros. A BBC, agora, estava sendo superliderada e subgerenciada.

Evite falsas escolhas

Vamos, agora, fazer um breve jogo de "Você prefere...?". Você prefere trabalhar para um chefe que sabe liderar, mas não sabe gerenciar, ou para um chefe que sabe gerenciar, mas não sabe liderar? Só há uma resposta sensata para essa pergunta. É "nem uma nem outra". Precisamos de chefes capazes de fazer as duas coisas. O presidente Bill Clinton nos aconselha a "evitar as falsas escolhas". Ele está certo. E escolher entre ser gestor ou ser líder é uma dessas falsas escolhas.

Aqueles "inúteis" gerentes de nível médio de que nos livramos – o que eles voltaram a fazer? Bem, nada mais que aquela tarefa obsoleta, mas valiosa, chamada supervisão. Não no sentido intervencionista e ameaçador: a supervisão é uma das principais incumbências da gestão; simplesmente prestar atenção ao pessoal e verificar o que estão fazendo. Mostrar que você está atento e se importa. As organizações hoje até podem ser mais magras, mas também são mais cruéis. E a que estamos nos referindo, em especial? A áreas básicas, como atendimento aos clientes, desenvolvimento de competências, e o consequente aumento da produtividade; enfim, todas as coisas de que os gerentes de nível médio chatos cuidam (ou deveriam cuidar).

Charles Handy nos diz (Apêndice 1) que os sistemas é que, acima de tudo, devem ser gerenciados. Não devemos, no entanto, tratar as pessoas como "coisas".

> "As pessoas precisam ser lideradas, persuadidas, envolvidas, ou serem tratadas de alguma outra maneira que lhes conceda certo grau de independência ou liberdade de escolha", diz ele. "Na gestão, no entanto, se você começa a tratar as pessoas como coisas, se você as deixa em pequenos compartimentos, onde se limitam a cumprir instruções, elas se tornam partes do sistema, e é por isso que elas ficam insatisfeitas... Os gestores não compreendem isso; eles acham que o trabalho deles é alinhar as pessoas, gerenciar o comportamento das pessoas, e acho que isso é contraproducente. Sem dúvida, mude as condições em que as pessoas trabalham. Mas, por favor, não tente mudá-las."

Não precisamos de outro herói

Entramos muito a fundo no mito do líder solitário e heroico, o virtuose brilhante que faz acontecer, por pura força de vontade e carisma. Na mídia e nos mercados financeiros, falamos em grandes empresas como se fossem prolongamento da personalidade do CEO, na crença de que um ser humano sozinho pudesse determinar o destino de um empreendimento que opera em dezenas de países, com dezenas e até centenas de milhares de empregados, e incontáveis linhas de produtos. É uma ideia de empresa como conto de fadas. Os contos de fadas podem ser encantadores, mas não podem ser interpretados literalmente como guia de vida para adultos saudáveis.

Henry Mintzberg acertou. "A visão narcisista da liderança descarrilou as organizações", afirmou. A liderança é importante, é vital, mas é esporte de equipe. E o líder, sem bons gestores, não é nada.

Durante muito tempo, adoramos os líderes, não raro de maneira incorreta, como mais tarde se constatou, e não valorizamos a gestão o suficiente. Precisamos restabelecer o senso de proporção adequado, reconhecendo a importância da liderança e da gestão nas medidas cabíveis, com objetividade. É assim que faremos o trabalho.

MITO 11
É PRECISO PAGAR BEM PARA CONSEGUIR A PESSOA CERTA

O chamado mercado de talentos não é eficiente. Seus preços não são confiáveis. Algumas pessoas simplesmente pedem muito, e não deveriam receber.

Jim Collins, o guru da gestão, tinha uma boa pergunta para os líderes: para que você está aí? De fato, é uma boa pergunta a ser feita a qualquer pessoa que receba um salário desmesurado. Por que você está fazendo o que faz? Será que é realmente justo ver toda essa bolada baixar em sua conta bancária todos os meses? Talvez sim.

Todos temos de ganhar a vida, e a vida pode ser cara. Não há nenhuma vergonha em querer que ela seja confortável. Quando, porém, esse raciocínio se amplia demais no processo de recrutamento, os empregadores podem destrambelhar. De repente, parece que só muita grana será suficiente para atrair as pessoas que parecem indispensáveis. Ninguém razoavelmente bom aceitará menos.

Isso não é verdade. E se você começa a usar altos salários como principal meio para atrair pessoas para sua empresa, não se surpreenda se um monte de idiotas gananciosos baterem à sua porta. Quando as pessoas vêm por causa dos altos vencimentos, vão embora facilmente quando uma oferta maior aparece.

Quando o bastante não é suficiente

Foi-se o tempo, e não há tanto tempo, em que simplesmente não se considerava respeitável que o chefe recebesse muito mais do que os membros da equipe. O banqueiro J. P. Morgan, que não era nenhum moleirão, declarou que não emprestava dinheiro a nenhuma empresa em que a mais alta remuneração fosse 20 vezes superior a mais baixa remuneração. Ele sentia que essa seria uma situação instável. Era possível que, naquelas circunstâncias, os chefes estivessem lá basicamente para atender aos próprios interesses.

Essa percepção do perigo das diferenças de remuneração muito grandes era compartilhada por Peter Drucker, o chamado Pai da Administração. "Sempre advirto os gestores de que a defasagem salarial de 20 para 1 entre os altos executivos e os funcionários de escritório na linha de frente é o limite a observar, se não quiserem que um clima de ressentimento e desmotivação domine a empresa", escreveu ele, em 1984.

Tão recentemente quanto no fim da década de 1990, a remuneração média dos CEOs das empresas do FTSE 100 situava-se em torno de 45 vezes a remuneração média dos trabalhadores. Esse multiplicador já era excessivo pelos padrões anteriores. Vinte anos depois, no entanto, essa disparidade até parece frugal. Hoje, esse índice triplicou, para cerca de 130 para 1. E isso depois de um surto de terceirização, em que muitas posições de baixa remuneração já não são executadas por empregados formais, incluídos na folha de pagamento, aumentando a remuneração média da base.

Será que o desempenho e a produtividade dos chefes triplicaram nas duas últimas décadas? Será que suas atribuições e responsabilidades aumentaram três vezes? Não, definitivamente não. Ah, mas, talvez, essas empresas hoje sejam três vezes maiores do que 20 anos atrás, em razão da globalização e de outros fatores? Será que isso justificaria remunerações tão mais altas?

Mais uma vez, não. Como disse Sir Philip Hampton, ex-chairman da Sainsbury e do Royal Bank of Scotland, e agora na GlaxoSmithKline, quanto maior a empresa, menos crédito, em tese, seria atribuível ao CEO (High Pay Centre, 2015). Por que? Porque a infraestrutura é muito maior, e muito mais executivos e gestores seniores assumem a responsabilidade pelas decisões cotidianas.

Esses CEOs, porém, seriam pessoas excepcionais, não seriam? Aves raras. Evidentemente, merecem altos salários por seus atributos excepcionais. Também isso é uma história conveniente, se você for CEO, ou aspirante a chefão. Somos tão obcecados por alguns supostos líderes heroicos – os quais, mais tarde, quase sempre se revelam em nada heroicos e decididamente prosaicos (ver Mito 18) – que chegamos a imaginar que os intitulados CEOs devem, de alguma maneira, usufruir parte dessa mágica. É uma ilusão interesseira essa crença de que os CEOs e aspirantes a CEOs precisam receber altas somas. Essas atitudes, contudo, instalam o efeito catraca nos salários, que passam a aumentar de maneira contínua e irreversível, influenciando o nível de remuneração em toda a empresa e na sociedade em geral (inclusive no setor público), em prejuízo de todos.

Gotejamento

Não é a "política de inveja", nem a "luta de classes" que leva a essas críticas à remuneração desmedida. É a busca de eficiência e de equidade. Algumas pessoas simplesmente estão recebendo demais. Elas não valem tanto. Estudo recente da Escola de Gestão da Universidade de Lancaster, no Reino Unido, com a duração de dez anos, encontrou uma ligação, na melhor das hipóteses nada mais que "desprezível", entre o desempenho medíocre das empresas e os desmedidos contracheques oferecidos no topo.

Ao admitirmos esse processo aparentemente incessante pelo qual as maiores remunerações aumentam cada vez mais, só pioramos a situação. Os 1% (e os 0,1%) do cume pairam, cada vez mais altaneiros, a perder de vista. Os votos em favor de Trump e do Brexit refletem, em parte, indignação e sublevação contra esses excessos (e, evidentemente, a remuneração dos CEOs nos Estados Unidos é ainda mais alta, inclusive em comparação com os salários médios). A riqueza não "gotejou". Mas a atitude danosa em relação à riqueza e à desigualdade se infiltrou em todos os sentidos.

Se essa atitude de "pegue tanto quanto puder" se espalhar ainda mais pela organização e pela sociedade, todos seremos prejudicados. Devemos nos preocupar muito mais com as contribuições dos altos executivos, não com a remuneração deles. Com efeito, por que será que alguns executivos super-ricos sentem a necessidade de "retribuir", mais tarde, na carreira? Será por que, talvez, eles tenham reconhecido que levaram demais, com prejuízo para tanta gente?

Recompensando o trabalho

Portanto, eliminar tamanha disparidade salarial, divulgando índices de remuneração como meio de conscientização, é uma boa proposta. Acima de tudo, porém, precisamos combater a ideia de que apenas salários desmedidos atrairão as pessoas certas. O dinheiro realmente não é tudo. Na verdade, é meio pouco eficaz de atrair, reter e motivar pessoas (ver Mito 30). Portanto, relaxe acerca das pessoas que não sairão da cama por menos de X milhões. Deixe-as na cama. Sua empresa ou organização se sairá melhor com pessoas que realmente se interessem por ela, que sejam bem-remuneradas, com justiça mas não em excesso, para as quais o trabalho em si e suas realizações sejam mais importantes do que a remuneração.

MITO 12

AS AVALIAÇÕES ANUAIS AJUDAM VOCÊ A GERENCIAR O DESEMPENHO

A gestão deve ser uma conversa contínua, não uma resenha anual dos sucessos e fracassos. Livre-se das avaliações.

Há uma razão para que a prática seja denominada entrevista de "represália anual". No entanto, mesmo que sua organização se refira a ela de maneira mais eufemística, como "avaliação de desempenho", as chances são de que ela continue sendo uma atividade altamente burocrática e contraproducente, em que a maioria dos colegas já perdeu a fé. Infelizmente, elas ainda perduram, mas por quanto tempo?

A avaliação do desempenho anual é uma relíquia de um mundo em extinção. Organizações e empresas com estruturas hierárquicas mais rigorosas criavam cargos com atribuições e especificações mais minuciosas. Nesse contexto, parecia boa ideia medir o desempenho com base em critérios e fatores restritos, o que, por seu turno, estimulava a repetição de tarefas semelhantes. Afinal, o trabalho era assim.

Esperar um ano para discutir como o trabalho foi executado refletia o ciclo dos relatórios financeiros anuais da empresa como um todo. E, evidentemente, amarrava a avaliação do desempenho ao esquema de incentivos de "remuneração por desempenho" ou bônus.

A remuneração por desempenho, porém, é um dos equívocos da avaliação do desempenho anual. Ela também é um estímulo para a manipulação do sistema, tanto pelo empregador quanto pelo empregado. Os empregados podem se sentir tentados a alterar seus comportamentos para atingir metas – talvez de maneira arbitrária e até nociva – a fim de receber bônus (como ocorreu no escândalo do banco Wells Fargo, em 2016). Ao mesmo tempo, talvez os empregadores também se sintam tentados a definir metas absurdamente "difíceis", para limitar o pagamento de bônus tanto quanto possível, inclusive para que os gestores pareçam capatazes durões, que não gratificam com facilidade. No entanto, os efeitos prejudiciais, para o moral dos empregados, de metas quase inviáveis são óbvios, o que não impede que elas sejam adotadas.

Objetivos errados, métodos errados

O trabalho mudou. O trabalho em equipe colaborativo tornou-se ainda mais importante que antes. Os projetos podem ser experimentos pouco duradouros em vez de grandes planos prolongados. As equipes podem ser formadas e reformadas rapidamente. As organizações são mais horizontais (se não totalmente achatadas – ver Mito 7). Por todas essas razões, segregar as contribuições individuais de um trabalhador e avaliá-las em comparação com as metas também individuais é, agora, tarefa muito menos direta e imediata do que no passado.

Se o trabalho mudou, a gestão também tem que mudar. A supervisão, porém, não se tornou dispensável. Em vez da avaliação anual ou semestral, entretanto, a gestão precisa adotar abordagens mais parecidas com uma conversa contínua, mas intermitente. É preciso fazer pequenos ajustes regulares para manter e melhorar em tempo real a sintonia fina, sem jamais perdê-la, em vez de realizar grandes ajustes semestrais ou anuais extemporâneos para restabelecer a sintonia perdida.

Muitas grandes empresas já promoveram essa mudança. Microsoft, Accenture, Deloitte, Gap, e até GE – esta última conhecida pelo sistema agressivo de "classificação forçada" adotado por Jack Welch – abandonaram ou reformaram seus procedimentos de avaliação anual dos empregados.

A Arup, empresa de engenharia, assumiu a dianteira nessa revolução. Seu sistema de avaliação do desempenho pedia ao pessoal que indicasse os quatro principais objetivos que queriam alcançar no ano seguinte. Logo ficou claro que isso limitava a quantidade de objetivos a serem alcançados. Nunca haveria uma quinta ou sexta realização, apenas quatro. O formulário e a burocracia restringiam o desempenho, em vez de gerenciá-lo. O número fixo de objetivos foi eliminado. Agora, na Arup, o céu é o limite – algo bastante razoável em sua linha de projetos e serviços de construção civil.

Pessoas, não robôs

A automação está revolucionando o ambiente de trabalho. Enquanto ainda contratarmos seres humanos, porém, precisamos adotar práticas de gestão que reconheçam as realidades da natureza humana. Na verdade, não basta reconhecer a natureza humana; também precisamos admitir nossos instintos animais. Como observou o consultor Charles Jacobs, em seu livro *Management Rewired: Why Feedback Doesn't Work and Other Surprising Lessons from the Latest Brain Science*, 2009 [Ed. bras.: *A nova lógica (incoerente) da administração*, trad. Cristina Yamagami, 2009], o *Homo sapiens* e o chimpanzé são 98% semelhantes em termos de biologia. Devemos compreender que algumas de nossas respostas às ameaças e à "autoridade" podem ter muito em comum com as de nossos antepassados primatas.

"Não importa que sejamos chimpanzés ou empregados, não gostamos de ser controlados", escreveu Jacobs. Alguns métodos de gestão rígidos são "mais adequados a formas de vida que careçam da capacidade de pensar".

Os chipanzés não gostam que lhes digam o que fazer, nem nós. O *"feedback"* é difícil de receber, assim como, às vezes, é difícil de oferecer. É da natureza humana (animal) concentrar-se nos aspectos negativos e não considerar as boas notícias que, talvez, também tenham sido recebidas. Jacobs recomendou que se abandonassem as avaliações tradicionais. Em vez disso, "os empregados estabeleceriam os próprios objetivos, criticariam o próprio desempenho, e, ao reconhecer deficiências, definiriam as ações corretivas necessárias", argumentou.

Parta para o crescimento

Carol Dweck, professora de Psicologia na Universidade de Stanford, popularizou o conceito de "mentalidade de crescimento" (*growth mindset*), traço de personalidade resiliente, que enfrenta de bom grado os desafios e é capaz de aprender com o fracasso, em vez de entrar em depressão duradoura (DWECK, 2006). É o oposto da "mentalidade estagnada" (*fixed mindset*), para a qual autoaprimorar-se é improvável e evitar erros é a melhor opção.

No contexto dessas duas categorias, as avaliações de desempenho talvez reforcem a mentalidade estagnada, limitando gravemente o potencial dos empregados para superar as expectativas. Embora, ostensivamente, seja ferramenta de gestão, as avaliações de desempenho mantêm as pessoas numa caixa e inibem sua capacidade de realização. Muito melhor é apagar as linhas rígidas no formulário de avaliação e dar liberdade para que as pessoas sejam criativas e assumam riscos.

Veja o lado humano

Você não esperaria a "hora da verdade" anual para oferecer a seu parceiro amoroso todo o "*feedback*" acumulado nos últimos 12 meses. Por que, então, algumas empresas e organizações ainda agem dessa maneira? Talvez, à primeira vista, pareça eficiente. Mas é uma desculpa ou pretexto; no fundo, uma fuga. Gestão significa prestar atenção e fazer intervenções oportunas, no momento certo, em vez de, em nenhuma hipótese, preparar uma lista de críticas a serem discutidas numa única oportunidade, depois de uma longa espera, quando muita coisa caiu no esquecimento e já perdeu a relevância.

O Reino Unido, como muitas outras economias maduras, enfrenta o desafio de aumentar sua produtividade. As técnicas tradicionais de gestão do desempenho, ironicamente, em nada contribuem para essa tarefa. A coisa mais produtiva que muitas empresas poderiam fazer de imediato seria rasgar os manuais de gestão do desempenho e começar tudo de novo. Você não imagina como essa iniciativa seria eficaz.

MITO 13
AS INFORMAÇÕES DEVEM SER CONTROLADAS E LIMITADAS

Seja claro.
Diga a verdade – há menos do que se lembrar dessa maneira.
O segredo é ineficiente.
Compartilhe, ouça e aprenda com os colegas.

"Bocas-rotas afundam navios", dizia-se aos cidadãos britânicos durante a Segunda Guerra Mundial. Era mais seguro ficar de boca fechada. O segredo era vital para a segurança do país. As informações eram liberadas somente quando e para quem eram necessárias. "E você", essa era a ideia tácita dominante, "não precisa saber".

À Segunda Guerra Mundial seguiu-se a Guerra Fria, que se estendeu até o fim dos anos 1980. Durante décadas, os instintos do pessoal do topo tendiam para a discrição, confidencialidade, restrição de informações e segredos. As empresas não eram muito diferentes. Por que será que elas adotariam a mesma mentalidade de secretismo dos governos e dos militares? Conhecimento é poder – esse era o pensamento preponderante –, e a autoridade se nutre do controle do conhecimento reservado ao topo. Não era só com a chave do banheiro executivo que se acenava ao jovem profissional ambicioso, mas também com o acesso a informações valiosas. Gerencie sua carreira com sabedoria e um mundo de informações confidenciais se abrirá à sua frente.

Não preste atenção àquele homem atrás da cortina

Dessa maneira, a informação – real ou imaginária – tornou-se parte do cotidiano e da mitologia da vida empresarial. Esse era o mundo do Mágico de Oz, antes de o cão de Dorothy, Totó, puxar a cortina. Havia coisas boas, coisas poderosas a descobrir, se você ingressasse no círculo interno e se aliasse às pessoas certas. Para todas as outras pessoas, no entanto, a cortina continuava fechada.

De volta ao mundo real, quando a Guerra Fria descongelou, novas tecnologias ajudaram a promover um tipo de revelação semelhante à realizada por Totó. A internet conectou pessoas de maneiras novas e poderosas. Ela permitiu – ou quis – que a informação fluísse com mais liberdade. Com o desabamento das hierarquias tradicionais (ver Mito 7) e o desaparecimento da reverência, os empregados passaram a dispor de meios para pedir e esperar muito mais informações dos altos executivos. As relações de poder tradicionais mudaram. Muita gente ainda luta para se adaptar a essas novas condições.

Os setores de mídia são bons exemplos dessa realidade. Onde no passado correspondentes e comentaristas arrogantes e anônimos ofereciam seus *insights* a leitores supostamente agradecidos e podiam se esconder atrás da formidável arquitetura dos produtos impressos, logo os leitores começaram a disparar e-mails questionadores e desafiadores diretamente para as redações ou, de maneira ainda mais assustadora, para os outrora onipotentes jornalistas, adicionando seus próprios comentários abaixo dos artigos, nas salas de bate-papo ou nas redes sociais. Os programas de TV ao vivo e as conferências abertas ao público agora exibem em tempo real comentários dos espectadores. A informação não é mais sagrada, nem secreta. Tudo ou quase tudo é transparente. Visões e opiniões podem ser contestadas; e os fatos, desafiados.

Dez mil CEOs

As pessoas que trabalham para você, no escritório ou a distância, não são os cidadãos passivos e subservientes do tempo da guerra. Elas têm opiniões e estão prontas para compartilhá-las. Elas têm ideias. Se, porém, você quiser que a informação "suba" até você, será preciso deixar que ela "desça", sem restrições, até elas. A abertura é vital. Há quem denomine essa nova abordagem "transparência radical". E ela faz muito sentido.

Os segredos são ineficientes. A confidencialidade gera perda de tempo para os gestores e não contribui para o aumento da confiança. As boas ideias precisam de luz e oxigênio. Elas não crescerão no vácuo, nem em quarto escuro, o tempo todo fechado. Se James Surowiecki estiver não mais que meio certo em seu livro *The Wisdom of Crowds: Why the Many Are Smarter Than the Few,* 2004 (ed. bras.: *Sabedoria das Multidões,* trad. Alexandre Martins, 2006), a organização que ergue barreiras de segredo em torno da informação está cometendo grave erro. Os empregados se encontram com os clientes, fazem o trabalho do dia a dia, veem o que está e não está vendendo, e sabem qual é a reputação da empresa no mundo real. Eles são uma grande equipe de pesquisa de mercado em tempo real e em tempo integral. Você precisa ouvir o que eles pensam, imediatamente.

Para que isso aconteça, no entanto, a administração precisa deixar claro que as opiniões, mais do que bem-vindas, são alvo de busca constante e ativa, e que não haverá represália para quem trouxer más notícias. O oposto é que deve ser o caso: por que não recompensar quem chama a atenção para coisas que não estão funcionando bem? Esses "denunciantes" deveriam ser premiados, não punidos.

Nada a perder

Se tudo isso é tão óbvio, por que será que tão poucos gestores se comportam de maneira realmente transparente e aberta? Alguns talvez careçam de confiança para agir assim. Podem ir contra a cultura do ambiente de trabalho ou ao arrepio de como construíram suas carreiras até então. O tom é dado pelo topo, evidentemente. Mas os líderes que suprimem a informação terminam como os ditadores de regimes falidos, pouco antes da queda, acenando para a multidão lá embaixo nas ruas e se surpreendendo com o eco de vaias e, em casos extremos, de tiroteios. Se você ignorar os primeiros sinais ainda débeis que sobem aos seus ouvidos no topo, você logo se chocará com o ruído ensurdecedor, muito mais intenso e mais dramático, dos sinais inequívocos de desastre iminente.

Mesmo que trabalhe numa cultura menos aberta, você dispõe de meios para encorajar maior abertura e melhor fluxo de informações. Torne as informações mais informais. Permita que as pessoas falem com franqueza. Exponha as suas preocupações e peça ajuda. Empenhe-se em estimular o *feedback* aberto e honesto. E faça questão de agir em relação aos pontos que lhe são submetidos.

No final das contas, boa gestão tem tudo a ver com esse tipo de reciprocidade. O falecido John Garnett, na The Industrial Society, hoje The Work Foundation, sempre dizia: "Se você se importar com o que é importante para eles, eles se importarão com o que é importante para você". E a melhor maneira de convencer os membros da equipe de que você se importa com eles é manter conversas francas e espontâneas com eles. Tente ser mais humano! O que você tem a perder? Quem sabe dá certo?

MITO 14

...MAS AS MULHERES, NA VERDADE, NÃO QUEREM ALTOS CARGOS

As organizações projetadas por homens,
para serem dirigidas por homens, fracassarão.
Precisa-se de ações urgentes para pôr mais mulheres no topo.

Aquelas mesas imponentes e os assentos do poder: são os chamados "clubes dos velhotes", por uma razão. Seus membros já são idosos, machos alfa, e, a propósito, geralmente brancos. É uma zona de exclusão. A filiação é restrita. Os pedidos de adesão podem ser aceitos, mas não devem ser formulados expressamente, nem pressionados, nem esperados, por pessoas inadequadas (você sabe de quem estou falando). Simples assim. Eles estão procurando os caras certos. Se não é para você, azar seu.

Tudo isso pode parecer um pouco padronizado, mas não à toa. Verdade. Os avanços para mudar essas relações de poder no trabalho têm sido lentos a ponto de dar sono. O aspecto mais chocante de tudo isso gira em torno da remuneração. Quase 50 anos depois do Equal Pay Act (Lei da Isonomia Salarial), o rendimento médio das mulheres no Reino Unido ainda é cerca de 18% inferior ao dos homens.

A continuidade da diferença de pagamento entre os gêneros, que finalmente está sendo combatida pela legislação, ao exigir o fornecimento regular de informações, reflete esses desequilíbrios de poder. Os homens se agarraram aos seus privilégios durante muito tempo. Só a ameaça, muito pouco velada, de imposição de cotas "encorajou" os Conselhos de Administração das empresas do Reino Unido a finalmente aumentar, nos anos recentes, o número de mulheres entre seus membros. Mesmo essa iniciativa, porém, foi uma conquista parcial e, talvez, até uma vitória de Pirro. Sim, há, agora, mais mulheres conselheiras, em torno de 25% entre as empresas do FTSE 100. A grande maioria desses novos postos, no entanto, é composta por membros sem poderes executivos, ou seja, participam do conselho de administração, mas não da diretoria. Poucas ainda são as mulheres CEOs nas empresas do FTSE 100. E, abaixo do nível do Conselho de Administração, há poucos indícios de que cargos de alto nível venham a ser preenchidos por mais mulheres no futuro próximo. O chamado *"pipeline* do talento" (um dos jargões mais infelizes do mundo dos negócios – ver Mito 38) está longe de fervilhar com chefes mulheres, infelizmente.

Desculpas, desculpas

Você provavelmente já ouviu todos os argumentos para explicar a ausência de mulheres no topo das organizações. Seja como for, vamos repassá-los mais uma vez, antes de descartá-los para sempre.

Diz-se que as mulheres nem sempre possuem os mesmos instintos competitivos dos machos alfa para conquistar e liderar. Chegar ao topo não exerce para as mulheres o mesmo apelo que para os homens. Muitos são os exemplos, no entanto, de mulheres vitoriosas e poderosas para contestar essa afirmação. O problema aqui é que não muitas oportunidades realmente se abrem para as mulheres.

Há quem diga que as mulheres optam por deixar as organizações, que elas preferem dirigir seus próprios círculos mais restritos a continuar nos grandes empreendimentos. Trata-se, porém, de uma abordagem equivocada. É muito possível que mulheres capazes escolham (ou sejam forçadas a) afastar-se de certos contextos, não pela função em si, mas sim por rejeitarem o éthos e as práticas desses lugares. Elas não querem tornar-se o que parece necessário para chegar ao topo. E, assim, vão embora para constituir um negócio ou dedicar-se a outra atividade mais compatível com seus próprios valores.

Acima de tudo, argumenta-se que as mulheres – as mães, em especial – consideram impossível equilibrar as demandas do trabalho e da casa. Algo chamado "instinto maternal" de alguma maneira dilui suas ambições, como se não fosse possível comprometer-se integralmente com o trabalho e cuidar da vida da família em casa (ver Mito 20). Este último ponto, o argumento usado com mais frequência, é simplesmente absurdo.

Como se sabe, a prestação de cuidados e as tarefas domésticas nunca são divididas equitativamente entre os parceiros mulher e homem. Aos poucos – muito aos poucos – essa tendência está mudando. Ainda estamos muito longe, contudo, de um mundo de trabalho flexível que funcione para todos. Os empregadores podem e devem fazer mais para ajudar. Só teremos a certeza de havermos conseguido progresso significativo quando começarmos a ver executivos homens serem chamados de "pais que trabalham".

De homens para homens

Autores homens podem fazer essa afirmação sem serem acusados de viés ou de apelo específico. O problema aqui é dos homens, não das mulheres. Como Avivah Wittenberg-Cox, autora de *How Women Mean Business: A Step by Step Guide to Profiting from Gender Balanced Business* (ed. bras. *A era da mulher: entenda e prepare-se para a mudança econômica em curso*, trad. Thereza Ferreira Fonseca, 2008), sustenta há muito tempo, grande parte das intervenções ou campanhas, geralmente bem-intencionadas, na área de igualdade de gêneros, como "redes de mulheres", baseiam-se na premissa de que há algo de errado com as próprias mulheres. Se elas simplesmente mudassem de atitude, ou se seguissem com mais afinco os conselhos de Sheryl Sandberg, chefe de operações do Facebook, no livro *Lean in: Women, Work and the Will to Lead*, 2013 (ed. bras. *Faça acontecer: mulheres, trabalho e a vontade de liderar*, trad. Denise Bottmann, 2013), as coisas mudariam muito para elas, rapidamente. Como Avivah sempre diz, porém, "não precisamos consertar as mulheres!". A organização é que precisa de conserto. E isso significa que as atitudes machistas é que precisam mudar.

Combata o poder

"Os monopólios são terríveis", teria dito, certa vez, Rupert Murdoch, "até que você tenha um". Também sobre os homens em relação ao poder, poderíamos fazer a mesma afirmação. Os homens detêm o poder há muito tempo e relutam em abrir mão de seus privilégios.

Mas precisam. Já se foi a época de fanfarronices e preconceitos surtirem efeito. Os pós-graduados, na maioria, são mulheres; as meninas estão se saindo melhor na escola do que os meninos; no ambiente de trabalho, no entanto, os homens, de alguma maneira, (re)assumem o controle. E muitas mulheres capazes, por algum motivo, desaparecem. Muitos homens favorecem e promovem outros homens, e rejeitam as mulheres com quem não conseguem se relacionar ou compreender. Os chefes homens às vezes "mentoreiam" outras mulheres – dizem-lhes o que fazer – mas com que frequência eles realmente as patrocinam e as apoiam? Não o bastante, sem dúvida. O hermetismo, ao contrário, é demasiado. Os empregadores, portanto, precisam mudar com urgência para atrair e reter pessoas com as competências necessárias.

Isso pode começar com a isonomia salarial. Os consultores da McKinsey dizem que a economia do Reino Unido poderia ser £ 150 bilhões maior se a desigualdade de remuneração entre os gêneros fosse eliminada até 2025 (HUNT et al. 2016). O dinheiro fala alto. Essa é uma área em que o argumento dos resultados financeiros finalmente pode chamar a atenção até do macho chauvinista mais empedernido. A perda de produção decorrente da saída das mulheres do mercado de trabalho, ou do não exercício pelas mulheres de funções de poder e influência, é alta demais para continuar sendo ignorada.

Saia da frente, querido. É hora de abrir caminho para as mulheres.

Para um excelente resumo deste e de outros temas correlatos, ver *Why Women Need Quotas*, de Vicky Pryce (2015)

MITO 15

OS LÍDERES SÃO INATOS, NÃO CRIADOS

*As competências de liderança não são mistérios, nem são
para sempre inalcançáveis. É possível aprender a liderar melhor.*

"Como sou abençoado com meu bom cérebro, costumo chegar às respostas bem mais rápido e com mais frequência do que a maioria das pessoas." As palavras do falecido Bob Horton, o poderoso chairman da BP e depois da Railtrack, numa entrevista à revista *Forbes*, de fevereiro de 1992, incorporam a crença tradicional de que algumas pessoas são simplesmente mais adequadas para serem líderes do que a maioria. O desempenho questionável de Horton na BP e, francamente, terrível na Railtrack não reforçam, necessariamente, sua pretensão de ter um cérebro excepcional ou uma capacidade superior de tomada de decisões. Ele, pelo menos, teve a elegância de complementar sua bazófia com o reconhecimento: "Essa afirmação parecerá terrivelmente arrogante". A esse respeito, seja como for, Horton estava certo.

Os líderes operam o que às vezes pode ser chamado *closed shop*, algo como "panelinha" ou "camarilha", isto é, um grupo fechado, autoabonador ou autolaudatório. Nessa versão, o fato de terem chegado ao topo é prova de que possuem os atributos certos, nem sempre presentes em outras pessoas. A sorte, aparentemente, não contribuiu para o sucesso deles. Na verdade, eles podem até insinuar que outras pessoas menos dotadas não devem ter pretensões a atingir as mesmas alturas. Os líderes, como se vê, são inatos, não criados. Você tem ou não tem os atributos. E se não tem, é melhor esquecer.

Mas isso é balela. A maioria das pessoas é capaz de apresentar pelo menos algumas competências de liderança, na hora certa, em diferentes contextos. Embora a hierarquia organizacional ainda tenha mais chances de sobrevida do que muita gente supõe (ver Mito 7), há situações em que devemos ignorar os títulos e a "senioridade" e deixar que qualquer pessoa capaz assuma a liderança.

Comando e controle

Os chefes assertivos e poderosos às vezes acham que possuem qualidades militares. Eles supõem que seus métodos de direção se inspiram nos grandes generais do passado. Mas há um segredo acerca do exército inglês, por exemplo, que às vezes surpreende. O fato é que, na realidade, eles não acreditam na liderança do tipo "comando e controle". Ou, pelo menos, reconhecem suas graves limitações. A Academia Militar Real de Sandhurst, a escola de treinamento em liderança do Exército britânico, há muito tempo adota uma visão mais nuançada e sofisticada da liderança.

Tudo remonta à Primeira Guerra Mundial. Quando jovens oficiais com alta escolaridade, mas sem experiência, exortavam jovens recrutas a se superarem para chegar ao topo, eles constatavam, horrorizados e surpresos, que nem todos concordavam de imediato. Era perigoso lá em cima, e nem todos os oficiais tinham autoridade para convencer e comandar.

Cem anos atrás, o exército enfrentava com brutalidade essas objeções: os subordinados eram fuzilados. No fim da guerra, porém, constatou-se não só que os jovens soldados tinham recebido tratamento inadmissível, mas também que havia algo de errado no comportamento dos líderes. O comando e o controle nem sempre funcionam" no calor da batalha. Não se pode ordenar as pessoas a fazer alguma coisa, sobretudo quando a vida delas corre perigo.

Modelo militar mais importante e vitorioso foi o marechal de campo (William) Slim, líder do 14º Exército, na bem-sucedida campanha da Birmânia, durante a Segunda Guerra Mundial.

Liderança, disse Slim, é ser "simplesmente você". Falando em West Point, a Sandhurst dos Estados Unidos, em 1950, ele acrescentou: "Se me pedissem para definir liderança, eu diria que é a projeção da personalidade. É a expressão pessoal mais intensa do mundo, porque é apenas e nada mais que simplesmente você". Não há necessidade de mística, nem de falso "carisma" para dar um passo à frente e assumir a liderança. É basicamente uma questão de explorar suas qualidades e de revelá-las a quem você está tentando liderar. Não existe "uma maneira certa" (ver Mito 1).

Devia haver alguma coisa no método de Slim. Ele liderou uma força multinacional, reunida em plena crise, para enfrentar o formidável exército japonês, em condições traiçoeiras, e venceu. O general lorde Dannatt, ex-chefe do Estado-Maior, disse a respeito de Slim: "Sua autoridade discreta conquistou o coração dos soldados. Slim talvez não tivesse a força humana e os recursos materiais de que gostaria, mas contava com a liderança, o intelecto e a compreensão madura da arte operacional de vencer na Birmânia e de inspirar as gerações subsequentes".

Qualquer um pode liderar

O Exército tem muito a ensinar. Os soldados são treinados para reconhecer isso, embora possa haver um oficial encarregado no início de uma batalha ou de uma operação, ele pode morrer a qualquer momento. Alguém terá de dar um passo à frente e substituí-lo. Essa pessoa pode ser você, simplesmente você.

Essa lição do campo de batalha pode ser aproveitada no ambiente de trabalho, aparentemente mais pacífico. Por que "o chefe" deveria ter todas as ideias brilhantes? Qualquer um deveria ser capaz de falar com franqueza. Qualquer um deveria ser capaz de propor uma nova maneira de trabalhar ou de explicar um novo "*insight* do cliente", que poderia fazer toda a diferença para a empresa.

Daí se conclui que o "treinamento em liderança" deveria ser oferecido à equipe em todos os níveis, não apenas aos poucos felizardos no topo. Problemas crônicos de produtividade decorrem em parte da falta de empoderamento genuíno e do desenvolvimento de competências em toda a força de trabalho, inclusive as denominadas competências de liderança (que, na verdade, são apenas as competências de gestão de pessoas – ver Mito 10). Essa situação é reflexo do equívoco clássico inglês que foi cometido na educação secundária durante décadas: preocupar-se demais com os que já estão acertando e não cuidar o suficiente dos que tiveram menos vantagens e que correm o risco de ficar para trás.

Alguns líderes adoram espalhar e perpetuar mitos sobre seus dotes especiais. Eles se preocupam mais com a propaganda de si mesmos do que com o sucesso da empresa que deveriam estar liderando. Eles lhe dizem que os líderes são "inatos, não criados", e que os outros deveriam conhecer o lugar deles. Eles se baseiam nessa mitologia ao tentar justificar seus enormes salários (ver Mito 11).

Os líderes, porém, não são membros de nenhuma seita esotérica. São apenas pessoas, simplesmente como você. Qualquer um pode liderar. Os líderes são criados, não inatos.

MITO 16

OS PRIMEIROS 100 DIAS NO CARGO SÃO DECISIVOS

Vamos começar de novo... Juntos, vamos explorar as estrelas, conquistar os desertos, erradicar as doenças, explorar as profundezas dos oceanos e encorajar as artes e o comércio... Juntemo-nos na criação de um novo empreendimento... Um novo mundo da lei, onde os fortes são justos e os fracos, seguros, e a paz, preservada.
E isso não será concluído nos primeiros 100 dias. Nem estará terminado nos primeiros 1000 dias, nem na vida desta administração, nem mesmo, talvez, durante a nossa vida neste planeta.
Mas comecemos.
(Discurso de posse de John F. Kennedy, 20 de janeiro de 1961.)

"Jack" Kennedy se revelou um osso duro de seguir. (Como o presidente fictício Jed Bartlet, em *The West Wing* (*Nos bastidores do poder*) diria ao seu sucessor, Matt Santos, na véspera do discurso de posse deste último: "É, o Kennedy tipo assim ferrou a gente com aquele falatório, não foi?". Quando JFK pronunciou aquelas palavras, a mitologia que cercou a sua presidência começou a florescer. Mas ele, por sua vez, inspirou-se em outro líder não menos extraordinário, Franklin Roosevelt, que também havia começado seu mandato com frenéticos primeiros 100 dias de atividade.

Talvez tenha parecido um pouco arbitrário alegar que os primeiros 100 dias no cargo são um marco significativo para qualquer novo líder. Certamente, a retrospectiva dos primeiros 1.000 dias e até dos primeiros 5.000 dias diga muito mais sobre o desempenho de alguém no cargo. Tarde demais. O rótulo pegou. Todos os novos líderes, em especial aqueles em posições de alta visibilidade, enfrentam a avaliação dos primeiros 100 dias, queiram ou não.

Pergunte o que você pode fazer por seus colegas

Alguns dos problemas enfrentados pelos novos chefes na primeira semana no cargo podem ser autoinfligidos por não terem feito o dever de casa. Steve Newhall, *headhunter* e consultor de liderança da Korn Ferry, comenta como muitos líderes podem estar despreparados ao galgarem mais um nível na carreira (conversa com os autores). Ele diz que, "ao aterrissar numa nova situação, é preciso descobrir o quanto antes quem são os corretores de poder e compreender seus relacionamentos com os principais *stakeholders*. Se, porém, você for um *insider*, vai se deparar com aquele difícil desafio de gerenciar, na segunda-feira, as pessoas que eram suas colegas na sexta-feira anterior".

Vitórias rápidas

A autoridade sobre essas transições traiçoeiras para novas funções de alto nível é Michael Watkins, autor de *The First 90 Days: Proven Strategies for Getting Up to Speed Faster and Smarter* (ed. bras. *Os primeiros 90 dias: estratégias de sucesso para novos líderes*, 2016). Numa entrevista para o site LearnVest (BIANCHI, 2014), ele explicou algumas de suas ideias sobre como dar o próximo passo à frente e como as pessoas geralmente se preocupam demais com as competências técnicas necessárias para o exercício do cargo e não prestam muita atenção às políticas da empresa e às primeiras impressões. "O que você faz desde cedo durante a transição para o novo cargo é o mais importante", diz Watkins. "Os colegas e o chefe formam opiniões a seu respeito com base em informações limitadas, e essas opiniões são duradouras – é difícil mudá-las. Portanto, molde essas primeiras impressões sobre você da melhor maneira possível."

Campo de treinamento do chefão

Preparar-se para a transição leva tempo, coisa que você nem sempre tem. Presumindo, no entanto, que a promoção não seja totalmente inesperada, que providências práticas o líder poderia tomar para entrar em campo com a bola no pé?

Thomas Neff e James Citrin, *headhunters* da Spencer Stuart, publicaram suas opiniões sobre o assunto poucos anos atrás no livro com o título incisivo *You're in Charge – Now What? The 8 Point Plan*, 2007 (ed. bras. *Virei chefe, e agora? Como obter sucesso logo nos primeiros 100 dias*). Dizem eles que a preparação meticulosa é indispensável para ser eficaz logo de início. Para tanto, é importante dedicar algumas semanas anteriores à efetivação na nova função para fazer algumas pesquisas sistemáticas.

"Reúna-se com os observadores mais espertos que você puder encontrar – empregados, egressos, clientes, fornecedores e analistas – para explorar os *insights* deles", sugerem. "Não se sinta obrigado a assumir o cargo com uma estratégia pronta: ela, provavelmente, estará errada, incompleta, e/ou sem a adesão dos principais interessados." Essa preparação intensa é indispensável porque, quando você já tiver tomado posse, as pressões do cargo serão imediatas e intensas, e talvez lhe falte tranquilidade suficiente para pensar com clareza sobre as decisões difíceis que estarão à sua espera.

E 100 dias não é um período longo para causar impacto. "Assumindo que um novo líder trabalhe seis dias por semana, 14 horas por dia", supõem Neff e Citrin, imbuídos de expectativa heroica, "não mais que 1.200 horas estarão disponíveis ao longo dos primeiros 100 dias. Os novos líderes precisam passar tanto tempo quanto possível absorvendo, ouvindo, aprendendo, cultivando relacionamentos e tomando decisões; eles não podem se dar ao luxo, de modo algum, de perder uma única hora".

Manter ou mudar?

Os novos líderes enfrentam outra escolha difícil: em poucas palavras, já entrar correndo, em hiperatividade, ou, ao contrário, começar aos poucos, "ouvindo e aprendendo", antes de partir para a ação. O contexto orientará a estratégia do novo líder. As crises justificam medidas drásticas. E as primeiras semanas podem ser o melhor período para fazer alguma coisa radical, enquanto os colegas e investidores admitem a necessidade de urgência.

Na ausência de crises, porém, os gestores seniores e outros membros da equipe ficarão surpresos com a notícia de que seu negócio aparentemente saudável exige tratamento de urgência, sobretudo se vier a ser aplicado por um novo líder que ainda não teve tempo suficiente para fazer o diagnóstico adequado.

Os mercados, contudo, parecem demandar ações velozes e decisivas dos líderes empresariais, da mesma maneira como contam com as informações dos resultados trimestrais. Esse é o ambiente com que deparam muitos novos chefes. E os números do próximo trimestre estarão fechados daqui a não mais que 100 dias.

Portanto, é isso mesmo. Os primeiros 100 dias num novo cargo são decisivos. Mas não são de vida ou morte. É melhor observar, ouvir e aprender, antes de mergulhar de cabeça. Nem tudo pode ser quebrado, e os interesses constituídos tentarão fazer sua cabeça. Você precisará de tempo para ponderar todas as evidências, antes de agir com determinação. Isso pode demorar muito mais do que três meses.

E nunca se esqueça da observação de Allen Ginsberg: "Nunca é tarde demais para não fazer nada".

Mantenha o curso

"Nada o prepara; nenhum cargo o deixa em condições de exercer a função de CEO", Andrew Liveris, CEO da Dow Chemical, disse certa vez, numa entrevista para o *Financial Times* (FREELAND, 2007). Você é escrutinado como nunca antes. Os colegas começam a falar com você de outra maneira. Os velhos inimigos enterram as machadinhas, fazem as pazes, e novos amigos e admiradores, até então inimagináveis, surgem de repente, como que do nada. Suas piadas, que, no passado, provocavam sorrisos irônicos, agora são apreciadas com sonoras gargalhadas, que parecem brotar do coração.

Todos esses fatores podem confundir o novo líder e tentá-lo a tomar iniciativas precipitadas logo no começo. Portanto, vale a pena lembrar-se que, no fim dos primeiros 100 dias de Kennedy, ocorreu um pequeno incidente em Cuba, num lugar chamado Baía dos Porcos.

Crédito: Este mito foi adaptado por Stefan Stern de seu artigo "First 100 days: a time to act and a time to wait and see" (2007).

MITO 17

VOCÊ PRECISA SABER TUDO O QUE ESTÁ ACONTECENDO

Mania de controle é coisa de tirano.
Você não pode gerenciar/comandar tudo.
Portanto, delegue. Chega de microgestão.

Quando o CEO de uma grande instituição financeira dispara um e-mail e inclui em assunto "biscoitos maliciosos" referindo-se ao comportamento ultrajante da equipe da copa ao oferecer quitutes especiais para altos executivos, você sabe que alguma coisa deu muito errado. Se essa história – tendo como protagonista, evidentemente, Fred Goodwin, ex-CEO do Royal Bank of Scotland – é 100% verdadeira não importa muito aqui (ela foi incluída em *Masters of Nothing: The Crash and How It Will Happen Again Unless We Understand Human Nature*, de dois parlamentares do Partido Conservador, Matthew Hancock e Nadhim Zahawi, em 2011, e ainda não foi questionada). Tudo o que ouvimos sobre a vida no RBS, sob o comando de Sir Fred (como era, então, intitulado), sugere que a microgestão era generalizada. As reuniões gerenciais matutinas – também conhecidas como "linchamento executivo" – nas quais o chefe todo-poderoso podia fritar colegas dos mais altos escalões – revela a existência de uma cultura execrável, sob o chicote de um líder no mais absoluto descontrole. É um exemplo extremo, por certo, mas também uma advertência necessária.

Os chefes não podem fazer tudo sozinhos. A maioria se dá conta dessa realidade. No entanto, o instinto de microgerenciar, de não demostrar a menor confiança, de impor controle, de resistir à hipótese de que outros também decidam – todos esses comportamentos, talvez, sejam mais difíceis de superar. Sem dúvida, os gestores devem definir altos padrões e manter altas expectativas. Sem delegação sensata, porém, eles ficarão loucos. Da mesma maneira como o técnico de futebol não pode entrar em campo para armar jogadas, dar passes e chutar em gol, também o gestor deve permitir que os jogadores da equipe se entendam entre si e toquem o jogo.

Mantenha-me informado

Os gestores, como o mercado de ações, não gostam de surpresas, sobretudo as desagradáveis. Portanto, as informações não devem ser entesouradas ou resguardadas como segredos de estado. O fluxo de informações, porém, precisa ser gerenciado. Não devemos oprimir os colegas com muito ruído e, tanto quanto se supõe, com excesso de "dados". O painel de controle do avião caça Spitfire, da Segunda Guerra Mundial, continha vasta quantidade de botões, mostradores e outros instrumentos, todos, sem dúvida, úteis para certas tarefas específicas. No calor da batalha, contudo, não havia tempo para consultar senão os indicadores mais cruciais.

Os bons gestores deixam claro o que precisam saber, e quando, mas não exigem muitos detalhes o tempo todo. Abertura e transparência podem ajudar: poupam o tempo de todos. É mais eficiente não ter que se preocupar com quais informações vazaram e quais foram mantidas em segredo. Onde há abertura e propósitos comuns, não se precisa de tantas reuniões, nem de tantos intercâmbios de informação formais. As pessoas simplesmente sabem o que devem fazer, e como.

Encontre o mensageiro, e *não* atire nele

Outra razão para estimular o livre fluxo da informação é a possibilidade de prevenir escândalos e catástrofes. "A boa comunicação é o detector de fumaça de crises em encubação", como Anthony Fitzsimmons e Derek Atkins salientaram em seu livro recente *Rethinking Reputational Risk: How to Manage the Risks that Can Ruin Your Business, Your Reputation and You* (2017).

Quão pouco aprendemos a esse respeito, porém, sobretudo no setor financeiro, foi revelado por um episódio deprimente no

Barclays Bank, em 2016.[3] O CEO do banco, Jes Staley, usou duas vezes a equipe de segurança interna para ajudar a identificar um delator anônimo que havia procurado o Conselho de Administração através de um canal de comunicação que se supunha seguro.

A queixa, na forma de duas cartas, era sobre a contratação de um novo alto executivo para o banco, um ex-colega de Staley, nos Estados Unidos. Na segunda ocasião em que o CEO tentou desmascarar o delator, também se recorreu a um órgão de segurança dos Estados Unidos. Ainda em 2016, porém, o banco havia contratado um "defensor de delatores", em nível de Conselho, Mike Ashley (nada a ver com o varejista de artigos esportivos), que havia assinado a seguinte declaração no relatório anual:

> Como campeão, tenho responsabilidade específica pela integridade, independência e eficácia das políticas e procedimentos do Barclays sobre delações, inclusive pelos procedimentos para proteger os empregados que manifestam preocupação sobre tratamentos nocivos. Durante 2016, gravei uma mensagem de vídeo para todos os empregados do grupo salientando meu papel como Defensor dos Delatores e promovendo a conscientização quanto às políticas e procedimentos já adotados pela empresa.

Então, o Barclays protegerá o anonimato dos delatores, certo? Staley, contudo, considerou injustas as acusações contra o novo colega. Em e-mail para a equipe, ele explicou:

> Com a intenção de proteger nosso colega... envolvi-me demais, pessoalmente, nessa questão. Minha esperança era que, se descobríssemos quem estava enviando essas cartas, poderíamos tentar e talvez conseguíssemos conter esse assédio a uma pessoa que não merece esse tipo de tratamento. No entanto, reconheço que eu poderia simplesmente pedir que a área de *compliance* lidasse com a questão, como já estavam fazendo. Foi um erro de minha parte, do qual me desculpo.

O escritório de advocacia contratado para investigar o caso, Simmons e Simmons, relatou que o CEO tinha agido de maneira "honesta, mas equivocada", o que é um bom exemplo da maneira habilidosa

---

[3] Encontra-se boa cobertura do caso do denunciante do Barclays no site: https://www.theguardian.com/business/live/2017/apr/10/barclays-boss-investigated-overattempt-s-to-unmask-whistleblower-live.

como as empresas de serviços profissionais recebem honorários sem incomodar demais os clientes.

O aspecto sério da questão é o seguinte: depois da crise financeira de 2007/08, os chefões dos bancos deveriam estar preocupados em garantir que aqueles que trazem à luz malfeitos sintam-se capazes de agir sem medo de estarem comprometendo suas próprias perspectivas de carreira. O anonimato deve ser respeitado. Quando, porém, o próprio CEO lança uma campanha para identificar um delator, a mensagem que se espalha pela empresa é muito problemática. E essa mensagem é: fique de boca fechada se você sabe o que é bom para você. Não é assim que queremos que os empregados de bancos – na verdade, que quaisquer outros –, se sintam.

Relaxe, relaxe

A vida é curta demais – inclusive a vida gerencial – para tentarmos descobrir tudo e saber em profundidade e com perfeição o que está acontecendo. É impossível. Você terá que delegar. Você terá que confiar em outras pessoas. Você terá uma surpresa agradável com o que elas podem fazer por você, caso você as deixe ajudá-lo. Em todo caso, as pessoas não podem ser confiáveis se você não confiar nelas.

Apenas os mesquinhos tornam-se microgestores.

MITO 18

OS LÍDERES HEROICOS PODEM MUDAR SOZINHOS TODA A ORGANIZAÇÃO

Acreditamos no mito do líder heroico e solitário, no virtuoso brilhante que faz tudo sozinho. Liderança é um esporte de equipe.

Será que Dave Lewis conseguirá salvar o Tesco? Será que Bob Dudley dará a virada na BP? Jornalistas e analistas financeiros fazem essas perguntas e os redatores de manchetes as destacam cuidadosamente no alto das páginas. Essas perguntas, no entanto, são absurdas. Na verdade, não deveríamos mais fazê-las.

Pense numa empresa internacional que empregue dezenas de milhares, talvez centenas de milhares de pessoas. Quem, de fato, está fazendo o trabalho? De que contribuições depende o sucesso? O foco exagerado em uma pessoa no topo ignora o fato de que há gerentes de países, chefes de divisão e equipes de altos executivos, prestando contas ao Conselho de Administração, que paira nas alturas. Em todo caso, nenhuma grande decisão deve ser tomada por um executivo-chefe sozinho. A boa governança empresarial exige que se apliquem os freios e os contrapesos, em especial pelo Conselho de Administração.

Assim sendo, por que insistimos nesse conto de fadas de que um ser humano pode, aparentemente, determinar por conta própria o destino de uma grande empresa? Até certo ponto, lutamos com o legado de Thomas Carlyle, escritor do século XIX, autor da declaração famosa: "A história do mundo nada mais é que a biografia de grandes homens". Os filmes e os livros de histórias populares destacam indivíduos a serem enaltecidos por seus feitos, em vez de descreverem movimentos, tendências geopolíticas e a atuação das massas desconhecidas. É simplesmente mais fácil, assim como superficialmente mais atraente, resumir tudo em uma pessoa.

Bertolt Brecht, o dramaturgo e encenador alemão, ironicamente pôs os pingos nos "i's", em seu poema "Fragen eines lesendes Arbeiters" [Perguntas de um trabalhador que lê livros]. Nele, um leitor inocente se deixa impressionar pelas descrições épicas de figuras famosas do passado, apresentadas pelos livros de história, levando-o indagar se Alexandre o Grande conquistou a Índia sozinho ou se César não tinha nem mesmo um cozinheiro com ele ao derrotar os gauleses. Para todos os grandes líderes, diz ele, há muito mais histórias e apoiadores que possibilitam suas proezas.

O jogo do dia

A mídia prefere contar histórias através de pessoas – é o que se ensina aos estagiários de jornalismo. "Notícias são pessoas", como disse Sir Harry Evans, grande editor de jornais. E, no mundo dos esportes, essa tendência é ainda mais forte. Pense, por exemplo, na cobertura de um jogo de futebol pela TV. Uma câmera se mantém fixa no rosto do técnico, na entrada do vestiário, tentando captar todas as suas reações e emoções. O técnico, porém, não chuta a bola, nem marca gols. Os jogadores é que entram em campo, onde efetivamente se disputa o jogo. Aos olhos do público, contudo, a personalidade do técnico é tudo. Será que José Mourinho consegue salvar o Manchester United? Não, não sozinho, mas trabalhando com os jogadores, ele e eles conseguem. Se, porém, essa pergunta exagera a importância do técnico em relação a 20 ou 30 pessoas, até que ponto é um equívoco imaginar que um CEO pode "virar" o destino de um negócio, com uma equipe de dezenas de milhares de participantes?

Você não está sozinho

Como o futebol, a liderança é realmente um esporte de equipe. Por definição, quem não tem seguidores não pode ser líder. A questão, entretanto, é mais complexa. Até que os seguidores optem por trabalhar com você e interagir com você, há um vazio a ser preenchido pela liderança. "Precisa-se de duas pessoas para fazer acontecer a liderança", diz Laura Empson, professora da Cass Business School, Londres (ver Apêndice 5).

Alguns líderes de negócios estão preparados para admitir essa realidade. Lee Scott, ex-CEO do Walmart, declarou certa vez ao *Financial Times* (BIRCHALL, 2008): "Eu não dirijo a empresa... como CEO, se você, ao se levantar todas as manhãs, tiver que dizer ao pessoal o que fazer, você não está com as pessoas certas nos cargos".

Os CEOs tendem a se enquadrar em uma de duas categorias: os que enfatizam tudo o que fazem e menosprezam as contribuições dos colegas, e os que, em vez disso, querem salientar a capacidade de algumas das pessoas com quem trabalham. A segunda categoria é mais convincente.

Não é, e não deve ser, "solitário no topo" (ver Mito 5). Não é imprudente "transpirar incerteza" para os colegas ou revelar falta de confiança temporária, por pensar que não pode, de fato, confiar completamente nas pessoas ao seu redor. Os solitários talvez achem que devem manter seus pensamentos mais íntimos consigo próprios. Mas isso é um erro. Todos precisam de apoio, todos necessitam de uns poucos conselheiros confiáveis e de mentores solidários para fazer o trabalho, especialmente se for do tipo de alta pressão. E se você achar que não pode confiar nas pessoas ao seu redor, provavelmente é hora de construir uma nova equipe de alto nível. Em vez de se sentirem isolados, os bons líderes estarão ligados a relacionamentos construtivos, dentro e fora da empresa.

Liderança "transformacional"

Nosso foco excessivo nos CEOs, com a exclusão de outras questões, desviou-nos do rumo. Esse extravio explica, em parte, a suscetibilidade das pessoas ao tão exaltado conceito de "liderança transformacional" (ver Mito 24). A liderança duradoura leva tempo para ser alcançada e exige o trabalho de muitas pessoas. Cuidado com o líder que assume um novo cargo dizendo a todos que ele (geralmente é ele) "transformará" o negócio simplesmente com sua presença.

Que a imprensa e os analistas se refestelem na ilusão de que uma pessoa está dirigindo a empresa, revertendo seu rumo, ou salvando a pátria sozinho. Nos bastidores, despercebido por muitos (mas não por um bom CEO), importante trabalho está em execução. Se você for o chefe, peça ajuda aos colegas. E se você não for o líder, seja um seguidor construtivo para tornar seu chefe um líder melhor.

Crédito: Este mito é uma versão adaptada de um artigo publicado pela primeira vez na edição do verão de 2016 da revista *The In-House Lawyer*. Reproduzido com a gentil permissão da Legalease Ltd.

MITO 19
O CHEFE COM A MELHOR ESTRATÉGIA VENCE

Gestão é fazer coisas através de pessoas. Você precisa de um objetivo, mas não se deixe amarrar por uma estratégia grandiosa.

Estratégia. Bela palavra, não? Do grego, *strategos*, significando um general do exército. Essa palavra, estratégia, denota grandeza e importância. Tradicionalmente, significa o plano que vem do alto, ou da barraca do general. Repita: **e s t r a t é g i a.** Você se sente melhor, não?

O economista John Kay (1998) foi um dos primeiros a zombar da grandiosidade do culto à estratégia. Estratégia realmente é sinônimo de "dispendioso", observou. Nesse sentido, a afirmação "esta é uma aquisição estratégica" significa "vamos pagar muito caro", enquanto "somos consultores de estratégia" quer dizer "nossos honorários são muito altos".

O conceito de estratégia em negócios foi realmente inventado – popularizado, pelo menos – pela elite das consultorias de gestão. Antes da década de 1960, poucos eram os líderes de empresas que chegavam a falar em estratégia: eles tinham planos de negócios e decidiam como alocar capital. No entanto, empresas como McKinsey e Boston Consulting Group elevaram o planejamento à condição de algo muito mais ousado e complexo – estratégia. E, como insinuou John Kay, estratégia é algo a que você pode acrescentar uma aura mística que justifica honorários muito mais altos.

O que é estratégia, afinal?

Muita parolagem e embromação tem sido oferecida em nome da estratégia. Mas, como Richard Rumelt explicou em *Good Strategy, Bad Strategy: The Difference and Why It Matters*, 2011 (ed. bras. *Estratégia boa, estratégia ruim: Descubra suas diferenças e importância*, 2011), primeiro é preciso compreender o que você está tentando fazer.

Estratégia não é uma "reafirmação superficial do óbvio, salpicado de palavrório pomposo", escreveu. É, isso sim, "um plano coerente para resolver determinado problema".

Rumelt faz várias outras observações:

> ➤ A boa estratégia é rara. Muitas organizações que alegam ter estratégia de fato não têm. Em vez disso, apenas compilaram um conjunto de objetivos de desempenho. Ou, pior ainda, uma coletânea de aspirações vagas.

> ➤ "A má estratégia" é produto da má doutrina, quando se evitam escolhas árduas, e/ou quando os líderes relutam ou não conseguem definir e explicar a natureza do desafio.

> ➤ Quanto mais pobre for a base de recursos da empresa, mais ela dependerá da coordenação eficaz de ações adequadas e inteligentes.

> ➤ Os concorrentes nem sempre reagem com rapidez, assim como os clientes nem sempre percebem o valor da oferta. A boa estratégia antecipa e explora a inércia.

> ➤ Mudanças na tecnologia, na legislação, nos custos e nas preferências dos compradores normalmente estão além do controle de qualquer concorrente, mas podem ser exploradas. (Em outras palavras, realmente são importantes.)

A estratégia inteligente, como apontaram Roger Martin e A. G. Lafley, no livro *Playing to Win,* 2013 (ed. bras. *Jogar para vencer: como a estratégia realmente funciona*, trad. Edson Furmankiewicz, 2014), envolve boas escolhas. É preciso escolher quando competir de peito aberto, quando colaborar e quando deixar o campo de batalha para outros.

E Henry Mintzberg, professor da Universidade McGill, em Montreal (ver nossa "conversa ao pé da lareira" com ele, no Apêndice 3), há anos também demonstra ceticismo acerca das estratégias vazias.

Em seu livro *The Rise and Fall of Strategic Planning,* 1994 (ed. bras. *Ascensão e queda do planejamento estratégico,* 2004), rechaçou "a proclamação de trivialidades – estratégias de fachada que ninguém tem intenção de implementar, mesmo que fosse possível".

Em seu trabalho mais recente, *Strategy Bites Back* (com os coautores Joe Lampel e Bruce Ahlstrand, 2004), Mintzberg criticou a estratégia por ser "padronizada, genérica e desinteressante". "Além de posicionar, a estratégia também deve inspirar", afirmou. "Portanto, uma estratégia enfadonha realmente não é, de modo algum, estratégia."

Alastair Campbell - Ali C

Estreante surpreendente no mundo da estratégia é Alastair Campbell, ex-diretor de comunicações de Tony Blair, ex-primeiro-ministro do Reino Unido. O New Labour (Novo Partido Trabalhista, sob a direção de Tony Blair e Gordon Brown, entre 1994 e 2010) foi, sem dúvida, máquina muito eficaz de vencer eleições, durante vários anos, e, no âmago desse sucesso, encontra-se novo método muito eficaz de encarar e aplicar a estratégia.

Campbell (2012) definiu nove regras a serem observadas na execução da estratégia:

1. OET é a minha primeira regra: objetivo, estratégia, táticas. Altere a ordem e você terá problemas.

2. Não é estratégia se não estiver escrito.

3. Desenvolver a estratégia é promover discussões, não é evitá-las.

4. Estratégia é jogo de equipe e funciona melhor quando todos a apoiam, desde o Conselho de Administração até a equipe de recepção.

5. As melhores estratégias podem ser descritas em uma palavra, frase, parágrafo, página, discurso ou livro.

6. A boa estratégia baseia-se em análise e compreensão profundas.

7. A boa estratégia tem a ver com ação, não com teoria.

8. Comunicação é meio, não fim – pense nos objetivos de negócios, não só nos objetivos da comunicação.

9. As melhores estratégias são coerentes, mas têm flexibilidade para adaptar-se.

...É a maneira como você faz

Portanto, basta ter a estratégia certa e tudo dará certo, correto? Não é bem assim. Campbell tem razão ao afirmar que "a boa estratégia tem a ver com ação, não com teoria". Na verdade, deveríamos realmente dizer que o mais importante de tudo é a execução da estratégia. ("Mesmo as boas ideias mais cedo ou mais tarde devem degenerar em trabalho", como disse Peter Drucker.)

É melhor executar *bem* uma estratégia medíocre do que executar *mal* uma boa estratégia. E, evidentemente, "estratégia" é, às vezes, não mais que um rótulo grandioso e pomposo que se usa para descrever o negócio cotidiano de executar as tarefas e de fazer as coisas rotineiras. Como disse Herb Kelleher, fundador da Southwest Airlines, "A estratégia é valorizada e a execução é depreciada. Nossa estratégia? Executar".

De baixo para cima e de cima para baixo

Campbell ainda salienta outro ponto crucial. Estratégia é jogo de equipe que precisa de apoio em todos os níveis. Em consequência, a melhor maneira de desenvolver a estratégia é envolver pessoas de todos os níveis. Somos desorientados pelo sentido original grego da palavra estratégia, algo que vem sempre do alto. Só que um plano pomposo e altivo, elaborado no topo e derramado na organização, pronto e acabado, em condições supostamente definitivas, não pertencerá ao resto do pessoal. Será apenas mais um palavrório vazio, entregue em forma final aos empregados, sem expectativa de participação e contribuição. E isso simplesmente não funciona. Não haverá adesão por parte das pessoas que mais precisam acreditar na estratégia – as pessoas que farão o trabalho e executarão a estratégia.

É preciso descontrair um pouco o trabalho árduo da estratégia. O mundo está mudando com rapidez. Logo, é preciso adaptar-se. As estratégias terão de ser ajustadas e reescritas. E, no final das contas, o que importa é o que você faz e como você faz. Realmente não é muito importante o nome que se dá ao processo.

MITO 20

NÃO É POSSÍVEL TRABALHAR COM FLEXIBILIDADE EM FUNÇÕES DE ALTO NÍVEL

O trabalho de 100 horas por semana não é normal e não é meta a almejar. A flexibilidade possibilita que mais pessoas deem o melhor de si.

Lidere na dianteira. Isso é o que geralmente dizem aos novos chefes. Dê o exemplo. Chegue cedo e saia tarde. Deixe claro a sua expectativa de que os outros ajam da mesma maneira. Mantenha o fogo ardendo.

Às vezes, realmente é preciso prolongar as horas de trabalho. No entanto, como já dissemos, alongar a jornada em si não é garantia de sucesso (veja Mito 3). Com efeito, talvez seja contraproducente ficar no trabalho até tarde na esperança de que a presença física em si de alguma maneira opere milagres, mesmo que você já esteja mais do que cansado. Às vezes, você realmente deve ir para casa.

O preconceito renitente de que estar presente é força e deixar o trabalho é fraqueza está sendo muito duradouro. Talvez nunca desapareça por completo. Ainda se percebe um resíduo de culpa e constrangimento quando as pessoas se desculpam por sair "mais cedo" ou por se ausentar durante algum tempo do trabalho, não importa quais sejam as causas. É até possível que você ainda escute piadas do tipo "meio expediente, então?" ou "Obrigado por aparecer!", ao se encaminhar para a porta.

O escritório não é prisão, pelo menos não deveria ser. No entanto, muita gente ainda parece relutante em atender a algum outro compromisso importante durante o horário de trabalho. Uma enquete para o site www.workingmums.co.uk (2016) mostrou que 18% das mulheres foram obrigadas a deixar o emprego quando não puderam adotar o horário de trabalho flexível. Não há como se esquivar das atribuições de prestar cuidados a alguém. Outra enquete entre 2.000 empregados do Reino Unido para a consultoria de empresas Red Letter Days (2015), denominada "Falta de flexibilidade está matando a produtividade do Reino Unido", descobriu que as equipes altamente engajadas eram capazes de trabalhar com muito mais flexibilidade, inclusive em casa, do que as menos engajadas.

O exemplo a ser dado pelos líderes é o de eles próprios trabalharem em horário flexível. Felizmente, as tendências a esse respeito estão evoluindo com mais rapidez e intensidade do que você poderia imaginar.

O trabalho flexível funciona, inclusive no topo

Em 2017, a revista *Management Today* publicou um longo artigo de capa sobre *power part-timers*, uma lista de 50 pessoas de alto nível que comprovam não ser necessário ficar preso à mesa do escritório para cumprir aquelas semanas de trabalho de 100 horas (SAUNDERS, 2017). Uma seleção de algumas pessoas nessas condições já é em si suficiente para dar o recado.

Uma delas é Liz Brown, chefe de *group corporate development* (desenvolvimento corporativo de grupo) da Dixons Carphone, varejista de produtos elétricos da FTSE 100. Ela trabalha quatro dias por semana, embora tenha estabelecido a meta de aumentar em £ 1 bilhão o "valor para os acionistas", ou seja, aumentar o preço da ação na bolsa de valores para que o valor de mercado da empresa aumente nessa quantia.

Outra é Ingrid Cope, assessora jurídica sênior da Pernod Ricard, no Reino Unido, coligada da segunda maior empresa de bebidas do mundo. Ela é membro da equipe de gestão sênior... e trabalha três dias e meio por semana.

Uma terceira é Arpad Cseh, diretor executivo da equipe de infraestrutura da UBS Asset Management, que presta assessoria financeira a clientes em todo o mundo, cujos dois fundos de infraestrutura estão avaliados em mais de $ 2 bilhões. Ele se dedica a essa atividade durante dois dias e meio por semana. Durante o restante do tempo ele trabalha numa iniciativa de mudança climática.

Outro caso é o de Katie Garrett, gerente de projetos sênior na divisão de tecnologia do Goldman Sachs. Ela trabalha quatro dias por semana. Em 2014, foi promovida a engenheira sênior, título reservado para os vice-presidentes mais influentes da divisão de tecnologia.

Outro exemplo é o de Dawn Heath, sócia da Freshfields Bruckhaus Deringer, escritório de advocacia do Magic Circle, designação informal das maiores empresas do setor jurídico do Reino Unido. Ela trabalha quatro dias por semana, um deles em casa. Ela foi a primeira advogada da Freshfields no Reino Unido – e a segunda em todo o mundo – a participar da sociedade em condições de horário parcial.

E, finalmente, temos Rob Symington, cofundador da Escape the City, comunidade global com 250.000 membros. Ele trabalha dois dias por semana na empresa, com receita de £ 1 milhão, orientando profissionais em início de carreira ou em processo de reciclagem da carreira tradicional.

O artigo da *Management Today* também apresentou *part-timers* em cargos compartilhados de alto nível, servidores civis seniores, chefes de instituições filantrópicas e diretores de RH que trabalham três dias por semana, reiterando que a flexibilidade no topo é não só factível, mas também vantajosa – o efeito "duas segundas", por exemplo, pode interromper a semana de trabalho para um reinício energizado, se os dois *part-timers* de cargos compartilhados trabalharem nesse dia.

Ninguém é indispensável

Sir Gerry Robinson, ex-chefe do negócio de mídia e lazer da Granada, dizia que ele realmente só tomava cerca de uma dúzia de decisões importantes por ano, e que, se ele acertasse nove ou dez delas, a empresa estaria bem. Ele delegava muito para os colegas, permitia que eles cuidassem do negócio, mas logo lhes dizia se não estivesse satisfeito com os resultados. Ele também dizia que era perfeitamente possível para um CEO encerrar o expediente das sextas-feiras na hora do almoço e estar no campo de golfe na mesma tarde (talvez ele não estivesse falando muito a sério sobre esse último ponto).

No entanto, numa longa e vitoriosa carreira de negócios, Sir Gerry não cumpriu as jornadas de trabalho insensatas e sadomasoquistas consideradas indispensáveis por tanta gente. Ele dizia que preferia trabalhar 8 horas produtivas a cumprir 12 horas semiociosas.

(DAVIDSON, 1995). Ele, em geral, saía do escritório bem antes das 18 horas para estar com a família em casa. E, se ele podia fazer isso, qualquer outra pessoa também poderia. Na verdade, o smartphone e o laptop permitem que o trabalho também vá para casa, sempre que você quiser, como não era possível 20 anos atrás.

Essa demanda por presença constante, seja do chefe, seja de colegas de nível mais baixo, é ridícula. Os chefes que insistem em estar sempre presentes revelam insegurança e mau desempenho (ver a saga de Marissa Meyer no Yahoo analisada no Mito 39).

Este mito da gestão é um dos mais danosos e também um dos mais persistentes. Os chefes precisam se libertar. Eles deveriam confiar mais em si mesmos e na equipe para trabalhar com mais flexibilidade. As evidências sugerem que, nesse caso, tanto o desempenho quanto o bem-estar aumentariam. Em especial, se você fala sério a respeito de oferecer perspectivas de carreira mais atraentes para as mulheres, é preciso que o trabalho seja mais flexível, enquanto as mulheres ainda tiverem a atribuição de cuidar de alguém em casa, seja dos filhos, seja de pais idosos.

O exemplo, porém, deve partir do topo. Não espere, de modo algum, que alguém trabalhe mais do que você. Mas torne o trabalho flexível uma realidade, tanto para você quanto para o resto da equipe, e veja como o desempenho e os resultados melhorarão.

MITO 21

OS SALÁRIOS DEVEM SER CONFIDENCIAIS

*Mais abertura significa ter menos com que se preocupar.
A transparência sobre remuneração talvez seja árdua,
mas, por certo, será eficaz.*

"Você disse que não deveríamos esperar aumentos de salário este ano", diz um personagem de uma velha revista em quadrinhos, "mas será que você pelo menos não poderia diminuir o salário daquele filho da mãe do Jenkins?"

Essa é a realidade do mercado. Todos somos assim, embora conscientes de que não deveríamos. É natural querer saber como tem sido o nosso desempenho em comparação com o dos outros. Muitos chefes, porém, questionam essas comparações, receando que elas sejam contraproducentes, ao criarem desarmonia no trabalho, e insistem em manter os salários tão confidenciais quanto possível.

Como as coisas parecem diferentes na Escandinávia, onde prevalece a tradição centenária de transparência na remuneração! As declarações de imposto de renda são acessíveis pelo público, embora uma reforma recente na Noruega, pela qual o contribuinte é notificado de que alguém está consultando as suas informações para o fisco, tenha reduzido um pouco essa busca de informações.

Eu mostro o meu se você mostrar o seu

Isso, porém, nunca poderia acontecer no Reino Unido ou nos Estados Unidos, poderia? Pense bem. Nova legislação exigindo a publicação de dados sobre as diferenças de salários entre os gêneros obrigará as empresas a serem mais abertas sobre os níveis de remuneração e sobre as disparidades entre pessoas, homens e mulheres exercendo tarefas semelhantes. No Reino Unido, como se sabe, o Equal Pay Act (Lei da Isonomia Salarial) está em vigência desde a década de 1970, mas a equidade na remuneração ainda está muito longe.

Mas que tal a transparência total e a exposição completa de todos os salários? Será que isso não provocaria agruras desnecessárias? Essa não é a opinião de John Mackey, fundador e CEO do grupo de supermercados Whole Foods. Ele adotou a transparência na remuneração mais de 30 anos atrás, apenas seis anos depois de criar a empresa. E assim agiu com base em razões práticas de negócios. Mackey acreditava que, ao divulgar tantos dados quanto possível, inclusive números referentes a vendas, de lojas e de regiões, os colegas compreenderiam melhor a situação dos negócios e suas possíveis contribuições para o progresso da empresa.

"Sou questionado sobre salários a toda hora", disse Mackey (FISHMAN, 1996). "Por que você paga tanto a esse presidente regional, enquanto eu recebo apenas isso?" E eu respondo: "Por que essa pessoa é mais valiosa. Se você realizasse o que ela realiza, você receberia a mesma remuneração".

Faça-se a luz

Sem dúvida, a transição da opacidade para a transparência na remuneração pode não ser tranquila. Talvez ocorram muitos choques desagradáveis. Como escreveu Adrian Furnham, professor de Psicologia na University College London, "o segredo alimenta conspirações, mas a abertura provoca indignação e fúria... os temas mais quentes são a comparação de salários e os critérios de avaliação. Nada enfurece mais as pessoas do que descobrir que alguém considerado menos merecedor recebe remuneração superior à sua. Daí a confidencialidade em relação aos salários, que sempre se maneja com mais facilidade do que a transparência".

A opacidade é mais fácil no curto prazo, sem dúvida. O segredo, contudo, também envolve custos ao fomentar a burocracia, desperdiçando o tempo dos gestores, e ao semear conchavos e panelinhas, segregando os que estão dentro dos que estão fora.

E isso realmente diminui a coesão e aumenta a dispersão. Se, porém, todos estão por dentro, há menos segredos a ocultar e mais objetivos a compartilhar.

Portanto, vá em frente. Acenda as luzes, abra as portas, areje o ambiente, compartilhe as informações e veja como todos podem trabalhar juntos com muito mais eficácia.

MITO 22

PSICOLOGIA É PSICOBLABLÁ DESNECESSÁRIO E INADEQUADO

Somos humanos e somos complicados. A psicologia pode ajudar. Precisamos superar nossos problemas psicológicos e estudar como e por que nos comportamos de determinada maneira.

O nariz em pé responde por muita coisa. As noções tradicionais inglesas de reserva e controle revelaram-se duradouras. Isso não é de todo ruim. Há algo a admirar em quem mantém a dignidade, mesmo sob pressão extrema. Não queremos que nossos chefes tenham grandes oscilações de humor, nem que sejam impulsivos no escritório.

No entanto, não mais do que cem anos atrás, os soldados ingleses ainda eram fuzilados por alegada covardia nas trincheiras quando seus traumas mentais eram confundidos com falta de coragem. Demorou décadas para que os líderes militares e de negócios reconhecessem que a mente podia ficar tão ou mais exausta que o corpo. O Roffey Park Institute, fundado em Horsham, Sussex, pouco depois do fim da Segunda Guerra Mundial, foi concebido de início como centro de reabilitação para ajudar pessoas com estresse profundo, ansiedade aguda e síndrome de *burnout* a se recuperarem e a se prepararem para o retorno ao trabalho.

A psicologia era, até pouco tempo atrás, algo que não devia ser comentado no ambiente de trabalho. Tudo bem que europeus continentais, instáveis e volúveis, como aquele estranho doutor Freud, falassem sobre os devaneios mais sombrios e misteriosos da mente.

Os ingleses, porém, em regra, não precisavam recorrer a esse tipo de coisas. Outras pessoas até podiam ter achaques psicológicos. Nós não. E qualquer pessoa que quisesse iniciar uma discussão a esse respeito seria ignorada, ou silenciada. Isso não era psicologia, era "psicoblablá". Nada mais que debilidade inadmissível, falta de hombridade incompatível com cavalheiros britânicos respeitáveis. Os gestores da velha escola não queriam uma força de trabalho emotiva e impulsiva, que, como diziam, seguisse o estilo espontâneo e transparente da princesa Diana. Era melhor não discutir certos temas.

Eles têm uma – ologia

Os psicólogos, porém, sabem das coisas. Eles realizam experimentos e observam como as pessoas reagem. Eles estudam o comportamento humano e compreendem como e por que fazemos o que fazemos. Eles, às vezes, até são capazes de prever como responderemos a diferentes tipos de eventos e situações. Trata-se de informações úteis. E os gestores devem ter consciência disso.

Considere apenas três exemplos convincentes nessa área.

Abraham Maslow (1908-1970; ver perfil preparado por Emrich, [s.d.]) ajudou-nos a compreender que os seres humanos têm uma "hierarquia de necessidades", começando com as necessidades básicas de alimento e abrigo na base; seguidas da necessidade de segurança, e escalando para as necessidades de amor e pertencimento, senso de estima, e, finalmente, o desejo de "autorrealização" no topo. Os gestores precisam compreender que pessoas capazes dificilmente apresentarão bom desempenho no trabalho realizando seu potencial, se não sentirem que essas necessidades essenciais estão sendo atendidas – se não puderem falar sem restrições e se expressar com liberdade, por exemplo.

Frederick Herzberg (1923-2000; ver obituário preparado por Feder, 2000) explicou como a motivação humana deve vir de dentro. Ela não pode ser imposta. "Se chuto meu cachorro (na frente ou atrás), ele se movimentará", escreveu ele em artigo famoso na *Harvard Business Review* (HERZBERG, 1968). "E, quando eu quiser que ele se movimente de novo, o que devo fazer? Devo chutá-lo de novo." Esse tipo de gestão "por chute na bunda" produz movimentação, não motivação, disse Herzberg. Caso não se mantenham certos "fatores higiênicos" no trabalho – se os salários são notoriamente injustos, ou se o tratamento dispensado aos trabalhadores é ruim –, as pessoas ficarão desmotivadas. A motivação intrínseca decorre do senso de realização no trabalho, de ser reconhecido de maneira adequada, ou de perceber que o progresso no trabalho (carreira) é possível. "Se você quer que as pessoas façam um bom trabalho", afirmou Herzberg, "dê-lhes um bom trabalho para fazer."

Martin Seligman (1942-; ver perfil em Positive Psychology Center) explicou pela primeira vez como o "desamparo aprendido" (*learned helplessness*) pode afligir quem sofre de depressão. As pessoas podem emaranhar-se no desespero e na negatividade, como se estivessem num beco sem saída. Com mais otimismo, ele depois desenvolveu ideias sob o título de "psicologia positiva", e muito contribuiu para difundir o conceito de "bem-estar no trabalho". Forças de caráter suscetíveis de desenvolvimento, como coragem e temperança, podem ajudar os empregados a enfrentar as pressões do trabalho.

E assim por diante. Isso não é psicoblablá. Isso é coisa boa.

Gente como a gente

Por fim, os gestores (assim como o grande público) desenvolveram o gosto por psicologia, e a disciplina finalmente se tornou popular. Escritores e acadêmicos, como Malcolm Gladwell, Daniel Pink, Dan Ariely e os irmãos Heath (Dan e Chip) ajudaram a disseminar teorias e pesquisas psicológicas. No Reino Unido, um dos coautores deste livro (Cary Cooper) desempenhou papel importante na conscientização quanto aos efeitos danosos do estresse e do excesso de trabalho (ver Mito 3).

Finalmente, tudo bem reconhecer que a psicologia importa e que precisamos compreender melhor o seu funcionamento. Muitos Conselhos de Administração de empresas há anos estão usando testes psicométricos como parte de seu processo de seleção. Só que eles não gostam de conversar sobre o assunto. Talvez devessem.

Se os chefes estivessem mais familiarizados com o conceito de motivação intrínseca, por exemplo, eles ficariam menos perplexos com os resultados decepcionantes das enquetes sobre engajamento dos empregados. Se eles conhecessem a hierarquia de necessidades dos colegas e o anseio por "enriquecimento do cargo", eles refletiriam mais sobre estrutura organizacional, sobre desenho do cargo e sobre a maneira de fazer o trabalho. Tudo isso importa muito.

A psicologia (e a saúde mental) dos líderes pode exercer impacto decisivo sobre o sucesso ou o fracasso da empresa. Assim sendo, por que tantas pessoas ainda se esquivam de uma avaliação franca do estado mental de si próprio e dos colegas? Talvez estejam receosos do que podem vir a descobrir. Mas é bom saber.

Manfred Kets de Vries (2006), professor do INSEAD, mostrou como seria útil a melhor compreensão da psique dos chefes. "Muitas teorias sobre gestão que explicam como as pessoas decidem nas organizações são supersimplificações inadequadas", escreveu. "Com efeito, explicações aparentemente racionais de certas decisões se revelam fictícias, meras racionalizações feitas depois do fato... Gostemos ou não, o 'comportamento anormal' é mais 'normal' do que a maioria das pessoas está preparada para admitir."

MITO 23

OS ROBÔS ESTÃO CHEGANDO PARA TIRAR O SEU TRABALHO

Estamos nos adaptando à chegada de novas tecnologias há séculos. Sempre estaremos. Não tenha medo dos robôs. Trabalhe com eles.

Escolha um número, qualquer número. Nada menos que 47% de todos os postos de trabalho nos Estados Unidos correm o risco de serem automatizados nos próximos 20 anos, de acordo com dois acadêmicos de Oxford, muito citados (FREY; OSBORNE, 2013). Não, é 38%, dizem os consultores da PwC (MASUNAGA, 2017). Não, não, é só 9%, diz a OCDE (ARNTZ; GREGORY; ZIERAHN, 2016). E se você olhar os formulários do U.S. Census, desde 1950, apenas uma ocupação nele listada de fato foi totalmente substituída pela automação: ascensorista. Sempre receamos o que as máquinas poderiam fazer conosco. No entanto, de alguma maneira, os seres humanos continuam encontrando maneiras de serem úteis e de se adaptar.

O que não significa dizer, evidentemente, que a automação não prosseguirá e que mais tarefas hoje executadas por seres humanos não serão transferidas para robôs. E esse processo está escalando a "cadeia de valor", na iminência de substituir profissionais de escritório. O computador hoje é capaz de produzir com rapidez uma tradução mais ou menos sofrível de um texto (embora quase certamente ela careça de certas qualidades textuais e não capte algumas sutilezas de significado). Atividades básicas de direito e contabilidade também estão ao alcance dos recursos de perscrutação da tecnologia.

E ainda resta a agricultura. Em 2017, o *Financial Times* apresentou aos leitores o Thorvald, criatura maravilhosa da robótica desenvolvida na Noruega. Ainda conduzida por um operador com um *joystick*, o Thorvald é capaz de "transportar bandejas com morangueiros para colheiteiros humanos, poupando-lhes de quilômetros de caminhadas nas vastas plantações", relatou o *FT* (CHAFFIN, 2017). "À noite, o Thorvald varre as plantas com radiação ultravioleta para matar fungos que podem destruir metade da safra."

Será que os agricultores investirão em pequenos exércitos de Thorvalds para cuidar das plantações e para a colheita de verduras, legumes e frutas? Depende. Trabalhadores humanos talvez ainda sejam, por muito tempo, uma escolha mais barata, e, em alguns casos, melhor: embora o Thorvald seja capaz de arrancar algumas cenouras sem maiores restrições, por exemplo, frutas mais delicadas representam um desafio muito mais difícil. Pål Johan From, engenheiro norueguês que desenvolveu o Thorvald, declarou ao *FT*: "Eu diria que ainda temos 10 a 20 anos pela frente antes de produzirmos um robô que consiga colher morangos com a mesma velocidade de seres humanos... framboesas são ainda mais difíceis".

No entanto, é claro que as máquinas farão cada vez mais. Será, então, que os trabalhadores humanos já deram o que tinha que dar? Dificilmente. Em regra, ainda estamos no comando. Dizemos às máquinas o que fazer. (E quando as máquinas ou algoritmos realmente assumem o controle, mesmo que temporariamente, os efeitos podem ser drásticos. Quando o Borough Market, de Londres, foi alvo de um ataque terrorista, em junho de 2017, o modelo de "precificação dinâmica" do Uber, a empresa de táxi, entrou em ação, disparando os preços para cima, até que seres humanos intervieram para impedir que os computadores tentassem gerar mais receita, enquanto as pessoas procuravam chegar em casa rapidamente. Não é de bom tom, como disse o guru Ben Hammersley, que os gestores se mostrem indiferentes e declarem que "O algoritmo me fez errar".)

Sim, as máquinas podem aprender a ser mais rápidas e mais inteligentes, e muito úteis na execução das tarefas. Mas, basicamente, elas ainda estão fazendo aquilo que foram programadas para os humanos fazerem. Peter Drucker talvez tenha sido indevidamente (e atipicamente) duro quando declarou, em 1967, como se supõe, que "o computador é um idiota", mas você sabe o que isso significa.

A professora Laura Empson, especialista em empresas de serviços profissionais, na Cass Business School, nos diz (ver entrevista completa no Apêndice 5) que parte dos receios referentes a máquinas substituindo humanos é exagerado. "A tecnologia nunca substituirá pessoas brilhantes", diz ela. "A tecnologia, em geral, executa tarefas basicamente rotineiras, e há muito trabalho extremamente rotineiro sendo executado nessas empresas, por mais que elas relutem em reconhecê-lo. Essa é uma das razões de elas sugarem tantos recém-formados todos os anos."

"A tecnologia talvez possa executar as tarefas desses novatos. Mas quando você, como CEO, enfrenta uma tentativa de tomada de controle hostil, ou precisa levantar bilhões de dólares para financiar a expansão da empresa, ou se prepara para explicar à SEC (a CVM americana) algumas questões contábeis, você por certo não transferirá o serviço para os computadores."

Pessoas como robôs

Com efeito, o aspecto preocupante não é que os robôs estejam ficando mais humanos, mas sim que muito trabalho de baixa qualificação e de baixa remuneração está exigindo que os humanos se comportem mais como robôs. A administração científica de Frederick Taylor, agora com mais de 100 anos, tendia a encarar os humanos como máquinas eficientes, que repetiam tarefas simples sucessivas vezes (TAYLOR, 1911). Hoje, alguns postos de trabalho em atividades de varejo, de armazenamento e de entrega talvez evoquem uma espécie de Taylorismo do século XXI, em que o trabalho é monitorado e gerenciado por computadores.

As pulseiras e monitores Fitbit e outras engenhocas podem verificar as distâncias que você percorre, com que rapidez você se movimenta, o que você está fazendo no computador pessoal, quando e onde são feitas as entregas, e assim por diante. O fator humano é ameaçado e até pode ser anulado por essa percepção de vigilância constante. Os gestores, como seres humanos, terão de intervir para evitar que as máquinas destruam a dignidade do trabalho. Quem realmente quer ser gerenciado por uma máquina ou por uma "plataforma"?

E, a propósito, você sabia que o termo "robô" deriva de uma palavra checa, *robota*, que significa "trabalho forçado"?

Só dois dançam o tango

Na verdade, a complementaridade de humanos e tecnologia é onde o futuro será construído e donde o valor será extraído. Tom Davenport e Julia Kirby, no livro *Only Humans Need Apply: Winners and Losers in the Age of Smart Machines* (2017), disseram que devemos pensar a esse respeito como "aumentação", em vez de automação.

Não devemos exagerar o que "colegas virtuais" e caixas falantes podem realmente fazer por nós. O filósofo Daniel Dennett declarou ao *FT* (2017): "Tudo o que veremos ao longo da vida serão ferramentas inteligentes, não colegas. Não encare as máquinas como colegas, não tente torná-las colegas e, acima de tudo, não se iluda considerando-as colegas".

O CEO da Microsoft, Satya Nadella, manifestou-se em termos semelhantes (Murgia, 2017). "Serão pessoas trabalhando com máquinas", disse. "Portanto, isso significa que você deverá ser capaz de compreender as máquinas e como elas funcionam." Se até o chefão da Microsoft não vê a tecnologia substituindo humanos, ainda resta alguma esperança. No centro de embalagem e expedição da Amazon, humanos e robôs trabalham lado a lado – as máquinas executando algumas das tarefas mais árduas, de apanhar e carregar, enquanto os humanos completam a tarefa, certificando-se de que o pacote certo está sendo remetido para o cliente certo. É um processo complementar.

As questões mais complexas talvez sejam econômicas e políticas, em vez de tecnológicas. Se alguns postos de trabalho humanos forem destruídos pela automação, o que farão os trabalhadores que executavam esses trabalhos? Como eles ganharão a vida? Só os drones e os veículos autodirigidos poderão eliminar sozinhos milhões de postos de trabalho. Será que surgirão novos postos de trabalho em quantidade suficiente para substituir os que foram eliminados? E será que isso significa que alguma forma de renda mínima terá de ser oferecida aos trabalhadores deslocados ou ociosos, no lugar do trabalho remunerado que não mais pode ser garantido?

E ainda resta a questão da prestação de cuidados a pessoas vulneráveis. O envelhecimento contínuo da população demandará muitos cuidadores qualificados. Os robôs podem ajudar em muitas dessas tarefas, mas, falando sério, você preferiria receber cuidados de uma máquina ou de um humano? Só o setor de prestação de cuidados exigirá a criação e a manutenção de milhões de postos de trabalho que serão mais bem preenchidos por pessoas, desde que estejamos dispostos a oferecer-lhes remuneração adequada. No que diz respeito à assustadora "marcha das máquinas", devemos definir com objetividade nossas ideias e nossas prioridades. Como Sarah O'Connor escreveu no *Financial Times* (2017): "Devemos nos preocupar menos com os postos de trabalho que talvez estejam desaparecendo do que com os postos de trabalho que tendem a remanescer".

Todas essas questões exigem livros exclusivos que, felizmente, estão sendo escritos. Nossa tarefa aqui é apoiar as pessoas que são afetadas por essas questões e que tratam dessas questões.

Dê uma chance aos humanos

"Que obra-prima é o homem!", declara Hamlet. "Como é nobre pela razão! Como é infinito em faculdade! Em forma e movimentos, como é expressivo e maravilhoso! Nas ações, como se parece com um anjo! Na inteligência, como se parece com um Deus!" (Shakespeare, Hamlet, Ato II, Cena II). Tudo bem. Então, isso não se parece com ninguém com quem você trabalhe. Mas o ponto é válido: os humanos são um tanto espantosos e não deveriam ser subestimados. A mão humana, por exemplo, por sua sensibilidade e versatilidade, está acima de qualquer tecnologia robótica. Será que o computador algum dia lhe contou uma piada? Por certo, não.

Apesar de toda alegria e entusiasmo com as novas tecnologias, também elas continuam sendo basicamente realizações humanas. São obras nossas. A internet, disse o escritor Howard Jacobson, é, realmente, "uma enciclopédia com propaganda". Compete a nós escolher o que fazemos com ela.

E devemos ser realistas sobre o que a tecnologia pode fazer por nós, disse Jacobson numa palestra para a BBC (2017). "A ideia de que, se alimentarmos um computador com textos literários suficientes, ele acabará sendo capaz de escrever a sua própria *Ilíada* é tão absurda quanto a velha fantasia de que se dermos a um número suficiente de macacos um número suficiente de Olivettis, eles acabarão batucando uma *Macbeth* símia."

Quando a inteligência artificial e o aprendizado por máquina forem capazes de produzir trabalhos tão bons quanto os de Shakespeare, será hora de nos preocuparmos. Até lá, os humanos continuarão superiores e se manterão no comando.

Afinal, um robô não conseguiria escrever nem mesmo este pequeno livro.

Ou conseguiria?

MITO 24

A LIDERANÇA DEVE SER TRANSFORMACIONAL

*A mudança não precisa ser grande, nem inteligente.
Pode ser pequena, mas necessária. Muitas pequenas mudanças
bem-sucedidas podem resultar em algo maior.*

Cuidado com o fascínio sedutor das palavras polissílabas grandiloquentes. "Reengenharia dos Processos de Negócios" não era tão polivalente nem incontroversa quanto talvez tenha parecido à primeira vista (ver Mito 37). "Virtualização" talvez seja boa notícia, ou não, mas é difícil ter certeza. E quando alguém lhe diz que a empresa precisa agora é de "liderança transformacional", faça uma pausa.

Alguns novos chefes gostam de declarar logo ao chegar que planejam transformar a organização. É muita pretensão. O quê? Toda ela? E todas as pessoas que trabalham nela? Você, por certo, *é* transformador ou *não é* transformador. Você não pode ser semitransformador. É tudo ou nada. Adivinha que resultado é mais provável que você alcance?

A mudança incremental não é bem-vista e causa pouco impacto. Ela não aparece em muitas descrições de missão de empresas. Ela não é o que analistas de investimentos, investidores impacientes ou jornalistas sensacionalistas querem ouvir. Ela raramente desperta grandes paixões. Ninguém nunca foi a uma marcha de protesto com o seguinte grito de guerra: "O que queremos? Mudança incremental! Quando queremos? Lenta, segura e gradual ao longo de muitos anos..."

A arrogância da "transformação"

Daí o apelo da transformação. É uma bela história para CEOs que não perdem oportunidades para se autopromover. Ela os insere no centro da narrativa e tece toda uma saga em torno deles. "Que bagunça eu herdei aqui!", inicia-se a epopeia. "Como eles estavam à deriva! Mas eu os equipei e lhes dei um rumo!"

O problema dessas histórias é que elas raramente são verdadeiras, e contêm em seu enredo ilusões perigosas e sementes de desastres futuros. Veja três exemplos ingleses famosos.

O Tesco de hoje – confira!

O Tesco, fazia muito tempo, era visto como um supermercado barateiro, não muito empolgante, ainda fiel ao lema do fundador, Jack Cohen: "Empilhe alto e venda barato". Aos poucos, ao longo de décadas (anos 1970 a 1990), o negócio mudou, descartando a antiga imagem mais áspera e tornando-se a principal cadeia de supermercados inglesa. O processo demorou algum tempo. Foi uma escalada acidentada. Boa parte do trabalho duro tinha sido executada pela equipe de liderança de Ian (agora lorde) MacLaurin. Quando, porém, o mundo exterior realmente percebeu o quanto o Tesco havia mudado, outro chefe, Sir Terry Leahy, estava no comando. E, embora Leahy fosse sem dúvida um líder poderoso e resoluto, que ajudou a conduzir o negócio para o sucesso contínuo, enquanto seus principais concorrentes, sobretudo Sainsbury's, enfrentavam dificuldades, ele não podia ser considerado um líder transformador. As mudanças no Tesco amadureceram durante 30 anos, até gerar frutos.

No entanto, a mitologia em torno da transformação do Tesco cresceu e se espalhou. A empresa não resistiu à tentação de acreditar na própria exaltação. Embora tivesse declarado que jamais se expandiria para os Estados Unidos, o Tesco... lançou um negócio nos Estados Unidos – denominado Fresh'n'Easy – que foi um fiasco. Até que surgiram escândalos na cadeia de fornecimento (Quem quer carne de cavalo na lasanha?) e na contabilidade (pagamentos a fornecedores).

O sucessor de Leahy, Philip Clarke, CEO quando os escândalos estouraram, sofreu as consequências e recebeu as críticas. Na verdade, porém, foi o mito da transformação que os tirou do rumo. A recuperação já está em curso, mas o orgulho do passado se desfez, por enquanto.

BP – seja parte dela

Outra narrativa de liderança transformacional que deu errado é a da BP, a grande petrolífera. Privatizada na década de 1980, a BP cresceu sem parar, até que uma série de aquisições oportunistas a converteram em uma das maiores empresas de petróleo do mundo. E na cabine de comando estava John (agora lorde) Browne. Também ele foi aclamado como líder transformacional. E, sob sua liderança, a empresa certamente se agigantou. Também neste caso toda uma mitologia se desenvolveu em torno dele. O *Financial Times* chegou a intitulá-lo "Rei Sol", e sobre ele publicou muitos artigos, em grande parte, elogiosos.

Mas a história de novo se repete. Em 2005, uma explosão numa refinaria da BP, em Texas City, matou 15 pessoas e feriu outras 180. No ano seguinte, dois vazamentos no campo de petróleo da empresa, em Prudhoe Bay, no Alasca, provocaram enormes danos ambientais. Em 2007, Browne renunciou, depois que detalhes de sua vida privada apareceram nos jornais e se descobriu que ele tinha mentido nos tribunais. Ele foi sucedido por Tony Hayward, e, então, em 2010, o desastre de Deepwater Horizon matou 11 trabalhadores de plataforma e provocou o maior vazamento marítimo de petróleo da história dos Estados Unidos. A conta pela limpeza e pelas indenizações, ainda não liquidada, chega a muitos bilhões de dólares. A transformação da BP não foi tão saudável quanto se acreditava.

Fred the Shred

Nosso último líder transformacional é Fred Goodwin, ex-Sir Fred, também conhecido como Fred the Shred (o triturador). Ele tinha ajudado a promover o Royal Bank of Scotland do meio para o topo da classificação de bancos, principalmente com a aquisição ousada do National Westminster Bank, em 2000 (na época, ele ainda era vice-CEO, mas foi força poderosa no negócio e tornou-se CEO no ano seguinte).

O excesso de audácia ocorreu com a aquisição do ABN-Amro, em 2007, às vésperas da crise financeira global. Um ano depois, o então Sir Fred e colegas tiveram de recorrer à misericórdia do governo para escorar o banco e evitar que desligassem os caixas eletrônicos. Foi uma grande humilhação.

Devagar e sempre se ganha a corrida

Pequenas mudanças são seguras e positivas. Aos poucos, é possível melhorar a situação. Esse processo gradual caracteriza a mudança incremental, em oposição à "transformacional". Os japoneses o denominam *kaizen* – melhoria contínua. É um objetivo gratificante e factível. Lembre-se de onde estavam os produtos feitos no Japão, na década de 1950, e onde estão hoje. Os carros japoneses já foram objetos de piadas, pelo menos por parte dos fabricantes dos Estados Unidos. (Ford, GM e Chrysler, por fim, já não riem há muito tempo.) Essa foi uma transformação significativa e duradoura, mas demorou décadas e não resultou do trabalho de um único líder, mas de milhões de trabalhadores.

A hora de se preocupar é quando o Conselho de Administração anuncia que quer promover uma transformação e chega um novo chefe que promete uma revolução radical. Não é possível fazê-la e não deve ser tentada. As mudanças reais e duradouras prolongam-se por muito tempo e não dependem de uma figura heroica. Por isso é que a lição de Lao Tzu continua válida há tantos séculos, como antídoto contra os "líderes transformacionais" autoproclamados: "Com os melhores líderes, quando o trabalho é feito e a tarefa é realizada, as pessoas dizem: 'Nós fizemos isso'".

MITO 25

A CONFORMIDADE LEVA AO SUCESSO

*Jogar com segurança pode ser a alternativa mais arriscada.
Paradoxalmente, ousar ser diferente é mais seguro.*

Pelos trajes, nós os conhecemos. Figuras sensatas e ajustadas, que têm o cuidado de ficar de boca fechada e não dar opiniões sobre qualquer coisa. Há muito tempo, essa tem sido uma opção de carreira confiável: abaixe a cabeça; evite problemas; sempre apresente resultados satisfatórios, mas não espetaculosos. Espere que lhe permitam continuar. É uma escolha compreensível e, talvez, até respeitável. No entanto, estão chegando ao fim os dias em que a conformidade com os padrões geralmente aceitos, típicos do meio-termo obscuro, garantiam a segurança no emprego.

Embora a ameaça da automação provavelmente esteja sendo exagerada (ver Mito 23), a verdade é que a mediocridade contínua e estável não garantirá o seu emprego, numa época em que um algoritmo talvez produza os mesmos resultados a custos muito menores. Os humanos e as organizações em que trabalham, precisam demonstrar reiteradamente o seu valor. Se as empresas se copiarem demais, elas se tornarão vulneráveis, seja a novos entrantes de baixo custo, seja a alternativas radicalmente diferentes. O meio-termo prudente é hoje um lugar perigoso. É hora de ousar.

Mude para o excêntrico

Dan Cable, professor de comportamento organizacional da London Business School, associou-se a essa ideia com seu livro *Change to Strange:*

Create a Great Organization By Building a Strange Workforce (2007). "Se você desenvolver uma cultura singular, especial e até excêntrica", argumenta o professor Cable, "você se tornará difícil de copiar e duro de vencer".

A Ikea, empresa de móveis sueca, tornou-se a maior empresa do mundo em seu mercado, mas sem realmente comprometer sua excentricidade essencial. Sempre foi um desafio comprar na Ikea. Você se perde na loja, põe no carrinho mais itens do que pretendia, e, depois, você mesmo monta o móvel, arriscando-se a sofrer lesões físicas e a enfrentar brigas conjugais. Mesmo assim, as pessoas sempre voltam para comprar mais. Você não confunde uma loja Ikea com nenhuma outra. A Ikea é outro país – eles fazem coisas diferentes.

Como outros empreendedores poderiam desenvolver um tipo semelhante de excentricidade lucrativa? No livro, o professor Cable evoca o exemplo um tanto bizarro de uma competição de comer cachorros-quentes. Em geral, não é a pessoa mais gulosa, nem a mais gorda que vence, mas sim alguém que "executa o processo como máquina", explica. "A devoção ao ofício é atributo inigualável... inspira espanto. 'Aquele cara é estranho', você diz, mas você também fica impressionado e intrigado. E, por certo, muito a fim de imitá-lo."

Os gestores precisam encontrar em suas organizações o equivalente a uma competição de comer cachorros-quentes, sugere o professor Cable. Aperfeiçoe-a, e você será insuperável. "Que atividade estranha é essa que você e sua equipe dominam melhor do que ninguém? O que será que você pode criar em seu mercado que suscite incredulidade nos clientes e nos concorrentes?", escreve. Não seja conformista. Ouse ser obsessivamente diferente.

Práticas peculiares

A professora Lynda Gratton (ver nossa entrevista com ela, no Apêndice 6), também da London Business School, escreveu no passado sobre as "práticas peculiares" das empresas – os processos ou competências singulares ou característicos que as diferenciam das congêneres e concorrentes. Embora as chamadas "melhores práticas" possam ser um padrão setorial, amplamente conhecidas e, portanto, suscetíveis de serem copiadas, uma prática peculiar, como uma assinatura, deve ser exclusiva de uma espécie. A adoção de uma melhor prática é um movimento "de fora para dentro", ao passo que as práticas peculiares nascem no âmago e são distintivas e típicas.

Tammy Erickson, colega de Gratton, vai um pouco mais longe e repercute a ideia de que a peculiaridade notória, ou excentricidade, pode ajudá-lo a superar as melhores práticas. "Excêntrico", nesse contexto, significa sob medida e, talvez, idiossincrático. "As empresas com equipes engajadas são as mais excêntricas", diz Erickson. E, como ela disse à revista *RH*, em 2017, "Pare de seguir as melhores práticas e pense em criar experiências singulares. Não tente ser tudo para todos; reflita sobre o que torna sua empresa especial. Seja única, seja singular, e explore as iniciativas discricionárias e espontâneas".

Talvez seja difícil de conseguir, mas faz sentido. Em um mundo de serviços aos clientes indistintamente detestáveis, os empregados que acreditam na existência de algo positivo e diferente em seu ambiente de trabalho serão capazes de oferecer algo melhor. Esse senso mais amplo de propósito e significado é inspirador. E pode ser motivador e revigorante: ao começar a fazer melhor e, talvez, a se afastar da competição, surgirão mais razões para salientar as diferenças. A essa altura, você talvez transponha a linha que separa "cultura" de "ritual". Sua empresa talvez não precise se tornar tão excêntrica ou ritualista quanto a Ikea. Ter uma cultura singular ou excêntrica, porém, irá destacá-lo da pilha.

Ouse ser Daniel

As palavras de um velho hino o exortam:

Ouse ser Daniel!
Ouse ficar sozinho!
Ouse ter um propósito constante!
Ouse torná-lo conhecido!

É fácil, para quem está fora, pregar ousadia e coragem para quem trabalha numa empresa ou organização. Internamente, parece que não há muito apetite por decisões corajosas. (Em *Yes, Minister*, a comédia popular da BBC, Jim Hacker, o ministro, sabia que, provavelmente, estava se arriscando muito quando seus colegas do serviço público observaram que ele estava diante do perigo de tomar uma decisão "corajosa").

Sem coragem, entretanto, nada mudará para melhor no negócio, e sem coragem as organizações fracassam. Portanto, os líderes que, implícita ou explicitamente, instruem seu pessoal a seguir os padrões e agir com segurança estão sendo, de fato, negligentes. A rotina dos negócios talvez até pareça que funcionará para eles no curto e no médio prazos, e os ajudará a evitar serem demitidos. Os interesses duradouros da empresa, contudo, não serão bem servidos pela prudência excessiva.

O "eu também" não é uma estratégia vencedora. Qualquer pessoa que lhe tenha dito no passado para ser convencional e não chamar muita atenção por certo não merece confiança. Tente ser diferente. A conformidade é a pista de baixa velocidade para o desastre.

MITO 26
SENTIMENTOS SÃO FRESCURAS DE FRACASSADOS

Os números são fatos duros nas empresas, mas eles são impulsionados por coisas mais suaves – humanos. Não é fraqueza reconhecer essa realidade.

Hug me While I Weep, for I Weep for the World [Abrace-me enquanto choro, pois eu choro pelo mundo] foi o título de um livro de Daniel Littlejohn, colunista fictício do jornal *The Guardian*, criado pelo escritor Craig Brown. O alvo dele era o tipo excessivamente sentimental, com incontinência emocional e auto-obcecado, que vê e sente tudo com muita intensidade e com forte emoção. Foi uma boa piada, uma reação, talvez, ao excesso de conversa sobre "inteligência emocional", conceito que se popularizou na década de 1990, graças, em especial, ao trabalho de Daniel Goleman (ver Mito 4).

Muitos chefes ficariam muito satisfeitos se não tivessem que discutir sentimentos no ambiente de trabalho. Demonstrações de emoção no meio profissional sempre foram encaradas com suspeita e consideradas pouco profissionais. Balanços patrimoniais, fluxos de caixa e lucratividade: realidades "duras", não emotivas, a serem manejadas com objetividade. Em ambientes dominados por homens, hombridade significa não admitir sentimentos mais sutis. Um dos fatores que dificultou para as mulheres o rompimento das barreiras de acesso ao mundo do trabalho foi a sugestão – acusação – de que elas seriam menos empedernidas e mais enternecidas nos negócios.

(As mulheres seguras e assertivas, por outro lado, eram descartadas como "autoritárias"). Resultado? Muito poucas mulheres no topo.

Enquanto o dinheiro era encarado, em geral, como algo tangível e mensurável, os sentimentos – moral, motivação, cultura, engajamento – continuavam intangíveis e imensuráveis. Não era a linguagem de finanças, nem a maneira como os líderes de negócios viam o mundo. Mesmo que, agora, muita gente admita que "a cultura come a estratégia no café da manhã" (observação geralmente atribuída, sem provas, a Peter Drucker), há um hiato entre o reconhecimento da importância do lado emocional no trabalho e a iniciativa de fazer alguma coisa a respeito.

Déficit de empatia

Em junho de 2006, na cerimônia de formatura de alunos da Northwestern University, Chicago, o jovem senador de Illinois, Barack Obama, proferiu o discurso de abertura. Naquele dia, ele tinha recebido vários ensinamentos dos jovens formandos; o mais contundente deles, porém, tinha a ver com o que ele denominou "empatia".

"Fala-se muito, neste país, sobre o déficit federal", disse Obama. "Mas acho que devemos falar mais sobre nosso déficit de empatia – a capacidade de nos colocarmos no lugar dos outros; de vermos o mundo com os olhos de quem é diferente de nós."

E prosseguiu, para denunciar a cultura em que vivemos, como desencorajadora da empatia e preconizadora da riqueza material, da aptidão física e dos privilégios da fama. E terminou o discurso estimulando os jovens formandos a ampliar os seus horizontes e sua capacidade de se preocupar com os outros, argumentando que, ao se ligarem nos outros, eles também crescerão e se desenvolverão como pessoas, tornando-se melhores como seres humanos.

Foi um belo discurso – talvez até um pouco digno de Bel Littlejohn. O conceito de empatia, porém, havia sido defendido com eloquência por um orador em vias de progredir e conquistar o cargo eletivo mais poderoso do mundo. Não era mais possível negar sua existência e não reconhecer que a empatia tinha um papel a desempenhar no ambiente de trabalho, assim como em qualquer outro lugar.

Tenha empatia, mas não se entusiasme

Você pode exagerar na conversa difícil, mas também pode exagerar na empatia. Trabalho envolve prazos e disciplina. Não é terapia.

Os gestores devem ser capazes de mostrar empatia, mas também devem ser firmes, e até severos quando necessário.

Paul Bloom, professor de Psicologia na Universidade Yale, ajudou a esclarecer esse ponto com o livro *Against Empathy: The Case for Rational Compassion*. Ele alerta, com acerto, para o perigo, por exemplo, de ter empatia demais com o sofrimento de um paciente e não optar por um tratamento doloroso, mas necessário. Os paralelos com a gestão são óbvios. O ambiente de trabalho raramente é uma equipe integrada em que todas as decisões devem ser aceitas por unanimidade. Às vezes, precisamos tomar providências que nos desagradam, em relação às quais provavelmente nos sentiremos mal. O chefe até pode estar consciente dessa realidade, sem fazer concessões. A empatia inteligente ajudará a civilizar o ambiente de trabalho. A empatia transbordante será prejudicial.

Pesquisas realizadas por acadêmicos da Norwich Business School da Universidade de East Anglia confirmam que o apoio do gestor pode ser uma faca de dois gumes: de um lado, evita a ocorrência de exaustão emocional, mas, de outro, diminui a probabilidade de que os empregados se engajem no planejamento para lidar com a exaustão emocional que estão experimentando", explica Carlos Ferreira Peralta, um dos pesquisadores.

Veja o mundo com sentimentos

A reação sensata contra a empatia excessiva e transbordante não deve nos levar a concluir que os sentimentos não têm lugar no mundo. Uma das razões pelas quais as pessoas reagem instintivamente à ideia de os robôs assumirem o comando do ambiente de trabalho – além do instinto de autopreservação – é que queremos seres humanos vibrantes e sensíveis no controle, não máquinas (ver Mito 23).

Os ativos intangíveis – ideias, marcas, "capital humano", cultura – são os fatores que diferenciam, cada vez mais, as empresas e as organizações bem-sucedidas em relação aos concorrentes mais fracos. O diretor financeiro, talvez, não saiba medir esses fatores, nem calcular o retorno sobre o capital neles investido. Muitos gestores conseguem manter as máquinas funcionando, mas nem todos sabem lidar com pessoas.

Os líderes sensatos querem que seus gestores demonstrem inteligência emocional e mostrem empatia, além de observar altos padrões e garantir bons níveis de desempenho, à altura dos paradigmas e objetivos. A gestão continua sendo um ato de equilíbrio de coração e mente. Todos devemos nos sentir bem a esse respeito.

MITO 27

MANTENHA-SE DISTANTE SE QUISER SER RESPEITADO

Você precisa se expor um pouco mais,
aproximar-se e revelar-se como pessoa,
se quiser que as pessoas o conheçam e o respeitem.

"Não sorria antes do Natal" era o velho conselho que se dava aos novos professores. A ideia era que se deve preservar um elemento de mistério e ameaça antes de relaxar e revelar o lado pessoal mais humano.

A recomendação talvez tenha sido sensata nas salas de aula do passado. Hoje, porém, parece improvável que um professor vá muito longe com os alunos, caso se apresente fechado e distante. É cada vez mais difícil conquistar a atenção dos jovens sem manifestar algum tipo de personalidade forte, mesmo que não seja atraente.

Alguns gestores ainda não se tocaram. Continuam mantendo uma aura mística e escondendo sua verdadeira identidade. Eles acreditam que conhecimento é poder, e que manter-se fechado e distante conferirá uma certa vantagem sobre seus colegas.

Embora oscilações de humor excessivas, e, na verdade, qualquer tipo de reação exagerada, talvez sejam indesejáveis nos chefes, sinais de vida também são necessários. E se você quiser um mínimo de comprometimento e envolvimento das pessoas, é preciso oferecer-lhes algo em que possam engajar-se. Em algum momento, você terá de revelar a sua personalidade, com os aspectos negativos e tudo.

Não fique tão perto de mim

Os gestores, no entanto, precisam saber quando se aproximar e quando se afastar; quando manter distância e quando chegar perto. O sociólogo alemão Georg Simmel (1858-1918) desenvolveu a ideia de "distância social", que é relevante aqui. Um de seus trabalhos analisou o conceito de "estranho" na sociedade. O estranho pode estar, ao mesmo tempo, próximo e distante, familiar, mas, no fundo, desconhecido. As semelhanças com os julgamentos a serem feitos pelos gestores são claras. O gestor ligeiramente distante pode parecer alguém com objetivos nítidos e com percepções imparciais do trabalho da equipe, o que talvez seja positivo, em termos de avaliação do desempenho, por exemplo (ver "*Feedback*", abaixo). E esse mesmo afastamento pode nos levar a valorizar a opinião dele como observador, exatamente porque a distância social entre as partes evita o excesso de envolvimento pessoal.

Aqui se refletem as duas tarefas centrais da gestão – direção e apoio – analisadas no mito de abertura. Quando interferir e quando se afastar: essa é a questão. Rob Goffee e Gareth Jones – que citam Simmel como influência importante em seu livro de 2006 – referem-se à necessidade de "empatia assertiva": ter bastante sensibilidade para demonstrar que compreende o ponto de vista do colega, mas ter firmeza suficiente para fornecer a orientação necessária. Esse equilíbrio não é fácil. Essa é uma das razões pelas quais é difícil ser um bom gestor.

De fato, como Jones e Goffee explicam em nossa entrevista com eles (ver Apêndice 8), as demandas da vida nas grandes empresas pode tornar mais difícil para os gestores aproximar-se e descobrir o que realmente está acontecendo. "Um americanismo de que realmente gosto", diz Jones, "é 'esteja onde a borracha encosta na estrada'. Se você pensar em cargos típicos de sede social ou de escritório central, onde se reúne a alta administração e se executam as funções de apoio, se as pessoas não frequentarem deliberadamente os locais onde a 'borracha encosta na estrada', tudo o que se consegue é uma versão imaginária e fantasiosa do mundo. Você capta, no máximo, uma visão asséptica, geralmente quantitativa, do que está acontecendo." E Goffee acrescenta: "O problema é que os gestores nem sempre acham que têm tempo para sair e ver o que realmente está ocorrendo. Eles supõem, erroneamente, que podem fazer tudo com o computador".

Você coça as minhas costas...

Não se pode esperar intimidade de um algoritmo. Os seres humanos, porém, devem ser mais que um algoritmo. O trabalho em equipe exige reciprocidade. Significa olhar para fora, um para o outro – e isso também se aplica aos gestores. Portanto, embora às vezes seja necessário afastar-se para manter uma distância adequada e não fingir desfrutar de um "companheirismo" informal com a equipe, em outros momentos será preferível engajar-se de corpo e alma, estar perto e estreitar os laços pessoais.

Os níveis de intimidade variam entre os ambientes de trabalho. Mas é interessante ouvir a opinião do chef e escritor Anthony Bourdain, autor de *Kitchen Confidential*, 2000 (ed. bras. *Cozinha Confidencial*, trad. Alexandre Boide e Beth Vieira, 2006), que já foi um tirano notório e que hoje é um observador mais caloroso e reflexivo do ofício: "Esses são os seus colegas de trabalho, os seus amigos, as pessoas com quem você contará e em quem se apoiará durante boa parte da sua carreira; e eles, por seu turno, confiarão que você fará sua parte", diz ele no livro. "Demonstre-lhes respeito importando-se em conhecê-los. Aprenda a linguagem deles."

O pequeno é belo

Aqui repetimos alguma coisa que Charles Handy nos disse em nossa entrevista com ele, no Apêndice 1. Algumas unidades de negócios simplesmente são grandes demais. Não há como cultivar a intimidade, nem desenvolver relacionamentos fecundos e produtivos entre o gestor e a equipe. Devemos sempre ficar atentos quando os gestores têm muitas pessoas que, supostamente, reportam-se a eles. A empresa chinesa Haier, que é o maior fabricante mundial de refrigeradores e máquinas de lavar, desmembrou-se em 2.000 unidades de negócios, dirigidas quase como empresas familiares, com muita autonomia. A Haier, deliberadamente, está tentando reduzir ao mínimo a distância entre os gestores e o resto da equipe.

Feedback

Os gestores, com razão, preocupam-se em dar *feedback*. No processo, porém, toda a conversa pode ser difícil para ambas as partes. Mas lembrar-se da importância da distância na gestão pode ajudar, antes da próxima conversa "difícil".

Kim Scott, autor do livro *Radical Candor: Be a Kickass Boss Without Losing Your Humanity* (2017), salienta vários pontos interessantes a esse respeito. Por que não começar a conversa pedindo primeiro algum *feedback*? Essa predisposição mostra que você quer receber, mas também quer dar. Admitir que você pode estar errado em suas percepções – críticas – pode tornar palatável os comentários mais duros.

Não fazer comentários oportunos, na hora certa, para descarregar tudo de uma vez é má ideia. Mantenha a conversa fluente, oferecendo suas opiniões no momento adequado. E, evidentemente, o *feedback* deve ser dado pessoalmente, sempre que possível. Se você estiver na ponta receptora de um e-mail ou de uma mensagem de voz desagradável, é bem possível que você já esteja sendo gerenciado por um robô.

Não seja um estranho (pelo menos, não o tempo todo)

Nas estradas, é preciso manter distância adequada entre o seu carro e o da frente. Também os gestores precisam gerenciar a distância entre eles e a equipe, cuidadosamente. Mas "Mantenha distância" não é o conselho certo. Às vezes, é preciso aproximar-se mais do veículo à sua frente.

MITO 28

SEJA VOCÊ MESMO – TUDO TEM A VER COM AUTENTICIDADE

Gestão exige competências; portanto,
simplesmente apresentar-se e "ser você mesmo" não é suficiente.
Logo, não seja falso, mas também
não seja descontraído demais.

O que pode ser mais simples do que ser você mesmo? Você sabe quem você é, não sabe? Basta, então, ser essa pessoa. Volte para o escritório na segunda-feira, e seja você mesmo. A vida de um gestor, entretanto, é um pouco mais complicada que isso. As circunstâncias mudam, assim como as demandas. As pessoas, por incrível que pareça, são diferentes. Elas não podem ser tratadas exatamente da mesma maneira. Portanto, os gestores devem ser versáteis. Um estilo de gestão não será adequado para todas as equipes e em todas as situações.

Como Herminia Ibarra explica em nossa entrevista com ela (ver Apêndice 4), "seja você mesmo" é, na realidade, um "conselho terrível". Por quê? Não "porque não seja bom ser você mesmo, mas... de que 'eu' estamos falando? Somos tantos 'eus' diferentes quantos são os papéis que desempenhamos, nas diferentes situações em que atuamos", diz ela.

Tampouco simplesmente "ser autêntico" é um plano de jogo adequado. E se você, autenticamente, for uma pessoa horrível? A equipe não lhe agradecerá por sua autenticidade se a experiência de ser gerenciado por seu eu autêntico for desagradável. E, como dissemos acima, a sua autenticidade pode variar de situação para situação.

Será que isso o torna menos autêntico? Em todo caso, autenticidade é uma palavra que se desvalorizou um pouco com o excesso de uso. Ela deve ser usada com cuidado.

Não é o que você faz, é a maneira como você faz

Em seu importante livro de 2006, Rob Goffee e Gareth Jones se aprofundam na análise da palavra "autenticidade" para desenvolver uma proposta e um conselho de gestão muito mais úteis. Também eles reconhecem que "ser você mesmo" é uma descrição de missão pessoal muito simples e muito limitada. Os gestores precisam "conhecer-se e revelar-se como são", dizem. Revele quem você é e com o que você se importa, mostre não só seus pontos fortes, mas também seus pontos fracos. Daí decorrerá um tipo de autenticidade mais flexível e mais atraente. Você se destacará como alguém a quem vale a pena ouvir.

E assim resumem o conselho deles: "Seja mais você mesmo, com competência". Ou seja: explore e demonstre as suas qualidades ("mais"); use-as, porém, com inteligência e sensibilidade ("com competência"). Julgar como se comportar, "sentindo a situação", é uma tarefa de gestão fundamental. Apenas "ser você mesmo" nem sempre dá certo.

Atue como líder, pense como líder

O progresso na carreira também suscita questões sobre um tipo de autenticidade estática, que nunca evolui. Não foi à toa que o coach Marshall Goldsmith intitulou um de seus livros *What Got You Here Won't Get You There* [O que o trouxe aqui não o levará lá]. Precisamos evoluir e mudar, à medida que mudam os desafios com que nos defrontamos. Não é falsidade adaptar-se e desenvolver o repertório de competências conforme a situação.

Também repete-se com frequência, acertadamente, que não é possível pensar da mesma maneira quando nos comportamos de outra maneira. Talvez seja necessário, primeiro, tentar nos comportar de maneira diferente. Por isso é que as palavras no título do livro mais recente de Herminia Ibarra, *Act Like a Leader, Think Like a Leader* (2015) [Atue como líder, pense como líder], segue essa ordem. Não porque você tenha que "fingir até conseguir", mas sim que, como demonstra a experiência, você terá que tentar novas maneiras antes de descobrir o estilo adequado ao contexto em que está atuando.

Recomendamos que você leia integralmente nossa entrevista com ela, mas apresentamos abaixo alguns destaques, caso você não tenha tempo de lê-la toda.

O foco específico da professora Ibarra converge sobre os momentos de transição da carreira e sobre o "dilema da autenticidade" com os quais você se depara nessas situações.

Uma maneira de lidar com essas situações, diz ela, é "sobrestimar as suas forças". "A sensação é de extrema autenticidade", diz ela. "É como dizer 'Este sou eu!'... [Essa abordagem] atua como âncora no sentido positivo, ao ser a nossa amarração, que nos ajuda a fazer escolhas; mas também atua como âncora no sentido negativo, ao nos impedir de explorar outras forças e de aprender a fazer outras coisas."

Outro problema de subir a escala da carreira, argumenta a professora Ibarra, é se sentir obrigado a copiar os chefes cujo estilo você não admira, em absoluto. "Não é interessante", diz ela, "eles acham que essas pessoas são politiqueiras, eles as consideram manipuladoras, eles não as veem como transparentes. Eles não querem ser como elas, mas acham que talvez seja preciso imitá-las para ser bem-sucedido... Portanto, as transições estão carregadas de ambivalências – 'Não sei se quero ser essa pessoa'."

Não deveríamos ter que gastar tanto dinheiro, diz a professora Ibarra, com livros e cursos sobre "como ser nós mesmos". E, no entanto, "Se você adotar uma abordagem mais reflexiva – 'Quem sou eu, quais são os meus pontos fortes?' – essa atitude só servirá para ancorá-lo no passado", adverte. "E isso não o ajudará a descobrir como avançar para uma versão futura de você mesmo, uma nova versão que mantenha sua essência, mas que também tenha aprendido novas coisas, tenha crescido, e que talvez tenha se surpreendido, ficado até mesmo agradavelmente surpreso. Não é o caso de 'finja até conseguir', mas de 'experimente até aprender'".

Não tem a ver só com você

Por fim, a professora Ibarra nos ajuda a erguer um pouco o olhar e a evitar a autoabsorção completa, que é danosa e pouco contribui para sermos gestores melhores. Sim, precisamos pensar em como nos comportar, mas, acima de tudo, também devemos pensar em como é o nosso relacionamento com outras pessoas.

"A autenticidade tem sido componente tão importante no discurso público que as pessoas a usam como desculpa para tudo", diz ela. "Eu não preciso mudar, eu não preciso ser melhor ouvinte, eu não preciso me preocupar com o meu lado áspero, só estou sendo eu mesmo', com a ideia de que, para que as pessoas se sintam felizes, basta a percepção de transparência total... não, a percepção de transparência total não é suficiente para que as pessoas se sintam felizes! Elas querem que você se comporte como se houvesse algum tipo de interdependência e que você sinta a necessidade de trabalhar com pessoas. Não basta ser você mesmo. É preciso criar relações de trabalho produtivas e fomentar uma cultura e um clima em que as outras pessoas tenham condições de ser elas mesmas e expor com franqueza as suas opiniões. Não se trata apenas de você."

MITO 29

A DATA DE NASCIMENTO É DESTINO

Os gestores devem presumir o mínimo possível sobre as pessoas baseados em suas datas de nascimento.

Não há quem não goste de um bom rótulo, certo? Torna as coisas muito mais fáceis de gerenciar. Coloca-as em caixas demarcadas com clareza. Tudo arrumadinho, tudo em seu lugar.

É tentador para os empregadores agir assim com o pessoal. É muito mais eficiente classificar as pessoas rapidamente, em categorias estreitas. Poupa tempo. "Quem é você? Ah, você é Tipo A/Tipo B, entendi. Bem, nesse caso..."

Parece um pouco cru quando você põe as coisas nesses termos. No entanto, é mais ou menos assim que agem algumas empresas e organizações em relação às pessoas. Partem das datas de nascimento dos empregados e os põem em caixas rotuladas *baby boomer*, Geração X, Geração Y ou Geração do Milênio. Fim de papo. Próxima pergunta?

Há uma ordem irresistível nas coortes geracionais. É equívoco preconceituoso, porém, acreditar que todas as pessoas nascidas em certo intervalo temporal terão atitudes, objetivos e aspirações semelhantes. Ainda bem que a vida é mais interessante que isso.

As pessoas amadurecem em ritmos diferentes e em estágios diversos. E também transpõem certas fronteiras da vida à sua maneira, com as mais díspares idades cronológicas. Assim, um colega solteiro, de

40 e poucos anos, talvez tenha mais em comum com um de 25 anos, do que com outro também de 40 e qualquer coisa, casado, com três filhos. Seria errado dizer que o nosso solteiro de 40 e poucos anos é um caso clássico de Geração X. Seja como for, o que é um caso clássico de Geração X? As pessoas que nascem mais ou menos na mesma época podem compartilhar algumas recordações e reconhecer referências culturais parecidas, mas talvez seja aqui que terminam as semelhanças.

A segregação nítida de coortes não admite o que Andrew Hill denominou, em artigo no *Financial Times* (2015), de "Generation Cusp" (imbricação de gerações) – referente aos que nasceram nas bordas sobrepostas das chamadas eras geracionais. Tampouco reconhece que a idade e as atitudes dos pais exercem forte impacto sobre a criação e a formação do caráter das pessoas. Papais e mamães mais jovens são diferentes de papais e mamães mais velhos. Pode ser que Napoleão tenha feito uma observação mais pertinente sobre a data de nascimento ao dizer que, para compreender adequadamente alguém, é preciso saber como era o mundo quando a pessoa tinha 20 anos. Mesmo essa condição, porém, é insuficiente para captar a natureza de alguém.

Evidentemente, os *baby boomers* podem comungar algumas características e preferências, enquanto outros talvez tenham menos em comum. De um modo geral, as coisas correram muito bem para eles. Nasceram numa época menos incerta e desfrutaram algumas das vantagens da era de crescimento do pós-guerra, bonança que não foi assim tão pródiga para as gerações subsequentes. Tudo isso é bem conhecido. Mais interessante, porém, do que os clichês sobre as faixas etárias são as conexões que pessoas de diferentes idades fazem (ou não fazem) no trabalho. Esse é o ponto em que algo dinâmico e criativo pode emergir.

Jogo das gerações

As pessoas mais jovens, hoje, desfrutam de liberdades pelas quais marchavam ou protestavam as gerações anteriores (os *baby boomers*, em especial). Esse fato deve ser fonte de orgulho e satisfação para quem hoje tem mais de 50 anos. O ambiente de trabalho multigeracional – mais ou menos como o lar multigeracional – chegou para ficar. Todos teremos de conviver uns com os outros, qualquer que seja a idade.

Como Lynda Gratton e Andrew Scott argumentam no livro *The 100-Year Life: Living And Working In An Age of Longevity* (2016), as demarcações rígidas dos estágios da vida, traçadas no passado, não mais se encaixam no novo mundo de maior longevidade e de vida profissional multifásica. Muitas pessoas trabalharão até os 70 anos, ou mais, e talvez tenham várias "carreiras" ao longo de uma vida laboral estendida.

"É mito que as pessoas terminem aos 60 anos", disse-nos a professora Gratton em nossa entrevista com ela (Apêndice 6). "É um estereótipo terrível. E assim é por duas razões. Uma delas é que, à medida que vivemos mais, temos que trabalhar mais. Vamos trabalhar depois dos 70 anos, na faixa dos 70, e além. Não podemos ser descartados aos 55 anos, faz mal para a pessoa. Também sabemos que, quando a pessoa para de trabalhar, a saúde se deteriora.

"Em minhas aulas, costumo dizer: 'Tenho 62, que são os novos 40'; certa vez, alguém me interrompeu e disse: 'Lynda, são os novos 40, mais 20 anos de experiência.' Esse é o ponto — à medida que as pessoas envelhecem, se elas aprenderam alguma coisa no percurso, elas têm mais a oferecer.

> Isso leva ao mito sobre as gerações. Geração X, Geração Y, *boomers* — há muito poucas evidências em apoio às afirmações a esse respeito. As pessoas dizem: "Ah, a Geração Y adora trabalho significativo". Pelo amor de Deus, eu era hippie, você acha que eu não queria trabalho significativo? Ou dizem: "A Geração Y, eles são ótimos em tecnologia". Todos somos hábeis em tecnologia. É realmente negativo porque se trata de estereótipos sobre idade. Andrew (Scott) e eu, no livro, dizemos, "Pelo amor de Deus, olhe para as pessoas pelo que elas são. Não seja míope em relação à idade. Algumas das grandes empresas de contabilidade descartam as pessoas aos 55 anos — isso é simplesmente ridículo".

Como Charles Handy mostra em seu livro *The Second Curve: Thoughts on Reinventing Society* (2015), data de nascimento ou as expectativas dos consultores de carreiras são pouco importantes para quem quer começar de novo, fazendo algo novo, enquanto ainda tem energia e desejo de fazer.

A era da possibilidade

Os gestores devem presumir o mínimo possível acerca do seu pessoal com base na data de nascimento. As equipes devem ser um mosaico de idades e perspectivas. Pesquisas de Paul Sparrow, da escola de gestão da Universidade de Lancaster, sobre equipes com idades mistas no McDonald's, mostrou que os restaurantes onde jovens e velhos trabalhavam lado a lado produziam melhores resultados (Woods, 2009). Seria errado supor que esse seria um trabalho apenas para jovens.

Perigo semelhante existe no mundo high-tech, em rápida transformação, conforme descrito por Catherine Turco, em seu livro *The Conversational Firm* (2016). Numa chamada *hack night*, na empresa que ela denomina "TechCo", promove-se algo muito parecido com o terrível "riso compulsório", quando todos são forçados a conversar uns com os outros sobre suas ideias brilhantes. Tudo bem para os tipos descontraídos e informais, que se sentem à vontade em conversas não estruturadas; experiência detestável para quem aprendeu a se comportar de maneira diferente. Exclua os colegas maduros, e coisas muito ruins serão inevitáveis.

Quantos erros poderiam ser evitados pedindo a opinião dos mais velhos sobre alguma suposta "inovação" que gestores mais jovens e entusiásticos estejam tentando introduzir? O primeiro surto da internet, a Web 1.0, caracterizou-se por alegações extravagantes feitas por pretensos gurus sobre o poder e a novidade da rede. Em parte, elas eram verdadeiras. Precisou-se, contudo, de cabeças mais grisalhas para observar que o frenesi sobre o potencial das compras pela internet estava sendo excessivo. Afinal, cem anos atrás, as pessoas eram capazes de telefonar para o açougue e pedir que o garoto levasse em casa, de bicicleta, algumas bistecas para o fim de semana.

A criatividade brota na mistura, na fecundação cruzada de ideias de pessoas com diferentes idades e formações. Cuidado com o mito simplório de que os jovens são sempre melhores do que os velhos em certos tipos de atividade, ou que às vezes apenas uma cabeça branca resolverá a questão.

Em especial, a empolgação e a obsessão de hoje com a geração do milênio são exageradas. A geração do milênio inegavelmente traz competências valiosas para o ambiente de trabalho, quando mais não seja pelo fato de serem "nativos digitais". Porém, a ideia de que eles são fundamentalmente diferentes dos jovens de gerações interiores está totalmente errada. Uma grande enquete entre 19.000 pessoas, na faixa de 21 a 36 anos, em 25 países, realizada pelo Manpower Group (2016), revelou que os jovens procuram segurança no trabalho pelo menos tanto quanto outras coortes geracionais. Eles não são os nômades efêmeros imaginados por alguns gestores mais velhos.

Os jovens sempre desafiaram os velhos, rejeitaram a autoridade e demonstraram impaciência. E, sim, eles sempre exasperaram e, vez por outra, encantaram os mais velhos.

Algumas das descrições de hoje sobre a geração do milênio são insensatas e absurdas. Outras não passam de insultos grosseiros. Nem tudo mudou, inclusive a natureza humana. E data de nascimento não é destino.

MITO 30

AS PESSOAS SÃO MOTIVADAS POR DINHEIRO

*Espantoso, mas verdadeiro – as pessoas querem fazer
um bom trabalho. Mais dinheiro não as motivará.
Um ambiente de trabalho melhor (mais justo), porém, talvez ajude.*

Cenouras e porretes. Ou, como dizem os alemães, pão doce e chicote (*Zuckerbrot und Peitsche*). Assim é que, tradicionalmente, os estímulos e desestímulos eram considerados no trabalho. Acene com algo saboroso diante de nosso nariz e lá vamos nós. Se, porém, mostrarmos predisposição para esmorecer, sempre saberemos que a punição corporal é uma ameaça constante pronta para ser acionada.

Esse método talvez faça sentido se você estiver trabalhando com quadrúpedes e paquidermes. Trata-se, contudo, de visão muito reducionista quando lidamos com o *Homo sapiens*. Com efeito, não é somente reducionista, é também equivocada. Afinal, o *Homo sapiens* não seria assim tão sapiens se ele ou ela não conseguisse manipular o chamado esquema de incentivos. Se você der metas às pessoas, elas tentarão atingi-las – como fizeram no banco Wells Fargo, com efeitos desastrosos. Os incentivos em si, portanto, não são bons, de modo algum, para o negócio. Você precisa refletir em profundidade sobre o tipo de comportamento que está tentando promover. Em termos de incentivos, o que você dá é o que você recebe.

No fundo, todos nós sabemos disso. No entanto, sacos de dinheiro ainda são pendurados à nossa frente, como cenouras, por empregadores que acham – ou talvez esperem – que isso os ajudará a estimular um melhor desempenho. Esse é o raciocínio por trás da denominada "remuneração por desempenho", que se revelou um beco sem saída e fracasso quase completo como técnica de gestão, mas que, como os mitos, ainda preservam parte do poder de ilusão para deslumbrar os desavisados. A remuneração desmesurada dos executivos é produto, em grande parte, desse equívoco básico sobre motivação, remuneração e desempenho. E não funcionou: um estudo de dez anos conduzido pelo professor Steven Young, da Escola de Gestão da Universidade de Lancaster, não encontrou ligação entre remuneração no topo, em constante crescimento, e o desempenho medíocre das empresas (YOUNG; LI, 2016).

CEOs competitivos talvez se sintam motivados a conseguir remuneração superior à dos pares. Esse efeito-catraca, todavia, não é, em si, fonte de motivação, que resultaria em melhor estilo de liderança ou melhor desempenho no trabalho. A megarremuneração no topo tem a ver com reter pessoas – dissuadi-las de deixar a empresa – não com motivá-las. Mas é fácil compreender as falhas desse método, não é? A primeira empresa a fazer a melhor oferta tem grandes chances de atrair um valioso CEO. E, assim, dispara-se a espiral ascendente dos salários, que tende a subir cada vez mais, como ocorreu nos últimos 20 anos.

O que conta é participar. E vencer

Já se comparou a vida nas organizações a um torneio. O conceito foi popularizado pelos economistas Edward Lazear e Sherwin Rosen, que primeiro escreveram sobre o tema no começo dos anos 1980. Nesse sentido, até se poderia dizer que a remuneração motiva as pessoas, mas de maneira indireta. Você é motivado a tentar alcançar níveis de remuneração acima do seu na hierarquia organizacional. Chamávamos esse processo de "ascender na escala da carreira".

Mas será que você realmente quer que as pessoas tentem progredir na empresa basicamente porque desejam receber mais dinheiro? Em um banco de investimentos ou em uma equipe de vendas, é até possível compreender essa abordagem simplista. O trabalho gratificante, no entanto, no sentido mais amplo, oferece muito mais do que apenas dinheiro. O progresso profissional realmente significativo consiste em melhorar no trabalho, não apenas em conseguir salário mais alto.

Envolve prestar serviços valiosos, e também, evidentemente, liderar e gerenciar outras pessoas. Nem todas as recompensas são financeiras. E as formas de motivação mais poderosas, a motivação intrínseca, em oposição à motivação extrínseca, vem de dentro, como mostrou Fred Herzberg (ver Mito 22).

O que realmente motiva?

Forte golpe foi desferido contra o uso de dinheiro como motivador com a publicação do livro *Drive,* de Daniel Pink, 2010 (ed. bras. *Motivação 3.0.* trad. Bruno Alexander, 2012). Com base em amplas pesquisas psicológicas, Pink mostrou que muitas eram as evidências de que outros fatores são mais importantes do que o dinheiro para promover a motivação intrínseca.

Embora a remuneração justa e a percepção de estar sendo pago com equidade sejam importantes, Pink sugeriu que três outros aspectos do trabalho são mais importantes: o senso de autonomia, o senso de desenvolver a maestria e o trabalho com propósito.

Autonomia é o que, em parte, distingue um ser humano real de um robô (ver Mito 23). Significa ter liberdade para exercer escolhas, sem se sentir indevidamente constrangido pelas regras ou pela administração. Quando o trabalho se torna repetitivo e muito regulado, a motivação intrínseca diminui. Portanto, os bons gestores tentam oferecer tanta liberdade quanto possível.

O desenvolvimento da maestria é importante porque reforça o senso de avanço na carreira e de desenvolvimento das competências profissionais. Em suma, a maestria gera a percepção de progresso e continuidade. A maestria também é portátil, em um mundo em que os empregadores relutam em fazer promessas duradouras ao pessoal. Você pode levar a maestria para qualquer outra organização ou iniciativa. O empregador que encoraja os empregados a desenvolver suas competências e capacidades ganhará mais confiança das equipes. O contrato psicológico será mantido. Haverá reciprocidade no relacionamento empregador-empregado. Também esse fator é motivador.

Finalmente, é importante ter um propósito verdadeiro e adequado no trabalho. (Rob Goffee e Gareth Jones se referem à importância de o trabalho ter "significado".) Quando você está imbuído de um propósito, você não precisa de grandes manuais. Você não precisa de longas reuniões da equipe. Você não precisa de tanta supervisão.

As pessoas sabem o que devem fazer para atingir o propósito, e de que maneira, pois compreendem e compartilham um propósito comum. Todos sabemos o que é ser servido por uma empresa que conhece e cumpre seu propósito. (Infelizmente, é uma experiência muito rara.) A consequência é que ter um propósito forte pode dar-lhe uma vantagem. O senso de propósito também é profundamente motivador.

É o mundo de um homem rico

Devemos gerenciar pessoas, sugeriu Peter Drucker, como se elas fossem voluntárias. Essa é uma maneira diferente de dizer que podemos atribuir importância demais ao papel do dinheiro como incentivo ou como fator de motivação. Evidentemente, a remuneração deve ser justa, e generosa, sempre que possível, de acordo com os méritos. A remuneração injusta e insuficiente sem dúvida desmotiva, como mostraram as pesquisas do CIPD (2015). A vida é cara, e a maioria das pessoas trabalha para ganhar a vida.

Quando, porém, o dinheiro é a principal meta, o primeiro objetivo, a cenoura definitiva, as coisas podem dar errado. Vimos isso com mais clareza na crise financeira que se desenvolveu nos últimos dez anos. Esse desejo insaciável por cada vez mais não nos faz bem. Essa nossa comparação contínua com outras pessoas e essa nossa tentativa infrutífera de imitar o estilo de vida dos mais ricos também não é algo bom. Com uma vida profissional mais longa pela frente, também será maior o risco de se perder num trabalho que você odeia, em razão exclusivamente de remuneração mais elevada ou com maior potencial de crescimento. No entanto, passar 30 ou 40 anos fazendo alguma coisa de que não se gosta é desperdício de "sua única vida selvagem e preciosa", como a qualificou a poeta Mary Oliver.

Propósito, maestria e autonomia são objetivos mais importantes para a vida de trabalho do que dinheiro. No fundo, você sabe que é verdade.

MITO 31

O MEDO FUNCIONA E O "ENGAJAMENTO" É DESNECESSÁRIO

Não mais precisamos de chefes no velho estilo.
Os valentões sempre perdem no final.
Você precisa se engajar no engajamento.

O diretor de cinema Alfred Hitchcock podia ser intolerante com atores pobres. Quando um deles, não conseguindo entrar no personagem, perguntava a ele qual deveria ser a sua "motivação", Hitchcock respondia: "o seu salário". Sempre houve e sempre haverá chefes que assumem uma visão igualmente descomplicada da gestão de pessoas. De acordo com eles, os trabalhadores simplesmente devem seguir as instruções e executar suas tarefas.

Esses chefes são seguidores — mesmo que não saibam — do que o psicólogo americano Douglas McGregor chamou de "Teoria X". Os gestores Teoria X esperam muito pouco da equipe. Presumem que as pessoas sempre tentam se safar trabalhando o mínimo possível, e, portanto, precisam de supervisão constante. Por isso, desde o início da industrialização, a administração é indispensável para garantir o atingimento das metas de produção e o cumprimento dos prazos. E onde o trabalho consiste principalmente na repetição de tarefas muito simples, defende-se a adoção dos métodos da Teoria X. Já o trabalho mais complexo e menos previsível provavelmente exige um tipo diferente de abordagem.

Essa alternativa, disse McGregor, poderia ser rotulada de "Teoria Y". Um chefe Teoria Y acredita que as pessoas querem trabalhar, e nisso empenharão toda sua energia, desde que se sintam envolvidas no processo, em vez de meramente cumprirem ordens. Um chefe Teoria Y fará perguntas e trocará ideias, em vez de comandar. É um estilo mais participativo. Essas ideias foram expostas no livro de McGregor, *The Human Side of Enterprise*, 1960 (ed. bras. *O lado humano da empresa*, Martins Fontes, 1999).

Os açoitamentos continuarão até que o moral melhore

Nas últimas duas décadas, um dos conceitos gerenciais mais vagos e mais em voga é o de "engajamento dos empregados". Resultados de enquetes parecem contar uma história preocupante. A organização Gallup, que vem acompanhando as atitudes dos empregados há muitos anos, diz que, nos Estados Unidos, apenas um terço dos empregados se sente realmente engajado no trabalho, e, no mundo inteiro, essa cifra é ainda mais baixa – nada mais que 15% se consideram engajados (CLIFTON, 2017). É muita gente que simplesmente comparece ao trabalho, mas, de fato, não se importa com o que está fazendo. Essas pessoas, em geral, não se deixam intimidar, no estilo da Teoria X, e melhoram o desempenho no trabalho, pelo menos no médio e no longo prazos. Algumas partes da economia de serviços podem sobreviver quase indefinidamente com uma força de trabalho mal remunerada e desengajada. Se os níveis de engajamento estão realmente tão baixos, não admira que o mundo desenvolvido tenha um problema crônico de baixa produtividade.

Um cético perguntaria: o que é essa coisa chamada engajamento?

O engajamento dos empregados, sendo essencialmente um conceito abstrato e praticamente imensurável, suscitou certo grau de ceticismo saudável, principalmente por Rob Briner, professor de Psicologia Organizacional na Queen Mary University of London. O professor Briner propôs duas questões fundamentais aos defensores do engajamento dos empregados:

1. Será que o aumento do engajamento acarreta efetivamente alguma melhora no desempenho?

2. Será que as intervenções deliberadas aumentam os níveis de engajamento e, em seguida, melhoram o desempenho?

Ele argumenta que não podemos responder "sim" a essas perguntas com muita confiança, uma vez que, na opinião dele, não se dispõe de evidências convincentes em apoio a essas pretensões. Uma empresa de pesquisas, como o Gallup, sem dúvida contestaria essa objeção. O Gallup oferece resultados de várias enquetes sobre atitudes e desempenho dos empregados, argumentando que, por exemplo, em unidades de negócios com altos níveis de engajamento, o absenteísmo pode ser 40% mais baixo e a produtividade, 17% mais alta, em relação à média. O lucro por ação pode ser quatro vezes mais alto em empresas com alto nível de engajamento, e assim por diante.

Talvez, no fim das contas, isso pareça um tanto dogmático. Para os céticos autênticos e convictos, nenhum dado jamais confirmará que algo chamado "engajamento" pode fazer diferença mensurável ou sustentável no desempenho da empresa. Outros não hesitarão em buscar o engajamento dos empregados como importante meta de gestão. É um pouco como o contraste da Teoria X com a Teoria Y. Mas será que realmente estamos mesmo dizendo que, se não acreditamos em engajamento, talvez acreditemos em gestão por medo?

Se parece pato, anda como pato e grasna como pato...

Qual é o oposto de engajamento dos empregados? É alheamento, inércia, cinismo e desespero. É isso que você quer do nosso pessoal? Uma enquete do YouGov, de 2015, descobriu que 37% dos trabalhadores do Reino Unido sentiam que o trabalho deles não contribuía significativamente para a melhoria do mundo (DAHLGREEN, 2015). Que pensamento terrível a ter em mente ao começar o turno! Da mesma maneira como o filósofo francês Pascal disse que valia a pena ter um pouco de fé, dar uma chance ao engajamento dos empregados parece ser um bom curso de ação.

Tudo bem que seja difícil definir e quantificar o engajamento com exatidão. Mas, por certo, como o juiz americano Potter Stewart afirmou em relação à pornografia, você logo a reconhece quando a vê. Alguns ambientes de trabalho vibram de tanta energia, outros não. Alguns colegas expõem ideias, fazem sugestões criativas, propõem melhorias, e outros não. Algumas pessoas gostam do trabalho, estão comprometidas com ele e superam as expectativas, e outras não. Uns estão engajados, outros não.

O engajamento é mais forte do que o medo

Maquiavel pode ter dito que era melhor ser temido do que amado, se não for possível ser ambos; o ambiente de trabalho de hoje, porém, não é um cenário de intriga florentina assassina... pelo menos, não deveria ser. O medo pode ajudar a equipe a cumprir metas de curto prazo. Em alguns ambientes de trabalho – as redações de certos jornais, por exemplo – o medo ainda é explorado com regularidade como arma de gestão. Essas situações, no entanto, são exceções.

No mundo emergente do "trabalho do conhecimento", e com a necessidade crescente de trabalhar em estreita colaboração com a tecnologia (ver Mito 23), a ideia de que o medo seja emoção saudável ou construtiva a ser fomentada no ambiente de trabalho é primitiva e equivocada. Em vez disso, precisamos de trabalhadores engajados, que explorem todos os seus talentos e ideias e que se sintam capacitados, em vez de inibidos.

Alguns chefes talvez sejam inseguros demais para dar alguma chance ao engajamento. A seleção natural, porém, se encarregará de extingui-los. As melhores pessoas da equipe irão embora, em busca de melhores chefes que lhes deem liberdade de ação e lhes permitam dar o melhor de si mesmos.

Os chefes que recorrem ao medo como método de gestão é que realmente deveriam estar assustados.

MITO 32
O CASO DE NEGÓCIOS SEMPRE SERÁ CONVINCENTE

As pessoas não são racionais. Não apele para a lógica.
Apele para a emoção. E se isso falhar, mude as regras.
Ou simplesmente comporte-se melhor.

Racionalidade pragmática e obstinada: nisso se resumem os negócios, certo? Fatos e números. Porcentagens. Evidências. Ter "mentalidade de negócios" é não se influenciar pelos sentimentos, ser eficiente e eficaz, e rejeitar as crenças em favor dos fatos. Para convencer um líder de negócios a fazer alguma coisa, apele para a racionalidade e para o pragmatismo dele ou dela. Basta mostrar o impacto sobre os resultados financeiros.

É nisso que gostaríamos de acreditar. Infelizmente, não é verdade. "Não somos racionais, somos racionalizantes", diz Keith Grint, professor da Warwick Business School. Ou, em outros termos, sentimos antes de raciocinar, e então racionalizamos. Os instintos e as emoções se manifestam primeiro, só depois desenvolvemos argumentos para justificar os sentimentos.

Com base no trabalho de Daniel Kahneman e Amos Tversky sobre "sistema um e sistema dois", duas formas de pensar, há quem compare a mente "racional", mais devagar (sistema dois), a alguém sentado no alto de um elefante, a mente "intuitiva", mais rápida (sistema um). Quando o elefante realmente quer ir a algum lugar, o pretenso condutor pouco ou nada pode fazer a respeito. A racionalidade em negócios, seja como for, é provavelmente muito menos comum do que se supõe. Ou, pelo menos, nós a superestimamos e dela esperamos demais. Essas tendências explicam em parte por que o chamado "caso de negócios", que descreve e justifica um projeto, é mais difícil de dar certo do que se supõe. Os fatos podem não corresponder às expectativas.

Não acredito que você ainda esteja perguntando isso

Até a frase "caso de negócios" pode causar certa apreensão. Parece que alguém está tentando com muita insistência convencê-lo de alguma coisa que deveria ser evidente em si mesma. Há aqui um paradoxo clamoroso. Se a racionalidade das pessoas de negócios fosse, de fato, pelo menos a metade do que se supõe, por que se constata na prática ser tão difícil formular um caso de negócios convincente em favor de maior diversidade, de práticas gerenciais mais humanas e de maior flexibilidade nos ambientes de trabalho? É possível listar todas as vantagens de mudar as condições e o ambiente de trabalho. Também pode-se apontar para a ausência de mulheres com mais de 30 anos no local de trabalho ou a decisão das mulheres de não mais trabalhar depois de ter filhos. Talvez também fosse interessante enfatizar os resultados de auditorias que revelam como às vezes é baixa a diversidade étnica no trabalho, e as consequências daí resultantes em termos de atração e retenção de candidatos mais aptos, capazes de pensar e agir de maneira mais criativa ou de atender melhor aos clientes.

No entanto, apesar de todas as tentativas, o que muda, de fato? Até que ponto esses "casos de negócios", apesar de toda a argumentação lógica, são convincentes e eficazes? Reflita sobre as seguintes questões: tem aumentado significativamente o número de mulheres que chegam ao topo? As mulheres recém-formadas, admitidas todos os anos pelas empresas, cuja proporção é superior a 50% das contratações, continuarão no negócio depois de dez anos? Sua organização ainda é "detestavelmente branca"? Quem quiser pode trabalhar com flexibilidade? Os executivos fazem acenos positivos durante as apresentações de "casos de negócios", mas, então, predomina a inércia, na melhor das hipóteses, ou a resistência ativa, no pior cenário. Essas pessoas de negócios sérias e racionais, que ostentam mentalidade e atitude de empresários, contestam essas propostas como pouco convincentes e até delirantes.

A racionalidade desmorona quando vai contra os preconceitos arraigados e a preservação do *status quo*, que, até agora, têm prestado tão bons serviços a algumas pessoas.

Quando se perguntou recentemente a um *headhunter* experiente por que as pessoas de negócios, consideradas tão pragmáticas, não respondiam positivamente aos casos de negócios, a reação de espanto dele foi impressionante. "Não posso acreditar que você esteja perguntando isso", disse. Para ele, era evidente que, não importa o que sinalizassem em público, os líderes empresariais jamais deixariam que um simples caso de negócios os convencesse a fazer alguma coisa que, logo de cara, não lhes soasse bem. (A única exceção aqui ocorre na área de uso eficiente de recursos naturais, em que um argumento objetivo de redução de custos pode efetivamente levar a um comportamento melhor. Mesmo aqui, porém, a decisão tem mais a ver com economia de caixa do que com a aceitação consciente de um "caso de negócios pela sustentabilidade".)

Caia na real

Tudo acabou, então, para o caso de negócios? Não necessariamente. Ocorre que o caso de negócios, se não servir para mais nada, pode ser um pretexto oportuno e conveniente para conversas mais sutis e sensíveis, que, do contrário, seriam incômodas para os executivos.

Sobre questões de diversidade e de igualdade de oportunidades, por exemplo, alguns líderes talvez sintam pressões morais para se "comportar melhor" e para "fazer a coisa certa". É possível, porém, que estejam trabalhando num contexto em que admitir sentimentos morais pode não ser conveniente. Talvez não pareça bastante objetivo e impiedoso, por exemplo, ou quem sabe não oferece retorno financeiro satisfatório.

A doutora Louise Ashley, da Royal Holloway, Universidade de Londres (perfil em Royal Holloway, University of London), argumentou que, nessas circunstâncias, desenvolver um caso de negócios pode ajudar os executivos a evitar conversas com conteúdo moral mais explícito (e, portanto, mais constrangedor). É quase como se todos soubessem que eles realmente não acreditam no caso de negócios, mas talvez pareça mais objetivo e mais comercial do que simplesmente defender práticas mais éticas.

Cabeça *versus* parede: quem vencerá?

Os ativistas que persistem e nunca desistem merecem admiração. Às vezes, só os fanáticos fazem acontecer. Chegou a hora, porém, depois de três décadas, de encontrar uma maneira mais inteligente e eficaz de propor, reivindicar e pressionar do que o "caso de negócios" em defesa disso ou daquilo.

Negócios não é só ouvir casos de negócios. Os casos de negócios desligam, afastam, repelem. Já foram ouvidos antes. E não estão convencendo, nem vendendo.

Às vezes, o certo a fazer é fazer o certo. Se fazer negócios é reconquistar a confiança e parte da reputação perdida, é preciso, simplesmente, comportar-se melhor, e ser visto comportando-se melhor. Não por causa da legislação, nem de ameaças de novas normas. Mas sim porque é o certo a fazer.

Como gestor, você deve se preocupar menos em tentar convencer os chefes com o caso de negócios em favor de algum projeto. Diga-lhes, isso sim, que você quer fazer o certo. Você talvez tenha uma surpresa agradável com a reação. Se não, você saberá que talvez seja a hora de encontrar um lugar melhor onde trabalhar.

MITO 33

NÃO HÁ NADA DE ERRADO COM O NEGÓCIO, SÓ HÁ ALGUMAS MAÇÃS PODRES

Os sistemas levam as pessoas a se comportar mal.
Quando as coisas derem errado, olhe para todo o sistema,
em vez de culpar bodes expiatórios.

É difícil ver todo o negócio do alto. "O topo é o pior lugar de onde gerenciar uma organização: ver todo mundo lá embaixo", diz Henry Mintzberg. "Tente, em vez disso, o chão". No topo, nem todas as verdades chegam a você. Os filtros gerenciais e a autocensura se interpõem entre você e a realidade. Os assessores talvez lhe digam o que acham que você quer ouvir – essa é certamente a maneira como os consultores mantêm os clientes. Porém, da mesma maneira como os falsos alfaiates convenceram o imperador de que suas roupas imaginárias eram as vestes mais refinadas, esses conselhos podem deixá-lo exposto ao embaraçoso escrutínio público.

As estruturas formais podem criar a ilusão de ordem. Quando as coisas não andam bem, é fácil pegar o organograma e desenhar uma seta apontando para a parte defeituosa. Essa é a história que os gestores seniores podem contar a si mesmos como atenuante. Não fomos nós, foram eles. Não havia nada de errado com a organização. Havia apenas algumas maçãs podres no barril, que contaminaram todas as outras.

Essa versão, porém, é conveniente e interesseira. Ela se esquiva da realidade. No Halifax Bank of Scotland (HBOS), nos prenúncios da crise financeira, o chefe de risco regulatório do banco, Paul

Moore, relatou que metas de vendas mal concebidas e controles de risco ineficientes estavam ameaçando a saúde da empresa (MOORE, 2015). A recompensa por revelar essas informações importantes foi... a demissão. Isso ocorreu em 2004, quase quatro anos antes de o banco precisar de um socorro de emergência (por Lloyds TSB) e, por fim, de uma vasta operação de resgate pelo governo.

Foi fácil para a alta administração desconsiderar as advertências de Moore como resmungos de um colega intratável. (Moore era, em suas próprias palavras, um colega intratável.) Ao não reconhecer, contudo, que o problema era consequência de falhas estruturais do sistema e ao desviar o foco para um colega difícil em vez de enfrentar a realidade, a administração do banco fracassou no exercício de suas atribuições.

No *Evening Standard*, Anthony Hilton (2016) resumiu bem a questão. Empresas do tamanho do HBOS podem atingir tais dimensões que perdem a coerência e se tornam desajeitadas, escreveu – por isso é que se estabelecem metas e "incentivos" na tentativa de preservar a integridade da organização.

Porém: "Essas empresas, normalmente, são tão mal concebidas, que despertam o pior nas pessoas, destroem a cultura, recompensam o mau comportamento e reforçam as tendências que tornam os empregados sectários e interesseiros", acrescentou Hilton. Talvez haja algumas maçãs podres no sistema, mas foi o sistema que as fez apodrecer.

Pensamento sistêmico

Precisamos encarar as empresas e as organizações como sistemas. Os sistemas fornecem o contexto e o território em que as pessoas operarão e em que o trabalho será executado, ou não. O que conta é o fluxo de trabalho e a produção através do sistema. Essa foi a abordagem por trás do crescimento e da dominância da Toyota – inspirada pelas ideias de Taiichi Ohno – até que a empresa se tornou grande demais e passou a buscar o crescimento de maneira incompatível com seu próprio etos.

O falecido Russ Ackoff, ex-professor da Wharton School, da Universidade da Pensilvânia, foi talvez o maior popularizador do pensamento sistêmico no mundo ocidental. Também ele teria rejeitado o diagnóstico – ou desculpa – das "maçãs podres" apresentado por líderes complacentes de organizações fracassadas. O que as pessoas devem fazer? Como flui o trabalho? Será que as pessoas podem cometer erros e aprender com eles? Essas são algumas das perguntas feitas pelos pensadores sistêmicos.

O excesso de gestão envolve "fazer a coisa errada de maneira certa", Ackoff costumava dizer. Muito melhor é fazer a coisa certa de maneira errada, e aprender a melhorar. E, acima de tudo, reconhecer que você está num sistema. Não é possível resolver um problema ajustando parte do sistema, disse. Isso é como instalar um motor poderoso demais em uma carroceria desenhada para um motor menos potente. É preciso considerar o carro como um todo.

Isso tem implicações para a maneira como os gestores trabalham juntos. Ackoff contava uma história de quando ele visitou uma das maiores empresas automobilísticas dos Estados Unidos e de como, à medida que escalava a hierarquia, os gestores de cada nível lhe diziam para subir mais, até onde se encontravam o poder e a influência. E quando ele realmente chegou ao CEO, este lhe disse: "Você deveria estar falando com os meus subordinados – preciso do apoio deles para fazer tudo isso acontecer" (STERN, 2007). Estavam todos num sistema, mas pareciam não saber disso.

Sua chamada é importante para nós

Se você já teve alguma experiência frustrante ao ligar para um *call center* – o que deve ter ocorrido com 99,8% de todos os leitores deste livro –, seu primeiro impulso talvez tenha sido culpar o pobre operador que tinha dificuldade em responder às suas perguntas. Mas, evidentemente, a culpa não foi dele. O projeto inadequado do fluxo de trabalho e incapacitação do pessoal de linha de frente provavelmente foram as causas do mau atendimento. O pessoal no fim da fila é incapaz de ajudar. Na verdade, é muito possível que estejam recebendo incentivos errados para tirá-lo da fila e transferi-lo para outro colega tão rápido quanto possível. Tudo isso leva àquilo que o pensador sistêmico John Seddon denomina *failure demand* (demanda oriunda de falha): os clientes caem na armadilha de um sistema incapaz de resolver seus problemas (SEDDON, [s.d.]). Cria-se, então, muito trabalho inútil, que gera muito ruído, mas não faz nada realmente útil. A falha não é do trabalhador, é do sistema.

Ilha da fantasia

Em seu livro premiado *Swimming with Sharks: My Journey Into the Alarming World of the Bankers* (2015), o escritor holandês Joris Luyendijk descreveu o sistema amoral em que estão emaranhados os profissionais de finanças. Ele passou dois anos entrevistando mais de 200 pessoas para o "Bankers blog" do *The Guardian*, que depois deu origem ao livro.

A certa altura, ele imaginou o que aconteceria caso todas as pessoas que então trabalhavam no sistema fossem substituídas por um novo grupo de pessoas eticamente saudáveis: "Estou convencido de que se mandássemos toda a City (distrito financeiro) de Londres para uma ilha deserta e puséssemos no lugar desses exilados um quarto de milhão de outras pessoas, muito em breve constataríamos os mesmos tipos de abusos e disfunções", escreveu. "O problema é o sistema, e, em vez de culparmos, raivosamente, os banqueiros por agir conforme os seus incentivos perversos, deveríamos usar nossa energia para eliminar esses incentivos".

No entanto, quase uma década depois da crise financeira, o sistema basicamente não mudou. As pessoas ainda "caçam rendimentos" e "pegam tostões na frente do rolo compressor". Isso significa que a próxima crise financeira e o novo colapso dos mercados não estão muito longe.

MITO 34
DESPERTAMOS PARA OS PROBLEMAS PROVOCADOS PELOS PRECONCEITOS

Ainda há muito branco e macho no topo.
Há quem diga que os preconceitos foram superados.
Estão tremendamente equivocados.

Uma estatística surpreendente: nos Estados Unidos, 62% das pessoas LGBTs (lésbicas, gays, bissexuais e transgêneros) com ensino superior dizem que, depois de se abrirem sobre sua identidade de gênero na faculdade, perceberam que deveriam ocultá-la novamente ao iniciarem a carreira profissional, de acordo com a Human Rights Campaign. Reflita um pouco sobre isso. As pessoas jovens, ao iniciarem a vida de trabalho, já tendo experimentado alguma liberdade e igualdade na escola, sentem-se forçadas a ocultar sua verdadeira identidade quando começam a trabalhar.

O primeiro emprego pode ser muito difícil. Há muitas coisas a aprender e muitas maneiras de agir a que se acostumar. A ideia de que, em um ambiente ameaçador, você precisa mascarar sua verdadeira identidade é assustadora. Essa pressão só serve para aumentar o estresse de uma situação já estressante (SANDHU, 2014).

Considere também a experiência dos empregados negros e de minorias étnicas em ambientes de trabalho que se mantêm predominantemente branco. Quais são os indícios de que eles terão oportunidades justas de progredir? Quais são os modelos no topo? Nas empresas do índice de ações FTSE 100, da Bolsa de Valores de Londres e do jornal *Financial Times*, composto das 100 maiores empresas que preenchem os requisitos de qualificação, só dois CEOs não são brancos, número inferior ao de mulheres na mesma função (sete). Também no setor público, as lacunas são horrendas. No Reino Unido, apenas 2% das organizações do National Health Service (NHS) [Serviço Nacional de Saúde] são presididas por pessoas negras ou de minorias étnicas, uma fração diminuta da população do Reino Unido e do efetivo de pessoal do NHS. A experiência de muitas pessoas talentosas é olhar ao redor, no escritório, e deparar com um mar de faces brancas, em especial em funções de alto nível.

Resta ainda alguma chance...?

Já falamos sobre a carência nociva de mulheres no topo (ver Mito 14). E isso depois de décadas de debates, campanhas, manifestações e reformas legislativas limitadas. A velha guarda, e os velhos preconceitos, pegaram. A desigualdade econômica, que se manifesta nos altos custos da habitação nas cidades, torna a herança fator ainda mais importante para as chances das pessoas na vida, enraizando ainda mais a desigualdade.

Os tipos progressistas talvez tenham rido quando os reacionários denunciavam o "politicamente correto" das duas últimas décadas. A ironia e até a zombaria, porém, deveriam ter sido combatidas com muito mais energia. Donald Trump chegou ao poder depois de amplo trabalho de demolição do que ele chamava de conversa politicamente correta. Mas a equidade, a justiça, o respeito, a igualdade de oportunidades, a decência e a cortesia humana básica não são questões do seu politicamente correto. São os alicerces de uma boa sociedade – e de um bom ambiente de trabalho.

Os poderosos optaram por resistir às iniciativas para promover maior igualdade e equidade no trabalho, ou, pelo menos, fizeram muito pouco para ajudar. Nem todas as pessoas no topo talvez estejam conscientes de seus preconceitos e pontos cegos. Mesmo onde eles sabem que há problema, porém, falta vontade e disposição para fazer o suficiente.

É, infelizmente, um mito enorme a suposição de que qualquer uma das batalhas pela igualdade de oportunidades já foi vencida.

No atual clima político adverso, em que algumas opiniões hediondas e superadas mais uma vez estão sendo defendidas, necessita-se de novas ações legislativas que nivelem as chances para minorias talentosas, mas segregadas. Não se trata de balela politicamente correta, mas sim de premente necessidade econômica.

MITO 35

TODO O PODER EMANA DO TOPO

*Nós nos preocupamos muito com uns poucos chefes nas alturas.
A ação e o poder de verdade, porém,
geralmente estão mais abaixo. Ligue-se nisso!*

Os líderes fazem a diferença, e os chefes podem ser poderosos. É verdade. Eles podem ter a palavra final nas reuniões ou nas grandes decisões. Eles seguram a peteca. No entanto, essa percepção ou impressão de poder é ilusória. O título do cargo pode soar bem, e o pacote de remuneração geralmente é enorme. Até que ponto, porém, o chefe é realmente poderoso?

"Em gestão, tendemos a tornar tudo muito hierárquico", disse-nos a professora Lynda Gratton em nossa entrevista com ela (Apêndice 6). "O gestor é a pessoa em posição mais alta. Mas, na verdade, o gestor pode ser simplesmente alguém responsável por uma tarefa... o papel do gestor é observar protocolos... e o trabalho do gestor é conduzir as pessoas ao longo desses protocolos."

De fato, corremos o risco de nos distrair com os aparatos do poder e prestar pouca atenção ao lugar em que a ação realmente ocorre, no negócio em si, no "andar de baixo", onde os clientes se encontram com a equipe de vendas, onde realmente o bicho pega. Vender mais coisas, ou prestar o serviço público necessário, com rapidez e eficiência? Isso sim é poder.

À medida que o nível de educação sobe e a complexidade do trabalho aumenta, maiores demandas são feitas aos empregados. Isso os tornaria poderosos, se ao menos os gestores vissem essa realidade. Em vez de olhar para cima, na cadeia de comando, à espera da próxima ordem ou na defensiva contra os altos executivos, os gestores de nível médio e os supervisores de linha de frente devem se preocupar com o desempenho das próprias equipes. O pessoal de vanguarda tem o poder de construir ou quebrar o negócio. Portanto, é preciso prestar atenção.

Vineet Nayar, ex-chefe da HCL Technologies, empresa indiana de tecnologia da informação e soluções digitais, foi quem popularizou a ideia de "Primeiro, os empregados; segundo, os clientes" (NAYAR, 2010). No âmago dessa abordagem simples, está o reconhecimento de onde o poder – e o valor – realmente se situam nas empresas. Você ganha dinheiro vendendo coisas, concluindo transações. E isso só acontecerá se as equipes que lidam com os clientes estiverem confiantes e confortáveis, prontos para executar suas tarefas. (As compras on-line mudaram a natureza de muitas transações. Mas, de modo algum, não de todas elas. E o foco essencial nas necessidades dos empregados deve perdurar.)

Reconhecer o papel central do pessoal para o sucesso da organização significa reconhecer o poder que eles manejam, tanto para fazer um bom trabalho quanto para prejudicar a empresa com mau desempenho ou, pior ainda, com sabotagem. O poder dos empregados deve ser respeitado, se não, na verdade, temido.

A revolta do povo

Os terremotos plebiscitários e eleitorais que sacudiram o Reino Unido e os Estados Unidos em 2016 – o voto pelo Brexit e a eleição de Donald Trump – também serviram para mostrar que, nas palavras da reitora da escola de negócios da Universidade de Bath, Veronica Hope Hailey, "o fraco pode ser forte". Esses dois resultados inesperados – ou seja, surpreendentes para grande parte das "elites" – foi percebido mais como um protesto oriundo do andar de baixo, para comunicar às suítes executivas que os trabalhadores já estavam cheios. Não pegou bem aquela história do andar de cima de que as coisas estavam melhorando e que tudo ficaria bem, que eles deveriam confiar nas autoridades, e deixá-las no comando. Não colou em nenhum dos dois lados do Atlântico.

Como Joan Williams, da Faculdade de Direito Hastings, da Universidade da Califórnia, escreveu em artigo muito badalado da *Harvard Business Review* (2016), pouco depois da eleição presidencial nos Estados Unidos, Hillary Clinton, para muitos eleitores, pareceu representar "a arrogância e a presunção ineptas da elite profissional". Em contraste, escreveu, "Trump acena com um mundo sem o patrulhamento do 'politicamente correto' e um retorno a uma era ancestral, em que os homens eram homens e as mulheres conheciam o seu lugar". Os apoiadores dele eram fracos mas ficaram fortes: "Eles parecem perdedores – ou pareciam até conhecerem Trump".

No Reino Unido, três milhões de eleitores que não haviam comparecido às urnas nas eleições gerais de um ano antes apareceram e votaram para que o país deixasse a União Europeia. Os pesquisadores de opinião pública não perceberam o que estava por vir. Foi uma demonstração de força. Os fracos arrebataram a atenção dos aparentemente fortes. E essa revolta custou a David Cameron o cargo de primeiro-ministro. E abriu o posto mais alto do governo à nova candidata, Theresa May, que não tinha apoiado a campanha pela saída, mas se viu em Downing Street, n. 10, a sede do governo, cumprindo a vontade da maioria dos eleitores. Foi um caso clássico de "devo segui-los, pois sou o líder". Portanto, quem exerceu o poder aqui, os ministros ou o povão?

O poder para o povo

Muitos gestores olham instintivamente hierarquia acima e ficam pensando como poderiam subir mais alto. Os prêmios em dinheiro são elevados para quem chega ao cume, mas há, também, mais responsabilidades, mais pressões e, provavelmente, mais tempo fora de casa... e a altura da queda também é maior. O chão lá de cima fica muito longe.

Algumas dessas posições de alta administração estão se estendendo demais da conta, com uma caixa de entrada sempre cheia e um dia de trabalho que começa muito cedo e termina muito tarde. E, em algum momento, em meio a toda aquela correria, você ainda precisa pensar. Talvez essa busca de poder tenha perdido o rumo, ou quem sabe foi má escolha para muita gente, que talvez não se dê conta da realidade, ou prefira não admitir o equívoco.

Há, ou deveria haver, dignidade no trabalho, em todos os níveis. E reconhecer o poder e a importância das tarefas aparentemente mais triviais e simplórias talvez ofereça uma trajetória de carreira mais satisfatória para muitos gestores. Por que não continuar executando alguns trabalhos simples, mas importantes? Por que não manter o pessoal de vanguarda e os clientes felizes? Essa é uma ideia muito poderosa.

Tradicionalmente, vemos as organizações como pirâmides de poder, com grande parte do entusiasmo e do encanto empilhando-se no topo. No entanto, embora talvez pareça haver maior concentração de poder de comando na extremidade superior cortante, ou pontiaguda, a realidade é que há mais poder de execução lá em baixo, na várzea, do que parece à primeira vista. O poder de executar um bom trabalho. O poder de realizar o bem. É na planície, na base da pirâmide, que as pessoas mantêm o pé no chão.

Portanto, deixe que os outros persigam seus sonhos de poder, se quiserem, enquanto lutam para ascender acima dos colegas, que veem mais como concorrentes do que como colaboradores. Alguns gestores, talvez os mais sábios, preferirão não pegar o elevador expresso para o 47° andar, mas sim ficar mais perto da ação, mais próximo ao nível do mar. Eles experimentarão a alegria e o poder do trabalho realizado com e através de pessoas, que é realmente o escopo e o estofo da boa gestão.

MITO 36

AS PESSOAS APRENDEM QUANDO EXPLICAMOS COM CLAREZA

Somos apenas humanos – todos nós.
Cometemos erros e não acertamos na primeira vez.
Tudo bem. Seja persistente, mas seja paciente.

As enquetes sobre atitudes do pessoal podem ser perigosas. Os gestores, como todos os humanos, não suportam o excesso de realidade. Poucas situações tocam mais fundo no coração dos líderes do que o *feedback* de que, apesar de todo o esforço intenso e reiterado, os colegas da equipe não compreendem a "visão" que lhes foi exposta, ou talvez não acreditem nela. "Mas já dissemos isso!", grita o chefe exasperado. "Gastamos todo aquele dinheiro em folhetos explicativos, promovemos eventos fora do local de trabalho, e enviamos sucessivos e-mails para todo o pessoal dizendo-lhes o que pretendemos fazer, e por quê..."

As pessoas são ocupadas, dispersivas, estressadas e céticas. Já passaram por muitas outras "iniciativas" antes. Na verdade, até podem gostar muito do trabalho, quando têm condições e tempo para executá-lo. Quase sempre, no entanto, as mensagens que vêm do alto serão consideradas "dúbias, até prova em contrário". Os folhetos e os e-mails nem serão lidos.

Myles Downey, coach de executivos, sugere que a "comunicação é resultado, não intenção" (conversa com os autores). Esse é um bom ponto. Simplesmente comunicar-se com as pessoas – fazer ruído – não é suficiente. A comunicação não se realiza até que as pessoas ouçam, compreendam e acreditem no que foi dito. É preciso haver uma mensagem confiável que seja apreendida com facilidade. Como G. Lafley, CEO, há muito tempo, da Procter and Gamble, diz que, quando ele tenta se comunicar com o pessoal, a mensagem deve ser "simples como Sesame Street" (SUTTON, 2008). Ele não está sendo desdenhoso. Só está reconhecendo como as pessoas são ocupadas e dispõem de pouca energia mental para engajar-se com a nova informação. Isso é tato, não condescendência.

Dave Ulrich, o guru de RH, recomenda que as equipes de liderança devem estar "preparadas para repetir a mensagem dez vezes, até que ela seja ouvida e compreendida uma vez" (STERN, 2009). A proporção não é estimulante, mas, talvez, seja realista.

Fragilidade, teu nome é... nós

Em um evento na Cass Business School, em Londres, em 2016, Tom Peter, o guru da gestão, falou, com a energia e o estilo característicos, entre outras coisas, sobre a dificuldade de fazer as coisas certas no trabalho (ver a entrevista com Tom Peters, no Apêndice 9). Quase no fim da noite, alguém perguntou por que, com tantas pessoas como Peters refletindo sobre gestão há tanto tempo, e com tantos gestores e líderes tentando melhorar a situação, tantas coisas ainda saíam erradas nas empresas e nas organizações. Por que as pessoas, aparentemente, eram incapazes de aprender as lições dos próprios erros e das falhas alheias?

Peters ficou em silêncio, pensou por um momento, e, então, deu uma resposta sincera e sonora: "NÃO SEI!"

O público riu, em alto e bom som. Mas – como ocorre com frequência – Peters havia conseguido transmitir um ponto importante, com simplicidade e espontaneidade. Ao contrário dos robôs, as pessoas são... pessoas. Elas não são perfeitas. Elas cometem erros. E as organizações, concebidas por pessoas, também são falíveis. Os sistemas erram, reiteradamente. Quando se inclui a gestão nessa situação, as coisas nem sempre se apresentam em melhores condições. (Peters trabalha nessa área há mais de quatro décadas e ainda não sabe ao certo como superar essas deficiências!) Vamos repetir a tão citada tirada de Peter Drucker: "Muito do que denominamos administração se resume em dificultar o trabalho para as pessoas".

Tudo isso sugere que nem sempre devemos ser muito severos com os colegas quando as coisas dão errado. Repetir o mesmo erro várias vezes é intolerável. Mas errar porque você está numa situação nova, em que não teve experiência anterior, bem – a vida é assim. E, sem tentar, e fracassar, não aprenderemos, nem construiremos nada.

Churchill talvez tenha se desesperado, em seus "anos selvagens", com o que ele chamou de "reiterada incapacidade de aprender da humanidade" e "aspectos que constituem a repetição sem fim da história". Porém, não precisamos ser pessimistas, nem tão sentenciosos. Uma visão mais realista é a seguinte: Sim, cometemos erros, e as coisas dão errado. E é nessas horas que a recuperação e a melhoria podem começar.

MITO 37

É PRECISO ACOMPANHAR E EXPERIMENTAR TODAS AS NOVAS IDEIAS SOBRE GESTÃO

Relaxe em relação aos modismos da gestão. Em um minuto aparecerá outro. Siga os primeiros princípios, não as modas.

É natural e, provavelmente, saudável preocupar-se com o que os concorrentes estão fazendo. Será que, sutilmente, eles estão passando à nossa frente? Teriam eles encontrado alguma fórmula secreta? As empresas de alimentos e bebidas há muito tempo gostam de cultivar certa mística sobre seus ingredientes secretos, seja ela o "7X" da Coca-Cola; as "11 ervas e temperos" do Colonel Sanders; o "molho do Big Mac" do McDonald's. (Certamente é possível encontrar molhos mais saudáveis.)

Em negócios, quando a competição é feroz, a ideia de que algum rival tenha encontrado uma fórmula de gestão genial pode provocar inveja e paranoia em igual medida. "O que será que eles sabem e nós ignoramos?", é a pergunta. "Será que eles estão nos deixando para trás?"

Esse nervosismo explica em parte a vulnerabilidade dos gestores ao poder ilusório dos modismos, das "novidades", que surgem muito de repente, não se sabe bem de onde, mas que logo conquistam adeptos e crentes, um pouco como neófitos de uma seita. Em breve, aparecem os primeiros artigos em revistas e jornais, as primeiras palestras e conferências, e o material de marketing de consultorias de gestão, apresentando-as como evangelistas e catequistas da boa nova. Você por certo conhece bem esses chefes surfistas de modismos, que num dia dançam tango e no outro arriscam samba.

Os modismos em gestão são a consequência perniciosa, mas inevitável, de um desejo muito intenso: melhorar os resultados do negócio. Há mais de cem anos, desde quando F. W. Taylor formalizou pela primeira vez suas ideias sobre "administração científica", a torrente de novas abordagens e panaceias é incessante. O setor de consultoria de gestão tem avançado sob o impulso dessas forças motrizes: se nunca tivéssemos ido além dos primitivos estudos de tempos e movimentos, as grandes consultorias teriam muito menos do que falar e vender.

Peregrinos no circuito de conferências

O professor Eric Abrahamson, da Escola de Negócios Columbia, em Nova York, mapeou o crescimento e a difusão de modismos gerenciais mais do que ninguém (ABRAHAMSON, 1991). Ele os descreveu como "crenças coletivas transitórias" de que uma prática gerencial nova (ou reinventada) levará a melhores resultados. Isso não significa dizer que todos os modismos são lixo. Só alguns são totalmente ridículos. A maioria deles tem algo meritório. O problema se manifesta quando as pessoas passam a segui-los como dogmas de fé, à maneira de fiéis de uma seita religiosa. É uma abordagem acrítica à gestão, baseada na crença, não na razão. Problemas complexos, como dirigir empresas e organizações, não têm soluções simples. Executivos apressados e ocupados, no entanto, estão mais vulneráveis à tentação de que existe uma nova fórmula simples que melhorará em muito, ou que até garantirá suas chances de sucesso.

Uma história muito breve dos modismos e *insights* gerenciais

O livro *Principles of Scientific Management, 1911* (ed. bras. *Princípios de Administração Científica*, 1990), de Frederick Winslow Taylor, argumentava que o aumento da eficiência estava ao alcance de todos, caso se adotasse uma visão mais mecânica da contribuição dos empregados. A lógica era rigorosa: as pessoas não precisavam pensar, bastava que repetissem as tarefas com disciplina e sem confusão. As enormes linhas de produção das indústrias emergentes, como as fábricas de automóveis, eram monumentos ao taylorismo. Observe os ambientes de trabalho de hoje, até os aparentemente modernos. Eles ainda mantêm muitos vestígios do taylorismo. Nessas condições, a administração científica dificilmente poderia ser considerada modismo passageiro, presente hoje e ausente amanhã. Bem ou mal, ela deixou claro que havia uma nova disciplina profissional, que devia ser estudada e que estava aberta a novas ideias. A administração científica também abriu as portas para um setor de "consultoria de gestão" novo (e inventado) – esses novos gurus já foram conhecidos simplesmente como "contadores de custos". Na década de 1930, a McKinsey lançou nova marca: os "contadores públicos certificados" tornaram-se "contadores e engenheiros".

A reconstrução do Japão no pós-guerra ajudou W. Edwards Deming e colegas a desenvolver a ideia da Gestão da Qualidade Total (Total Quality Management - TQM). Eliminar os desperdícios, explorar as competências dos empregados, buscar a melhoria contínua: essas ideias fizeram vibrar uma corda sensível das empresas japonesas, mas, paradoxalmente, mostraram-se mais difíceis de implantar com eficácia no Ocidente. Os benefícios tão enaltecidos mas subaproveitados da TQM em 1980 muito contribuíram para solapar a fé dos empregados na indústria dos modismos gerenciais. Para ser justo, porém, como geralmente é o caso com os modismos gerenciais, não é tanto a ideia quanto a execução que é crucial para o sucesso ou o fracasso.

Também popular durante algum tempo, nos anos 1950 e 1960, foi o conceito de Administração por Objetivos (Management by Objectives – MBO; muitas dessas ideias vêm prontas, embaladas num Acrônimo de Três Letras - ATL). A ideia aparentemente incontroversa de Peter Drucker era concentrar a atenção da equipe em objetivos específicos. Muito sensato. Exceto o fato de que os diferentes objetivos coexistentes numa empresa poderiam entrar em choque e ser incompatíveis. Além disso, as equipes seriam tentadas a manipular o sistema, fingindo que os objetivos estavam sendo atingidos.

As recessões das décadas de 1980 e 1990 criaram espaço para uma abordagem rigorosa e inflexível. Os "matadores de empresas" da década de 1980, ao propagarem a crença no *downsizing*, "diminuíram o tamanho" (ou, apelando para o eufemismo, "acertaram o porte") de um sem-número de empresas, demitindo centenas de milhares de trabalhadores. No começo da década de 1990, essa técnica malfadada tinha sido enobrecida por um novo modismo (e pelo indefectível ATL): a famigerada Reengenharia dos Processos de Negócios (Business Process Reengineering – BPR). No entanto, era mais fácil especular sobre a reengenharia do que aplicá-la com sucesso na vida real.

Evidentemente, o pêndulo estava retornando ao ponto de partida. A chegada da internet e da chamada "nova economia", de fins da década de 1990, suscitou o retorno a um estilo de gestão menos abrasivo. Os escritórios das empresas "Web 1.0" estavam cheios de mesas de bilhar, pranchas de skate e pufes coloridos (ver Mito 43). Infelizmente, a receita não era assim tão farta. E, mais uma vez, quando a economia voltou a cair, a austeridade estava de volta: "execução" era quente; "enxugamento" virou panaceia muito valorizada, embora, não raro, com excesso de rigidez. Hoje, a palavra da moda, em vez de "enxugamento", é "agilidade", a capacidade de "pivotar", no sentido de promover mudanças de curso estruturadas, para testar hipóteses e impulsionar o aprendizado. Houve quem aderisse ao chamado modo pós-hierárquico de "holocracia" (ver Mito 7). Acrescente ao conjunto alguma *mindfulness*, ou consciência plena, enquanto é tempo, e sua coleção de modismos do século XXI estará mais ou menos completa.

Fique calmo e prossiga

E respire. Como você vê, há uma oferta renovável e infindável de *insights* e modismos gerenciais. Esse é um setor da economia em que a produtividade – nem sempre a qualidade – parece nunca ser problema.

As novas ideias são positivas. Vale a pena refletir sobre elas, mesmo que por pouco tempo, e talvez seja bom testá-las como experimento ou projeto-piloto. Mas cuidado com a ideia legal, que virou moda e está causando sensação, antes de constatar resultados positivos e duradouros.

Fique de olho, principalmente, nas previsões de megatendências, que provocarão Grandes Mudanças Iminentes. O período ótimo de projeção para qualquer aspirante a guru é 20 anos: bastante perto para ser importante e quase imaginável, mas bastante longe para ser misterioso. E, o mais crucial, quando sua previsão de 20 anos revelar-se errada, quase ninguém se lembrará do que você disse. No final das contas, sempre é possível ganhar dinheiro fazendo grandes elucubrações sobre o futuro. "Todos parecem conhecer o futuro, embora ninguém tenha estado lá", disse a escritora Margaret Heffernan (ver nossa entrevista com ela no Apêndice 7).

Lembre-se, a natureza humana não mudou, e o grande desafio de gerenciar pessoas continua o mesmo. Algumas verdades eternas sobre pessoas: mostre-lhes respeito, ouça-as, defina objetivos claros e factíveis, forneça *feedback* construtivo na hora certa; tudo isso é mais importante que qualquer ATL pomposo ou modismo charmoso.

O único modismo que este livro quer popularizar é o seguinte: a gestão é uma atividade ou tarefa humana importante, fundamental para o nosso bem-estar econômico e social. Para ser eficaz, ela precisa ser exercida com ponderação e objetividade. É tudo.

MITO 38

VOCÊ DEVE FALAR COMO VERDADEIRO PROFISSIONAL DE NEGÓCIOS, SÉRIO E EXPERIENTE. APRENDA O JARGÃO

O raciocínio turvo resulta em linguagem turva.
Fale com simplicidade e clareza. Rejeite o jargão.

Todas as profissões, diz-se, são conspirações contra a laicidade, dos profissionais contra os leigos. Quando George Bernard Shaw expressou pela primeira vez essa opinião, mais de cem anos atrás, ele nunca tinha conhecido um consultor de gestão. GBS, porém, não teria ficado surpreso ao constatar que, no campo da gestão, surgiria todo um dicionário de jargão e termos técnicos espúrios. Muitos crimes são cometidos todos os dias contra o idioma, mas os perpetrados por gestores estão entre os mais hediondos.

Por que isso acontece? Em parte, é uma questão de velocidade. Quem tem tempo para parar e pensar em como expressar uma nova ideia, quando já há tantos clichês prontos para o uso? Esse, no entanto, é exatamente o problema dos clichês: usá-los é sinal de que você parou de pensar. A proibição absoluta de clichês é provavelmente imprudente e talvez impossível. Às vezes, eles até podem expressar exatamente o que se quer dizer. Nos principais idiomas modernos, porém, sempre há outras palavras a serem usadas, de maneira mais inteligente.

Junte-se ao clube

Repetir indolentemente o que ouviu de outros chefes pode refletir certa insegurança por parte do falante. É uma maneira de dizer: "Sim, sou exatamente como todos os outros gestores que você já conheceu". Usar a linguagem aparentemente chancelada é um lance para tornar-se membro do que se percebe como um endogrupo, ou grupo fechado – a classe gerencial. Mas você é uma pessoa independente e tem liberdade para usar as próprias palavras. Agir assim pode até diferenciá-lo como alguém superior.

Vá em frente

Quando você tem tão pouco tempo para chamar a atenção dos colegas, desperdiçá-lo com prosa flácida é uma vergonha e um equívoco. As caixas de entrada dos seus e-mails já estão lotadas. Qualquer coisa que você lhes envie deve ser concisa e legível. Deve ser clara e inequívoca. Deve ser objetiva.

Para quem precisar de dicas para afiar a linguagem, escrita e falada, vale a pena dar uma olhada em um ensaio escrito por George Orwell, em 1945, intitulado "Politics and the English Language". Como o título sugere, a retórica política é um de seus principais tópicos. O ensaio, entretanto, contém recomendações úteis para qualquer pessoa que já tenha enviado um memorando ou feito uma apresentação breve para a equipe ou para clientes potenciais.

Orwell é claro: "O inglês moderno, sobretudo o inglês escrito, está cheio de maus hábitos, que se espalham por imitação e que podem ser evitados, caso se esteja disposto a ser cuidadoso. Quem se livra desses hábitos pode pensar com mais clareza", escreve ele.

E apresenta seis regras sensatas:

1. Nunca use metáforas, símiles ou outras figuras de linguagem que você está acostumado a ver impressas.

2. Nunca use uma palavra longa onde cabe outra mais curta.

3. Se for possível cortar uma palavra, sempre corte-a.

4. Nunca use a voz passiva quando você puder usar a voz ativa.

5. Nunca use uma frase em língua estrangeira, um termo científico ou um vocábulo de jargão quando for possível substituí-la(o) por um equivalente no idioma nacional.

6. Quebre qualquer dessas regras antes de dizer alguma coisa explicitamente bárbara.

As piores palavras, frases e maus hábitos que poluem as conversas e textos

Já que você chegou até aqui, vejamos alguns dos poluentes que mais envenenam nossa comunicação oral e textual:

> *Substantivos usados como verbos*: Algo tem *impacto*, em vez de "impacta". É preciso considerar o *contexto*, em vez de "contextualizar". Substantivos são substantivos, verbos são verbos e, em geral, é prudente respeitar a diferença.

> *Sondar*: Você trabalha numa plataforma de petróleo? Você provavelmente não precisará sondar nada. Por que não pesquisar ou investigar, em vez de sondar?

> *Pensar fora do quadrado*: Você quer dizer "usar a imaginação?" Por que não se manifestar dessa maneira? (O escritor James Woudhuysen observa, corretamente, que as pessoas devem continuar a pensar dentro dos seus quadrados se quiserem apresentar boas ideias [conversa com os autores]).

> *Frutos em galhos baixos*: Você trabalha num pomar? Se não, você está se referindo aqui a oportunidades muito promissoras.

> *Alcançar*: Significa procurar, entrar em contato com.

> *Proativo*: Significa "ativo". Por favor, evite usar esse termo.

> *Alavancar*: Significa (a) usar ou explorar para obter uma vantagem ou (b) reforçar, melhorar.

> *Subótimo*: Significa "não tão bom quanto possível".

E aqui termina a lição

Você entendeu a ideia. Tenha algum respeito pelas pessoas com quem conversa. Os idiomas, em geral, são ricos, sutis e belos. São capazes de expressar ampla variedade de pensamentos e sentimentos. Quando usados por grandes escritores e oradores, podem produzir efeitos poderosos. Nenhuma lei diz que nossos intercâmbios no trabalho precisam ser obscuros, monótonos, repetitivos ou vagos.

As palavras têm importância. Use-as com cuidado, com exatidão, mas também com sentimento. E rejeite o jargão sensabor. Você se surpreenderá ao constatar como os seus relacionamentos com os colegas serão mais eficazes depois que eles reconhecerem que você diz o que pensa, pensa o que diz, e nunca perde tempo com verborreia sem sentido.

MITO 39
NÃO É POSSÍVEL GERENCIAR PESSOAS QUE NÃO SÃO VISTAS

O que conta é o que as pessoas fazem,
não quantas horas ficam no escritório, onde são vistas.
Confie nas pessoas para fazer o trabalho.

Talvez o mandato de Marissa Mayer na empresa Yahoo estivesse predestinado a terminar mal.[4] A empresa enfrentava dificuldades quando ela chegou, em 2012; continuou em más condições com ela, e foi finalmente vendida à Verizon, em 2017, por menos de 5 bilhões, fração minúscula de seu valor anterior. Mas se alguma coisa sinalizou o desencontro entre as grandes expectativas em relação a essa estrela do Vale do Silício e a realidade decepcionante do seu desempenho foi o memo enviado pela chefe de recursos humanos da empresa, Jackie Reses, numa sexta-feira, 22 de fevereiro de 2013.

"Para tornar-se absolutamente o melhor ambiente de trabalho, a comunicação e a colaboração serão importantes, e, por isso, precisamos trabalhar lado a lado", era a mensagem. Daí a importância de que estejamos todos presentes no escritório. Velocidade e qualidade geralmente saem perdendo quando trabalhamos em casa. Precisamos ser uma

---

[4] Será que eu disse mesmo que o mandato de Mayer estava predestinado a terminar mal? O fato é que ela recebeu US$ 200 milhões em salários e bônus ao longo daquele período de cinco anos, mais uma indenização de US$ 186 milhões em ações. Portanto, pensando bem, nada mal.

Yahoo, e isso começa com estarmos juntos fisicamente" (SWISHER, 2013).

Queixos caíram. Cafés se derramaram sobre as mesas. Lá estava uma das megaempresas pioneiras e progressistas ressuscitando alguns conceitos defuntos da velha economia, como bater o ponto no início e no final da jornada. Era algo ainda mais difícil de engolir, uma vez que Mayer, na época, era uma mãe recente de volta ao trabalho – embora, convenientemente, tivesse instalado um berçário ao lado da sua sala para prolongar as horas de trabalho. (Ela, uma vez, declarou à Bloomberg News que trabalhava 130 horas por semana – faça as contas, como dizem). Até os empregados que trabalhavam apenas um ou dois dias por semana deveriam comparecer com mais frequência e por mais tempo ao trabalho, se quisessem preservar o emprego.

Mayer não encontrou muito apoio para sua proposta. Ela contrariava a essência da vida de trabalho moderna, na qual chefes maduros confiam em que as pessoas executarão suas tarefas mesmo longe da empresa, se necessário. Até Sir Richard Branson, magnata, empreendedor e filantropo inglês, criticou a atitude. "Isso parece um retrocesso numa era em que o trabalho remoto é mais fácil e mais eficaz do que nunca", escreveu (2013). A empresa, porém, não estava sozinha. Alguém chamado Donald Trump tuitou em seu apoio – era certo "esperar que os empregados do Yahoo estivessem presentes na empresa, em vez de trabalhar em casa", declarou. (O que aconteceu com ele?)

Desaparecido, mas não ensandecido

Não é à toa que a gestão supervisora chama-se gestão supervisora. Você observa as pessoas. Fica de olho nelas e não tira o olho delas. É um termo tradicional, que até soa familiar. Mas ele tem uma história longa e distinta. Gerenciar significa prestar atenção. Restaurantes e bares bem dirigidos, por exemplo, sempre têm um bom gerente supervisor no centro. Uma das coisas que deu errado no prelúdio da grande crise financeira foi que certas pessoas – os banqueiros, em especial – simplesmente não estavam sendo bem supervisionados. (Aliás, não é justo afirmar que os bancos estavam sendo dirigidos como cassinos. Como gosta de salientar o professor Chris Brady, da Salford Business School, os cassinos são, em geral, lugares muito bem dirigidos. Por isso é que continuam no mercado. Seus gestores prestam atenção e gerenciam o risco com inteligência.)

A tarefa dos gestores, hoje, é cuidar do que as pessoas realmente fazem (produzem), sem se importar com o lugar onde trabalham. É ainda "gestão supervisora". É justo que você, nem sempre, veja todos os membros da equipe à sua frente. A tecnologia de trabalho em equipe on-line, como o sistema "Slack", permite que os colegas se comuniquem uns com os outros e que até recriem os chamados "momentos no bebedouro", mesmo quando sentados a centenas ou milhares de quilômetros uns dos outros.

Para algumas pessoas, a ida para o trabalho é simplesmente impraticável, em razão da necessidade de cuidar de alguém, de incapacidade física ou simplesmente do custo do transporte. Os gestores precisam se lembrar de que certas pessoas adoram trabalhar – só que elas odeiam ir para o trabalho. Se puderem trabalhar onde estão, por que não?

A proximidade é importante, e nada – nem mesmo as videoconferências de alta tecnologia – podem realmente substituir a interação face a face. A tecnologia, porém, quando gerenciada de maneira adequada, pode tornar a vida de trabalho mais produtiva e mais agradável.

De fato, associar trabalho presencial e trabalho remoto pode criar o melhor de todos os mundos possíveis, evitando os perigos do "presenteísmo" (simplesmente estar presente no escritório para manter as aparências, sem fazer nada) e criar condições para o aumento da produtividade. Como diz Monideepa Tarafdar, professora da Escola de Gestão da Universidade de Lancaster, "o trabalho flexível e as rotinas 'sempre ligadas' tornaram o tradicional dia de trabalho de nove às cinco menos significativo...Talvez o uso de tecnologia que possibilite o fluxo contínuo de tarefas significativas – relacionadas ou não com o trabalho – seja mais benéfico para o bem-estar e a produtividade dos gestores do que este tipo de divisão rígida" (TARAFDAR, 2016).

Virgin, sobre o ridículo

Sir Richard Bronson talvez não represente a xícara de chá de todos, nem o guru gerencial de todos. Em relação à questão de trabalho flexível, no entanto, e em relação ao uso de novas tecnologias para conseguir os melhores resultados, ele demonstra muito bom senso.

Eis como ele resumiu o que acha a esse respeito, numa postagem em blog sobre o memo "Volte ao escritório!", do Yahoo:

> Se você fornecer a tecnologia certa para facilitar relacionamentos, manter comunicação regular e alcançar o equilíbrio certo entre trabalho remoto e trabalho presencial, as pessoas se sentirão motivadas a trabalhar com responsabilidade, com rapidez e com alta qualidade. A vida de trabalho não mais se resume ao esquema 9-5. O mundo está conectado. As empresas que não aderirem a essa nova realidade perderão a vez (BRANSON, 2013).

Falou e disse, Sir Richard. E, a propósito, dois anos depois desse memo do Yahoo, muitos empregados da empresa continuaram trabalhando em casa. A nova regra nunca pegou. As pessoas são mais inteligentes do que isso.

MITO 40

QUEM PRECISA DE EMPREGADOS?
ENGAJE-SE NA ECONOMIA DO BISCATE

Se é para ser empregador, seja empregador.
Ofereça salários e benefícios dignos.
Não enrole, nem finja que os trabalhadores são autônomos.

A consultoria Accenture a denomina "força de trabalho líquida". Eles preveem que 43% da força de trabalho dos Estados Unidos será de trabalhadores autônomos em 2020. E numa sucessão de afirmações exageradas, de tirar o fôlego, eles tentam descrever esse admirável mundo novo sem empregados (ACCENTURE, 2017): "Em dez anos, veremos uma nova empresa Global 2000, sem empregados em tempo integral, fora da suíte dos CEOs", proclama a Accenture. "A força de trabalho líquida rapidamente se transforma no novo normal de como se organizam as empresas", esclarecem. "Os métodos tradicionais não podem acompanhar o ritmo da mudança na Era Digital", acrescentam. Precisamos "otimizar a reatividade da força de trabalho, com análises imaginosas que forneçam uma visão em tempo real das capacidades da organização".

Nossa! Então: fora os empregados, é isso? Vai devagar. O agito foi longe demais. O mercado de trabalho está mudando, e a natureza de alguns cargos regulares também está mudando. Nem tudo, porém, virou de cabeça para baixo, da maneira como algumas consultorias gerenciais estão alardeando por aí.

Algumas coisas mudam, outras continuam as mesmas

A discussão na mídia está apinhada de vaticínios bombásticos sobre a chamada *gig economy*, acarretando a ascensão do trabalho autônomo, a expansão dos contratos de zero horas, e o fim do emprego permanente como opção viável. No entanto, como mostra a Pesquisa da Força de Trabalho no Reino Unido (UK Labour Force Survey), da Agência de Estatísticas Nacionais (Office for National Statistics), quatro em cada cinco trabalhadores, em tempo integral ou em tempo parcial, são empregados com contrato por prazo indeterminado, ou contrato padrão. Sim, no total de 4.7 milhões, há muito trabalhador autônomo na economia do Reino Unido; como proporção do total de trabalhadores, porém, o aumento foi de apenas 3% em comparação com 1986. Sim, os contratos de zero horas no Reino Unido equivalentes à nova modalidade de contrato de trabalho intermitente no Brasil, previsto na Lei 13.467, de 13 de julho de 2017 (Lei da Reforma Trabalhista), tornaram-se mais frequentes, mas ainda não chegam a um milhão, numa força de trabalho de 32 milhões. De acordo com dados de uma pesquisa de 2013 realizada pelo Chartered Institute for Personnel and Development (CIPD), constata-se nível de satisfação razoável em relação a essa modalidade de contrato de trabalho por parte dos empregadores e empregados.

O termo *gig economy*, em inglês, algo como "economia do biscate", ou "economia do bico", tem sido muito usado e abusado. Tudo depende, realmente, do tipo de *gig* ou "biscate" de que estamos falando. Alguns são bem remunerados e, provavelmente, bastante civilizados – consultores de gestão (eles, novamente), designers, escritores, especialistas em TI, e assim por diante. Outros – motoristas de entrega, cuidadores de pessoas, entregadores ciclistas, motoristas de táxi, entregadores de comidas – estarão em situações muito diferentes. É difícil quantificar o tamanho dessa parte da economia. A terminologia e a situação legal dos trabalhadores dessa categoria é controversa e em mutação. Muitos trabalhadores na ponta mais mal paga desse setor são classificados, erroneamente, como autônomos, mesmo quando dependem totalmente de uma empresa como fonte de renda, são obrigados a usar uniforme e recebem instruções sobre o que fazer, por um aplicativo de internet da empresa. A evasão legal de declarar que esses trabalhadores são autônomos poupa a essas empresas muito dinheiro em tributos e encargos, mas é indecorosa. É errada. É uma maneira desonesta de impulsionar os lucros.

Durante muitos anos, os empregadores alardearam que as pessoas são "seu principal ativo". A verdade é que apenas algumas pessoas têm sido consideradas ativos pelas empresas. Alguns empregadores deixam muito claro que têm "pessoas que fazem a diferença" e "pessoas que não fazem a diferença", como disse o ex-diretor de RH do grupo de supermercados Morrisons, Norman Pickavance. O advento da *gig economy,* ou "economia do biscate", tornou esse tipo de estratificação no mercado de trabalho ainda mais notório. Daí as alegações da Accenture sobre o surgimento inevitável de uma empresa global "sem empregados em tempo integral, fora da suíte dos CEOs".

Empregador virtual, nem sempre virtuoso

Evidentemente, a nova flexibilidade possibilitada por aplicativos é importante, e oferece opções atrativas para algumas empresas, trabalhadores e clientes. O problema surge quando os empregadores tentam se esquivar das responsabilidades de ser empregador. Eles estão satisfeitos em reduzir seus custos, mas não cumprem o dever de fornecer os benefícios legais: faltas por doença, férias remuneradas, salário-maternidade, e assim por diante. Às vezes, deixam de pagar até o salário-mínimo, em razão dos custos que não raro impõem aos trabalhadores, ou (como no caso de cuidadores, por exemplo) pagando somente 15 minutos como tempo de deslocamento, que, no entanto, pode ser de 30 minutos ou mais). Portanto, para receber o pagamento correspondente a 8 horas de trabalho o trabalhador precisa trabalhar 12 horas.

O trabalho envolve altos custos para qualquer negócio. Se uma empresa, porém, precisa de pessoal e contrata trabalhadores, por que não fazê-lo de maneira decente e apropriada? O "contrato psicológico" entre as partes sempre envolve pressões recíprocas, em condições normais, quando ambas correspondem às expectativas uma da outra. Ao se esquivar das obrigações para com os trabalhadores, mediante fraude e elusão (abuso de forma), os empregadores comprometem a confiança e geram indisposição. Nessas circunstâncias, a qualidade dos serviços aos clientes sofre as consequências – o que é muito perigoso para qualquer negócio, numa época de competição crescente.

Seja humano

As empresas e as organizações, mesmo as muito pequenas, não são, em geral, virtuais. São reais. Elas têm marcas, produtos e serviços, reputação e cultura. E, de regra, elas também têm, e continuarão a ter, empregados. Essa é uma das razões pelas quais a gestão continua importante. Não há como terceirizar a responsabilidade pela boa gerência de pessoas.

Se você estiver tentando construir um negócio, será preciso contratar pessoas, mais cedo ou mais tarde. Trata-se de necessidade e responsabilidade profundamente positivas e éticas. As pessoas precisam de trabalho, e gerar trabalho é construtivo e impositivo.

Seja tão flexível quanto possível. Mantenha os custos fixos baixos. Mas, de modo algum, pelo amor de Deus, não se deixe levar pelo mito de que os empregados não são mais necessários, e que o conceito de trabalho humano pode se dissolver numa visão diáfana de um futuro utópico, que talvez venha a ser distópico.

As pessoas não são etéreas, são de carne e osso. Contrate pessoas. Cumpra suas obrigações legais e morais. Você se surpreenderá com os resultados.

MITO 41

AS PESSOAS ODEIAM MUDANÇAS

Não é verdade que "as pessoas odeiam mudanças".
Será que você comprou roupas novas recentemente?
Ou mesmo um carro novo? As pessoas odeiam mudanças
desnecessárias, impostas de cima para baixo.

De todos os mitos e clichês sobre a dificuldade de gerenciar pessoas, um deles talvez seja mais duradouro do que qualquer outro. Em geral, ele é murmurado com um gesto de reconhecimento e resignação, em apenas poucas palavras. E essas palavras são: "As pessoas odeiam mudanças".

Ah, sim, pessoas. Elas são complicadas, não são? Sempre contestando e criando caso. Para começo de conversa, elas deveriam ser gratas por terem trabalho.

O mau gestor de mudanças sempre culpa o próprio pessoal. A esta altura, porém, depois de todas as experiências por que já passaram as organizações ao tentarem introduzir mudanças, a situação realmente deveria ser um pouco melhor.

Congelamento profundo

Desde a década de 1940, quando o psicólogo Kurt Lewin (1947) explicou como as organizações tinham, primeiro, que "descongelar", depois mudar, e, por fim, congelar de novo, em nova forma, os gestores vêm tentando compreender como promover mudanças bem-sucedidas e duradouras. Essas ideias surgiram em um mundo que, provavelmente, evoluía de maneira um pouco mais lenta e constante do que hoje. A mudança era um processo episódico formal, em comparação com o ritmo de hoje, mais acelerado, ou, à primeira vista, quase contínuo. Afinal, agora, sempre nos dizem que "a única constante é a mudança". (Não é verdade, mas, quando se ouve pela primeira vez, parece inteligente. É o tipo de coisa que os palestrantes altamente remunerados cobram caro para dizer.)

Em tempos mais recentes, John Kotter, professor da Harvard Business School, propôs um modelo para a gestão da mudança que se revelou extremamente influente. Seu processo de oito passos, apresentado, pela primeira vez, em seu livro *Leading Change*, 1996 (ed. bras. *Liderando Mudanças*, trad. Afonso C. da C. Serra, 2017) é conhecido de muita gente, embora nem sempre com as mesmas palavras:

1. Crie o senso de urgência.

2. Construa uma coalizão orientadora.

3. Desenvolva a visão estratégica.

4. Comunique a visão da mudança / arregimente um exército de voluntários.

5. Elimine as barreiras / empodere os empregados.

6. Gere vitórias de curto prazo.

7. Consolide a mudança e crie mais vitórias.

8. Ancore novas abordagens na cultura.

Como você vê, é muito simples, mas não é fácil.

E quanto aos trabalhadores?

Até agora, tudo muito lógico. Mas, evidentemente, a lógica é apenas parte do processo de mudança bem-sucedido. Como observou o professor Dan Cable (2012), da London Business School (LBS), estruturas de programas de mudança, como a de Kotter, são agora tão conhecidas que os empregados as veem a caminho. E talvez eles não considerem encorajadoras as perspectivas de mais uma "iniciativa de mudança".

"Os trabalhadores são hoje mais céticos e mais questionadores do que em qualquer outra época", disse ele à revista LBS, em 2012.

"É uma força de trabalho mais sofisticada, mais cética, mais educada, enfim, mais sintonizada e mais ligada, em grande parte porque muita gente agora está sendo iluminada pela internet e pelas redes sociais. Muitos trabalhadores, hoje, já conhecem os novos modelos de mudança, como o de oito passos, de John Kotter, melhor do que seus líderes. Os trabalhadores de hoje já passaram por tantas 'iniciativas de mudança' que mudança virou palavrão."

Há outro problema com a ossatura seca do programa de oito passos. Se não for aplicado com destreza, talvez ele deixe pouco espaço para os trabalhadores se manifestarem, participarem e se engajarem. Talvez não haja tempo suficiente para a "adesão" emocional e intelectual. Para que ele seja eficaz em todos os estágios, é preciso dar tempo, espaço e estímulo para discussões e contribuições.

As pessoas gostam da mudança

O psicólogo Rob Davies às vezes pergunta aos participantes de seus programas de treinamento se eles gostam da mudança. E em seguida indaga: "Quantos de vocês mudaram de casa recentemente, a redecoraram, ou compraram um carro novo?", e quase todos levantam a mão. Portanto, as pessoas aceitam a mudança, e até a procuram. O que rejeitam é a mudança insensata e arbitrária, a mudança que lhes é imposta sem um processo de consulta eficaz, a mudança que não faz sentido ou piora a situação. Por certo, às vezes se ouvem reclamações do tipo "Será que vocês podem devolver o meu computador?". Com o tempo, porém, a maioria das pessoas se adapta muito bem às novas tecnologias, ou às novas formas de trabalho.

Senso de urgência

Quando John Kotter retornou ao tema da mudança, dez anos depois do lançamento de seu livro best-seller sobre a questão, ele contou uma história mais simples (KOTTER, 2008). Ela se resumia em que, dos oito passos que ele havia descrito em seu programa original, o mais importante era o primeiro: criar (e manter) o senso de urgência. Sem essa urgência, os programas de mudança fracassariam. E essa percepção devia ser desenvolvida desde o início.

O argumento dele, porém, era mais sofisticado do que parece à primeira vista. Urgência não significa necessariamente velocidade, nem sair por aí batendo com a cabeça na parede de maneira irrefletida. Em vez disso, os gestores precisam cultivar a "paciência urgente" – a capacidade de transmitir o senso de propósito e a percepção de impulso, sem criar pânico, nem estimular atividades frenéticas, ineficientes e perdulárias.

Paciência urgente, escreveu, significa "agir todos os dias com senso de urgência, mas preservando a visão realista do tempo. Implica reconhecer que cinco anos talvez não seja muito para alcançar objetivos importantes e ambiciosos, e, no entanto, começar a trabalhar todos os dias empenhado em aproveitar todas as oportunidades para avançar rumo a esses objetivos".

Somente a paciência urgente pode expulsar a complacência que bloqueia a mudança proveitosa e necessária, diz Kotter. E ele sustenta a ideia de que o engajamento emocional é tão importante quanto o argumento racional. "A complacência... é, geralmente, menos uma questão de análise consciente e racional do que uma emoção inconsciente... Esse ponto é extremamente importante, porque as pessoas geralmente tratam a complacência como um estado mental que pode ser mudado somente com 'fatos frios e duros'."

Todos precisamos perceber a necessidade da mudança, diz Kotter, e reconhecer os passos a serem dados por cada um. "A complacência é um sentimento da pessoa em relação aos próprios comportamentos, sobre o que ele ou ela deve ou não deve fazer", acrescenta. "Este ponto também é extremamente importante, porquanto é possível ver os problemas e, mesmo assim, manter-se espantosamente complacente, por não sentir que os problemas exigem mudanças nas próprias ações."

Todos por um e um por todos

A mudança precisa ser um esforço de equipe, não algo que seja imposto ou liderado somente de cima para baixo. Como diz o professor Cable, da LBS, "A ação coletiva tem que envolver mais do que o iate do líder; tem que cultivar o senso comum de propósito. E se o líder não for capaz de instilá-lo na equipe, é improvável que muita gente se empenhe em promover uma mudança comum sustentável".

Lembre-se: as pessoas não odeiam a mudança. Elas podem enfrentá-la, e a enfrentarão – até a curtirão – se você lhes der uma chance... e lhes der voz no processo.

MITO 42

O *BIG DATA* CONSERTARÁ TUDO

*Cuidado com a solução (tecnológica)
simples para todos os nossos problemas.
Mais e melhores dados podem ajudar,
mas eles não eliminarão a necessidade de julgamento.*

Um dito popular gerencial, geralmente atribuído a W. Edwards Deming, o guru da qualidade, lembra: "Em Deus acreditamos – todos os demais devem trazer dados". Boa lembrança. Numa era de "política da pós-verdade", *fake news*, e redes sociais frenéticas e descontroladas, insistir em informações exatas e factuais é contribuir com o seu quinhão para os valores do Iluminismo. Boatos e rumores não são dados. Decisões difíceis e complexas devem se basear em evidências, não em meros caprichos e preconceitos.

Com efeito, a única controvérsia sobre dados, até certo ponto, é se ele deve ser considerado substantivo singular ou plural (este mito, provavelmente, tentará desfocar um pouco essa distinção). O que nós queremos? Fatos. Quando os queremos? Agora.

Nada em gestão, evidentemente, mantém-se assim tão simples durante muito tempo. Dados aparentemente incontroversos sucumbiram à maldição inevitável dos modismos gerenciais (ver Mito 37). Por isso é que a mitologia do *big data* se expandiu, e tivemos de escrever os parágrafos seguintes.

177

Ok, computador?

É fácil zombar de Thomas Watson Jr., ex-chefão da IBM, por sua suposta afirmação (que teria sido feita em 1943) de que havia um mercado mundial "para talvez cinco computadores". É possível que ele tenha subestimado a demanda popular por grandes máquinas de dados ou talvez exagerado a sua capacidade de processamento potencial. Essa citação apócrifa, porém, é um lembrete de que algumas das previsões já feitas sobre TI, mesmo aquelas oriundas de pessoas pertencentes ao âmago do setor, nem sempre são confirmadas pela realidade.

Portanto, tudo tem a ver com dados, ou melhor, *big data* – onde o acréscimo do adjetivo *big* (grande) é a pista de que o modismo fez outra vítima. Evidentemente, o aumento na capacidade de processamento possibilitou o acúmulo de vastos conjuntos de dados. As análises de regressão podem detectar padrões e conexões que, a olho nu, dificilmente seriam detectados. A grandeza pode ser impressionante. A quantidade, em si, tem qualidades próprias, dizem.

Também é verdade, no entanto, que, "quando você tortura os dados com persistência suficiente, eles confessam tudo". E quando as pessoas confiam demais nos conjuntos de *big data* e ignoram a necessidade de julgamento, as coisas podem dar errado.

"Já participei de muitas reuniões de Conselhos de Administração em que todos nos debruçávamos sobre planilhas, com massas de dados", diz Margaret Heffernan (ver toda a entrevista no Apêndice 7). "Acho que ninguém compreendia o que os dados estavam dizendo. E, então, o que faziam era pedir mais dados... Os dados se converteram em álibi fantástico. E hoje podemos gerar tantos dados que até nos afogamos neles, como ocorre com a maioria dos usuários."

Margem de erro

Os últimos dois anos de incertezas políticas devem ter confirmado até para os fãs mais fiéis do *big data* que, às vezes, aquela massa de números com aparência tão confiável pode decepcioná-lo. Em 2015, não havia como o Partido Conservador pudesse conquistar a maioria do Parlamento inglês nas eleições gerais daquele ano no Reino Unido, de acordo com os dados sobre intenções de voto. Mas eles se tornaram majoritários. Um ano depois, quando algumas empresas de pesquisas de opinião pública confiáveis declararam que o campo do "Fica", no referendo do Reino Unido sobre a permanência do país na União

Europeia, estava nitidamente na frente – até havia quem afirmasse que a vantagem seria de 10 pontos percentuais – foi efetivamente o lado do "Sai" que venceu, com margem de 4 pontos percentuais. Até que, em novembro de 2016, ocorreu o mais dramático e imprevisível de todos os desfechos, a "invencível", a "insuperável" Hillary Clinton também perdeu, contrariando as afirmações de quase todos os especialistas em opinião pública (sustentados por conjuntos de dados exorbitantes). É verdade que a previsão de que ela conquistaria a maioria dos votos se revelou correta. Mas os conjuntos de *big data* não indicaram que, nos lugares mais importantes, Donald Trump estava conseguindo melhores resultados. Finalmente, as eleições gerais do Reino Unido em 2017 também mostraram que a maioria das pesquisas de opinião pública fez previsões absolutamente erradas.

As pesquisas de opinião, com o objetivo de descobrir as intenções de voto dos eleitores, talvez não sejam ciência pura. O voto é questão altamente pessoal, e, talvez, nem sempre as pessoas definem com antecedência as verdadeiras intenções de voto, sendo mais provável que, por ocasião das pesquisas, ainda não tenham decidido ou até prefiram não revelar suas preferências. E, evidentemente, os eleitores podem mudar de opinião depois de terem respondido às pesquisas, e assim por diante. Os psefologistas, especialistas no estudo e análise científica das eleições, há muito reconhecem que os números nas pesquisas de opinião contêm uma margem de erro de, talvez, aproximadamente 3 pontos percentuais, desde que a amostra de eleitores tenha sido representativa.

Será que é justo escolher pesquisas de opinião pública como exemplo de que o *big data* nem sempre é totalmente confiável? Dificilmente. As empresas que executam essas enquetes de intenção de voto são, na verdade, empresas de pesquisa de mercado, que auferem boa parte da receita realizando pesquisas sobre consumidores e produtos. (As pesquisas sobre intenções de voto em eleições não são muito lucrativas: elas são feitas em razão do próprio marketing das pesquisadoras). Mas daí se conclui que os gestores não devem ter muita confiança ou fé nos dados das pesquisas de mercado. Como ter certeza de que os clientes estão dizendo realmente o que pensam? Os clientes de Henry Ford não sabiam que talvez quisessem comprar um carro, e os clientes da Sony ignoravam que talvez desejassem adquirir um som estéreo.

O que tudo isso nos indica sobre nossa dependência crescente em relação ao *big data*? Quais são as advertências confiáveis de que devemos nos lembrar? Para começar, os métodos qualitativos, usados com cuidado, podem ser tão ou mais reveladores do que os conjuntos de *big data*. Mas, acima de tudo, é preciso ter em mente que sempre precisamos aplicar nossa capacidade de julgamento. Isso significa recorrer à experiência, à inteligência, à imaginação e, sim, aos sentimentos entranhados, ou instintos.

Big data e big hunch, ou Grande Intuição

O antropólogo John Curran gosta de dizer que, embora o *big data* seja importante, o *big hunch* não deve ser desprezado. Ele pratica o que denomina *deep hanging out* ("convivência profunda") com seus sujeitos de pesquisa, em contextos formais e informais, estudando seus comportamentos e fazendo perguntas, em nome de seus clientes comerciais. O método não gera um conjunto de *big data*, mas pode facilitar situações realmente valiosas, que não foram percebidas antes, e que não seriam detectadas em enquetes de massa comuns.

A afirmação ainda é verdadeira: lixo que entra é lixo que sai. As grandes pretensões em relação ao *big data* devem ser testadas. Os algoritmos não são perfeitos. Eles cumprem as instruções dos programadores, e os programadores têm seus próprios vieses (preconceitos) e cometem erros. Os números em si, apresentados sem qualquer filtro humano, nem sempre significam alguma coisa. Uma observação famosa (geralmente atribuída a Einstein, mas, de fato, feita pela primeira vez pelo sociólogo William Bruce Cameron), adverte: "Nem tudo com que você pode contar conta e você não pode contar com tudo o que conta".

No filme *A mesa do diabo,* de Norman Jewison (1965), Edward G. Robinson e Steve McQueen superam todos os outros jogadores de pôquer, em torno da mesa, pelo discernimento e ousadia. Outro jogador, que usava tabelas de probabilidades matemáticas, deixa a mesa desgostoso (e mais pobre), espantado com os riscos aparentemente irracionais assumidos pelos dois protagonistas. Porém, McQueen ("o garoto") e Edward G. (Lancey, "o homem") sabem o que estão fazendo. Eles conhecem os limites do *big data*. Eles sabem quando confiar e usar o próprio julgamento.

MITO 43
O ESCRITÓRIO CONFORTÁVEL AUMENTA A CRIATIVIDADE

"Cultura é uma coisa, verniz é outra", como Ralph Waldo Emerson dizia. Pufes não compensam a má cultura organizacional.

Patinetes. Fliperamas. Pufes. Totós. Essas coisas não foram suficientes para salvar dezenas de startups durante o miniboom da "Web 1.0", na virada do milênio. Por certo, até surgiram alguns ambientes de trabalho divertidos. Eram lugares legais para ficar. Mas as leis inflexíveis dos negócios não podiam ser transgredidas. Sem receita – vendas – não se tem negócio. É até possível que algumas startups da Web 1.0 tenham sido criativas, mas elas também enfrentaram a destruição criativa. Era hora de cair fora, à tardinha, e procurar outro emprego.

As empresas alcançam o sucesso quando têm modelos de negócios robustos, sustentáveis e adaptáveis, apoiados por uma cultura igualmente robusta e adaptável. É importante que o pessoal esteja satisfeito e motivado. Mas, para tanto, não bastam móveis e utensílios.

Estou feliz da vida!!

Algumas das altas expectativas em relação aos "escritórios panorâmicos" não se concretizaram. A ideia por trás da remoção das divisórias e da abertura dos espaços, sem os cubículos opressivos, era boa. Que entrem o ar e a luz. Desafiar as hierarquias rígidas com áreas de trabalho mais generosas e igualitárias.

No entanto, os escritórios mais barulhentos e mais movimentados também podem ser dispersivos. A exposição do computador ao olhar do público pode inibir, em vez de estimular o trabalho criativo. O espaço pessoal pode ser invadido. E a necessária privacidade talvez seja difícil de alcançar.

Chefes bem-intencionados podem investir em cadeiras e poltronas melhores, tecidos e quadros mais vistosos. E tudo isso pode elevar o moral, mesmo que apenas por algum tempo. Há quem associe, equivocadamente, felicidade no trabalho à estética do contexto físico, mas essa associação indevida pode ignorar fatores mais importantes, como segurança no emprego, remuneração justa, tratamento digno e satisfação no trabalho. Com efeito, um estudo da Sociedade para a Gestão de Recursos Humanos (2016) descobriu que a remuneração, as perspectivas, a confiança e o respeito pelos sentimentos são os fatores que mais contribuem para a felicidade dos empregados. Como, porém, não é possível tirar fotos da segurança no emprego, e semelhantes, o *design* do escritório às vezes fica com os créditos.

Ao mesmo tempo, pouco se questiona que o ambiente adequado *tende* a ajudar as pessoas a dar o melhor de si. O doutor Jim Goodnight, fundador e CEO da SAS, empresa americana de alta tecnologia, compreendeu há muito tempo que oferecer um ambiente de trabalho confortável ajuda os empregados a trabalhar melhor (Stern, 2005). Ele foi um dos primeiros empregadores a oferecer os chamados serviços de concierge (lavanderia, salão de beleza, e outros) no trabalho. Gigantes da tecnologia, como Google e Facebook, seguiram o exemplo.

Sente-se mesmo debaixo da macieira

A última palavra em ambiente de trabalho de alta tecnologia foi criada, evidentemente, pela Apple, em Cupertino, Califórnia. No *Financial Times*, Lucy Kellaway (2017) saudou o novo edifício como realização de gente grande. Sim, é moderno, luminoso e belo, mas também não tem aquelas frivolidades da Web 1.0, que se revelou, ao mesmo tempo, fator de dispersão e beco sem saída. No entanto, ao custo de US$ 5 bilhões, como se comenta, ele deveria ser uma construção no mínimo razoável. Seja como for, ele se destacará, ao longo dos anos, como um monumento em honra a Steve Jobs.

Relacionamentos – são simples e complicados

As pessoas, em geral, precisam estar bastante próximas umas das outras para trabalhar bem juntas. O excesso de proximidade da espécie errada, porém, pode se tornar um obstáculo. Portanto, embora os eventos sociais no trabalho possam e devam ser estimulados, muita intromissão na vida privada dos colegas deve ser evitada.

As pessoas também devem sair mais. Mike Bloomberg, o bilionário fundador da empresa de notícias homônima, incentiva os empregados a sair do escritório na hora do almoço e gastar algum tempo (e dinheiro) na comunidade local onde trabalham, em vez de ficarem presos na "gaiola de ouro" de um escritório confortável e elegante, com boa comida. A nova sede da Bloomberg, em Londres, que teria custado coisa de £ 1 bilhão, tem uma "copa" que fornece lanches, mas não tem refeitório para o pessoal.

O sucesso do ambiente de trabalho depende, no final das contas, da qualidade dos relacionamentos pessoais. Limpeza e conforto são, em termos literais e metafóricos, fatores higiênicos. Só esses aspectos, porém, têm pouco a ver com a produtividade. Isso depende, basicamente, das competências das pessoas que você emprega, e de como são gerenciadas e do trabalho que executam.

Pense dentro do quadrado

Os ambientes de trabalho devem ser seguros e civilizados. Também precisam ser tão confortáveis quanto possível. Não é bom que você se arraste a caminho do trabalho e dentro do escritório. A luz natural (e o uso inteligente de luz artificial) são muito importantes. "Gratuita" (ou subsidiada), a boa alimentação pode melhorar o moral. Essas coisas, no entanto, não constroem uma cultura fecunda, nem tornam as pessoas mais criativas.

Em última instância, o que conta é a qualidade da gestão. Será que as pessoas estão sendo apoiadas e desafiadas, orientadas e encorajadas, desenvolvidas e inspiradas? É na gestão, estúpido, não nos pufes, que você deve pensar.

MITO 44

SÓ 44 COISAS PODEM DAR ERRADO

Fragilidade, teu nome é... gestão! Somos todos falíveis e cometeremos erros. Mas podemos melhorar e fazer melhor.

Você estava esperando um final feliz? Você foi direto à última página, na expectativa de encontrar uma lista com marcadores sugerindo alguns passos para o sucesso, à prova de tropeções, para o sucesso na gestão e na carreira? Desculpe desapontá-lo. Não há soluções simples para o desafio permanente de gerenciar pessoas. Só há prática, experimentação, aprendizado, desenvolvimento e execução.

Foi o que tentamos mostrar nas páginas precedentes. Gestão é uma tarefa humana e, como tal, está sujeita a erros. Sem dúvida, há muitas coisas ainda não imaginadas que as máquinas podem fazer e farão por nós. Mas, por enquanto, e ainda por muito tempo, pessoas tomarão as decisões que nos afetam no trabalho. E, enquanto for assim, a gestão – essa atividade humana, essa arte liberal – será, na verdade, muito importante.

E, finalmente...

Acima de tudo, exortamos os gestores a serem bravos, a desafiar os mitos que tentamos expor, a assumir riscos, a experimentar novas coisas, e a civilizar o mundo do trabalho, tanto quanto possível. Passamos grande parte da vida no trabalho. O mínimo que os gestores podem fazer é tornar essa experiência tão produtiva, tão vitoriosa e tão recompensadora quanto possível.

Isso significa demonstrar respeito mútuo, ter altas expectativas pelo que as pessoas podem realizar e manter altos padrões. Significa sair do escritório, deixar de lado o smartphone e efetivamente ouvir as pessoas. Significa ser otimista. Significa manter o senso de proporção.

Não é fácil ser gestor. Ser bom gestor é ainda mais difícil. Mas precisamos nos empenhar em fazer o trabalho tão bem quanto pudermos: mobilizando recursos, encorajando as pessoas a crescer e melhorando a qualidade de tudo o que fazemos. A gestão, no final das contas, é a nossa melhor esperança para o futuro. Precisamos tentar melhorar a gestão.

APÊNDICES

CONVERSA AO PÉ DA LAREIRA COM NOTÁVEIS PENSADORES DA GESTÃO

Apêndice 1

Charles Handy

Charles Handy é autor de vários best-sellers, como *The Age of Unreason, The Empty Raincoat, The Hungry Spirit,* e, mais recentemente, *The Second Curve*. Ele é o comentarista de gestão mais influente do Reino Unido (embora seja irlandês de nascimento). Em parceria com a esposa, Elizabeth (também autora, e fotógrafa), ele continua a viajar, dar palestras e escrever, encontrando público fiel em todo o mundo.

Se eu lhe digo a palavra "gestão", como você reage?
CH: Estremeço. Não gosto de ser gerenciado. Não acho que sou diferente de qualquer outra pessoa. Veja bem, eu não me importo de gerenciar! Talvez eu não tenha sido claro. As pessoas não gostam de ser gerenciadas... e talvez elas estejam certas.

A gestão, na verdade, tem a ver com coisas, não com pessoas. Envolve sistemas. Se você vai a uma organização de serviços profissionais, onde as pessoas são os fatores mais importantes – um escritório de advocacia ou um consultório médico –, os gestores são as pessoas que cuidam das coisas – os serviços de transporte, os serviços de tecnologia, e assim por diante. Acho que o termo "gestão" se aplica a sistemas, à infraestrutura das organizações, à maneira como as coisas funcionam.

Mas as pessoas... elas precisam ser lideradas, persuadidas, envolvidas, ou qualquer outro termo que preserve algum tipo de independência, alguma escolha. Já na gestão, se você trata as pessoas como coisas, se você as encaixa em pequenos escaninhos onde devem fazer o que lhes dizem, elas se tornam parte do sistema, e é por isso que elas não gostam da gestão.

Por isso, peço-lhe o favor de não usar a palavra gestão, na minha presença, para se referir a pessoas, porque logo estremeço.

Assim sendo, o bom gestor cria espaço, preocupa-se com o sistema, para que o sistema não atrapalhe as pessoas?

CH: Isso mesmo. O gestor estabelece as condições, configura a infraestrutura, define as normas, na medida em que são necessárias, mas, por favor, que não tente gerenciar pessoas. O gestor deve trabalhar com pessoas e gerenciar coisas.

As pessoas não compreendem a suposição dos gestores de que o trabalho deles seja alinhar as pessoas, seja gerenciar o comportamento das pessoas; elas acham simplesmente que isso é contraproducente. Sem dúvida, mude as condições em que as pessoas trabalham. Mas, por favor, não tente mudar as pessoas.

Quando eu trabalhava na Shell, num grande escritório central, havia uma placa de bronze afixada no lado de fora da porta da minha sala com o título da minha seção, que era "Coordenação de Marketing – Europa – Região Mediterrânea", estampado no metal. Abaixo, havia uma pequena fenda onde afixar um cartão com o meu nome e cargo, que pudesse ser substituído a qualquer momento, o que deixava claro que eu era apenas parte do sistema. Lá eu tinha uma descrição de cargo com três páginas, definindo o que eu devia fazer, e como fazer. No final, a descrição de cargo delimitava a minha autoridade: "Efetuar despesas, sem aprovação superior, até o máximo de 10 libras". Essa era a minha margem de manobra. Portanto, eu estava sendo gerenciado, tanto quanto o meu cargo era gerenciado. Logo: gerencie o cargo, mas não gerencie a pessoa. Dê-lhes liberdade e, pelo amor de Deus, possibilite que façam alguma coisa interessante nesse espaço que você criou para elas.

Não há espaço para as pessoas fazerem bom trabalho?

CH: Por isso é que 75% das pessoas nas organizações não estão de modo algum comprometidas com o trabalho na organização. Elas nem sempre estão infelizes, mas, como me disse um CEO na França, "Meu pessoal comparece ao trabalho pensando na hora de voltar para casa, levando o salário com elas, mas não deixando nada delas no trabalho".

Acho isso muito triste. Por isso é que às vezes digo que as organizações são prisões para a alma humana. Porque as pessoas estão sendo gerenciadas, em vez de serem tratadas como companheiras de trabalho. Logo, mais uma vez, gerencie o sistema, gerencie a infraestrutura, gerencie o trabalho, mas não gerencie a pessoa.

Ninguém diz isso aos novos gestores, ou diz?
CH: Demos à gestão essa grande ideia de poder, e, como digo, as pessoas não gostam de ser gerenciadas, mas, quando se tornam gestores... uau! Passamos a ter muita gente para gerenciar.

As palavras são muito mais importantes do que se supõe. Caso você cultive a disciplina de não usar o termo "gerenciar", o resultado será muito interessante.

Quando você entra em organizações onde as pessoas são valorizadas, você pouco ouve esse termo. Você não entra no consultório de um cirurgião e pergunta: "Onde está o gerente?" Um dos problemas do Serviço Nacional de Saúde é terem criado esse cargo terrível intitulado "gerente". Em vez de gerenciarem os sistemas, eles começam a chefiar as pessoas. Os médicos especialistas, as pessoas poderosas que fazem o trabalho, não gostam disso.

Os gestores são contraproducentes?
CH: Se, no futuro, você gerenciar robôs ou sistemas de computador, as coisas talvez melhorem... talvez ser gerenciado por um algoritmo seja melhor...! Se o *feedback* vier de uma máquina, talvez pareça mais fácil.

Será que o tamanho da empresa é parte do problema aqui?
CH: Sim. O professor Dunbar expôs a ideia de que 150 pessoas era o máximo com que seria possível manter relacionamentos numa comunidade. Ele propôs outro esquema de múltiplos de três que achei interessante. Provavelmente você inclui entre seus melhores amigos o máximo de cinco pessoas, que lhe emprestarão dinheiro sem lhe fazer perguntas. Em seguida, há outras 15 pessoas com quem você gosta de passar algum tempo. Também é possível que você conheça outras 45 pessoas com quem costuma jantar e, provavelmente, 135 pessoas que

componham sua lista de cartões de Natal, se você ainda tem o hábito de enviá-los, ou são seus amigos no Facebook.

Portanto, eu diria que 135 pessoas talvez seja o tamanho máximo de qualquer unidade numa organização, porque, pelo menos, é possível saber o nome delas. Provavelmente, 45 seja a quantidade de pessoas em quem você pode confiar que farão o trabalho, mesmo na sua ausência, porque você as conhece bem. Prosseguindo, 15 pessoas são as que você escolheria como companheiros de batalha, em qualquer pelotão, e 5 pessoas seriam aquelas com quem você se casaria e moraria sob o mesmo teto. Portanto, se as organizações começam a ter grupos operacionais com números de pessoas superiores a esses, elas precisam sistematizá-las e transformá-las em números.

A horizontalização piorou as coisas? Gerentes com centenas ou até milhares de "subordinados"?

CH: Sim, é absurdo. Não há como conhecer todas essas pessoas. Elas se tornam números. Você só conhecerá realmente umas 45 delas, ou até menos, e esse grupo reduzido se converte em igrejinha ou panelinha, que é a única maneira de enfrentar a situação. Vê-se isso no governo. Os que estão fora da panelinha ficam muito zangados.

Por que, então, não ir direto ao ponto, e dizer que todas as unidades da organização terão 45 pessoas? Teremos, nesse caso, uma proliferação de unidades, que parecerão confusas, o que levará os contadores a reagir: "Por que não juntamos toda essa gente em unidades maiores?" E eu contestarei: "Não, não faça isso, o trabalho deve ser executado em grupos de até 45 pessoas". Os líderes naturais se desenvolverão, os que são qualificados em certas funções específicas importantes.

Ricardo Semler, da SemCo, disse: "Você não precisa de títulos de cargo, todos sabemos a função que você exerce. Imprima os seus próprios cartões de negócios, mas não os use no escritório!".

Conclui-se de tudo isso que o que chamamos educação em gestão...

CH:... é lixo!

Bem, e não trata de nada disso.

CH: Porque é muito difícil de formalizar. Basicamente, as escolas de negócios são instituições de treinamento, não são instituições educacionais. Elas não questionam o convencional, e assim por diante.

Elas treinam pessoas para entregá-las ao cliente final, que são as organizações. E para treinar pessoas você precisa de um manual, você precisa redigi-lo para ter material de ensino. E as escolas de negócios fazem isso de maneira muito criativa, com os estudos de casos, mas é irritante quando você analisa um caso e a turma não dá as respostas certas! E os alunos dizem: "Então, por que você não diz logo quais são as respostas?". É meio que uma charada.

Tentamos replicar a escola de negócios americana (na London Business School), mas não deu certo. Médicos, advogados, contadores – todos têm material de ensino e muita prática dirigida. E é disso que precisamos. Você precisa saber certas coisas, não sobre gestão de pessoas, mas sobre o funcionamento dos negócios, sobre contabilidade, marketing, e assim por diante, e você aprende isso em sala de aula. O verdadeiro lado humano do negócio, porém, você não aprende na escola, é algo que você só pode aprender lá fora, em contato com a realidade, com um mentor por perto... e por que será que não fazemos isso?

Estamos caminhando aos poucos nessa direção, com os cursos em horário parcial, e assim por diante. A única escola de negócios que eu realmente aprovo (e participei do lançamento de três) é a Universidade Aberta, em que os alunos têm mais contato com o mundo real.

Escola de negócios... tentaram converter a gestão em disciplina, de maneira que pudesse ser lecionada como um tipo de ciência, com toda a pesquisa que se fez para testar o que funciona e não funciona, como se fosse ciência; mas não é uma ciência exata, é mais uma ciência humana, como história... o que funciona aqui pode não funcionar lá, porque depende do contexto... a história, aliás, é uma preparação muito boa para a gestão, na tentativa de descobrir por que o que funcionou aqui não funciona lá.

A busca da eficiência?

CH: Sim, mas eles confundem eficiência com eficácia. Dar liberdade às pessoas, no todo, será muito mais eficaz, mas parece confuso. Os contadores não gostam de confusão, e os gestores não gostam de confusão porque gostam de sistemas.

Mas será que almejamos os números errados?

CH: Sim. Quando eu estava na Shell, eu sabia que estávamos lá para vender o máximo de coisas possível para o máximo de pessoas possível – era o número da participação no mercado. Ninguém falava em acionistas! Tínhamos de pagar uma espécie de aluguel [dividendo] pelo uso do dinheiro, mas o mantínhamos o mais baixo possível.

Lembro-me de uma vez em que ouvi Peter Holmes, o ex-chairman da Shell, perguntar a alguns outros líderes de negócios: "Algum de vocês alguma vez se preocupou com o preço da ação?", e eles responderam: "Não, não". E Peter acrescentou: "Eu sei, é ridículo não é, todos esses disparates sobre o preço das ações! Nunca me incomodei com isso".

Nós nos preocupávamos com a fatia de mercado, mas, depois daquele trabalho de Meckling e Jensen e do chamado alinhamento dos gestores com os acionistas, tudo passou a girar em torno de lucros trimestrais e de lucro por ação... nunca, até então, tínhamos falado sobre lucro por ação!

Portanto, os números importam tanto quanto as palavras. E a ideia de que os acionistas são proprietários... simplesmente não reflete a realidade. E o chamado primado dos acionistas é tudo parte disso.

Estamos marcando caixas financeiras, em vez de trabalhar para um propósito?
CH: Isso nos leva de volta para o crescimento. Acho que crescimento é uma preocupação humana. Todos precisamos crescer, mas não queremos crescer gordos. Queremos crescer para sermos diferentes ou melhores. Então, por que será que as organizações sempre querem ficar maiores? Na verdade, sabemos por quê, porque isso lhes dá mais dinheiro ou poder, ou salários, mas também significa que as pessoas se tornam dentes de engrenagem cada vez mais insignificantes. É bom para o pessoal do topo, mas é ruim para todos embaixo.

Outro dia, conversei com alguém que já foi um membro orgulhoso da alta gestão da Alcan, e ele disse que era muito triste. A empresa virou RTZ Alcan; depois foi rebaixada a divisão Alcan da RTZ; em seguida, suprimiram Alcan, para divisão alumínio da RTZ, e, por fim, se acabou. A menção desapareceu. Foi engolida. Muito triste. Muitas pessoas como essa lamentam que a empresa em que trabalharam se foi para sempre.

Eu me lembro do dono de um vinhedo, em Napa Valley, dizendo que queria crescer cada vez mais. Olhei em volta, e perguntei: "Onde?", e ele respondeu: "Não, não em tamanho, quero fazer o melhor vinho. Quero crescer para melhor". Os vinhos dele são muito caros!

Finalmente, o que devemos esperar?

CH: Se formos inteligentes, podemos usar a nova tecnologia para dar às pessoas muito mais liberdade, sem a intervenção dos gestores. Elas podem extrair *feedback* do próprio sistema.

Em Sarawak, na ilha de Bornéu, quando eu trabalhava na Shell, só havia o correio convencional, nada de telex ou telefone, o que me dava privacidade para errar e aprender. De início, foi assustador, mas, no fim, ganhei com a situação. O pessoal em Cingapura não tomava conhecimento dos meus erros porque eu não lhes dizia.

A mesma situação pode acontecer agora: a tecnologia pode liberá-lo da supervisão intrusiva. Receio, porém, que não usemos a tecnologia nesse sentido.

Outro desenvolvimento significativo é que os jovens talentosos podem rejeitar a grande organização e constituir suas próprias entidades independentes. Com 45 pessoas e com a tecnologia certa, no negócio certo, você pode mudar o mundo. As grandes organizações podem enfrentar dificuldade neste novo mundo.

Apêndice 2

Eve Poole

Eve Poole é teóloga, acadêmica e consultora, também autora do livro recém-publicado *Leadersmithing* (além de outros como *Capitalism's Toxic Assumptions* e *The Church on Capitalism*).

Ao ouvir a palavra "gestão", que pensamentos lhe ocorrem? O que ela significa para você?

EP: Acho que ela sugere certa etimologia, alguma coisa que tem a ver com conduzir cavalos, o que é um ponto de partida interessante. Para mim, "gestão" tem conotações muito práticas. Refere-se a mobilizar pessoas para fazer coisas concretas e depois verificar, analisar e ajustar, conforme as necessidades. Portanto, a associação com relatar (prestar contas) também é inequívoca – atividades concluídas, nível de qualidade, custos de execução, *feedback* recebido. Lave e repita. É um processo cíclico. Tarefas, processos e relacionamentos são realmente a Santíssima Trindade da gestão. Logo, é algo fundamentalmente interpessoal, porque conseguir que as pessoas, reiteradamente, façam um excelente trabalho exige competências pessoais primorosas.

O que distingue a liderança da gestão? Nós nos preocupamos demais com a diferença ou corremos o risco de enfatizar demais uma em relação à outra?

EP: Muitos disparates têm sido escritos a esse respeito, e, sob muitos aspectos, é uma distinção artificial basicamente irrelevante. Mas também há algumas diferenças categóricas que matizam um lado ou o outro. Primeiro, é a dinâmica entre pessoas. Se você é gerenciado por alguém, o relacionamento se torna mais ou menos formal. Você executa tarefas para essa pessoa, e, se ela gosta do que você faz, você continua trabalhando para ela e é recompensado pelos resultados. Se não gosta, o seu desempenho passa a ser gerenciado por ela. A expectativa é de um relacionamento estreito, com muitas interações face a face. E o gerente é responsável pelo seu desempenho. Esse arranjo se presta ao foco no dia a dia, na qualidade e no desempenho.

A segunda diferença categórica refere-se aos horizontes. Evidentemente, os gestores devem olhar para fora, ao redor e para baixo, mas, no caso de líderes, o contexto é mais amplo e mais crucial. Reputação, risco, acionistas, *stakeholders* (partes interessadas) – todas essas externalidades no espaço e no tempo devem ser consideradas para proteger o negócio central. Isso envolve obsessão pela cultura, pelo pessoal essencial, pelos contextos e roteiros, e outros multiplicadores que efetivamente garantem o desempenho futuro porque, de várias maneiras, resumem ou destilam a receita e a marca.

Esses dois fatores juntos engendram a terceira diferença categórica, que refere-se à afiliação. Objetivamente, você deve seguir o gestor. É uma das suas atribuições. Consta da sua descrição de cargo. Os líderes, porém, precisam conquistar os seguidores, e não podem exigir engajamento. Portanto, eles precisam desenvolver o senso adequado de jornada e direção, a cultura certa, e comportar-se de maneira certa, para atrair a lealdade voluntária dos seguidores. Evidentemente, como chefes, eles dispõem de poderosas ferramentas psicológicas, mas eles as usam por sua conta e risco, e como último recurso. Além disso, e essa será a minha distinção mais trivial, os líderes precisam ser mestres da percepção, não da realidade. Esta pode acabar se impondo, mas eles trabalham com aquela. Esse cuidado com a percepção exige sofisticação nos gestos e nos símbolos, o que é altamente complexo e pode produzir efeitos colaterais.

Evidentemente, os gestores *podem* liderar. Também é possível que *precisem* liderar, e a capacidade de liderar os torna valiosos para a organização, além de aumentar seu potencial de promoção. O trabalho dos gestores, porém, primeiro e acima de tudo, é garantir resultados, de modo que seus próprios chefes tenderão a perder a paciência se eles se dedicarem mais a liderar do que a gerenciar, a não ser que apresentem resultados. Isso também se aplica aos líderes, obviamente, porque se a organização não produzir resultados sob a sua supervisão, você será demitido, não importam os "porquês" e os "para quês".

Você acabou de escrever sobre *leadersmithing*. O que é isso?

EP: Por causa de tudo isso, não há como considerar a liderança um estado de espírito ou uma condição conquistada, como sugere o termo genérico "liderança", em abstrato, que soa estático e cerebral. A função do líder é, de fato, uma habilidade artesanal que requer prática diária. Acho que "liderança artesanal" é um termo mais sugestivo desse senso de atividade dinâmica. E o trabalho que tenho feito sugere que os verdadeiros líderes sabem disso, e trabalham com isso, buscando oportunidades para cultivar suas habilidades, a fim de torná-las mais resistentes à obsolescência de um modelo pronto e acabado. Empiricamente, sabemos o que os líderes de alto nível gostariam de ter sabido dez anos atrás, e como o aprenderam. A liderança artesanal é, então, a exploração desse *insight* pelos aspirantes a líder nas atividades do dia a dia, para que sejam capazes de se sair bem em suas funções de liderança no futuro. Ela dá a receita para a liderança no topo e define as maneiras de aprendê-la, por meio de exercícios semanais ou de exposição a incidentes críticos, sob pressão, para consolidar o aprendizado e possibilitar o desempenho consistente e sustentável, sob pressão, no futuro. Envolve acumular experiências, deliberadamente, em vez de fazê-lo ao acaso, para desenvolver o caráter e a memória muscular para liderar em todo o espectro de situações tendentes a ocorrer no futuro. Se você sabe o que o assusta em sua próxima função, essa abordagem lhe mostra como atenuar seus receios, preparando-se com antecedência, nas suas condições e no seu próprio ritmo, de modo a desenvolver competências de enfrentamento em relação a esses medos.

Está ficando mais difícil ser gerente?

EP: Sim, porque todos querem ser líder, atividade considerada mais glamorosa (e mais bem paga). Além disso, os gerentes estão se desqualificando, ao transferirem muitas de suas atribuições para RH, inclusive como meio de evitar conflitos. Eu gostaria que retomássemos a ideia de maestria e restabelecêssemos esse relacionamento contínuo e espontâneo entre as partes, ajudando os gerentes a compreender que não se trata de melhor/pior ou de sênior/júnior, mas sim de atividades cruciais e díspares, que, naturalmente, se sobrepõem, se confundem e se transformam, mas que têm os próprios centros de gravidade, a serem respeitados e resguardados.

Será que a gestão nos salvará ou nos matará?
EP: Ela nos salvará. Mais uma vez, é percepção *versus* realidade. Um pouco como a questão do ovo e da galinha. Só que se você não tem o produto, você não pode vendê-lo, e os líderes são os servos, não os mestres dos gerentes. Do mesmo modo, a boa liderança atenua o risco da gestão, impedindo-a de servir aos objetivos e aos mestres errados, com o desperdício de recursos valiosos.

Apêndice 3

Henry Mintzberg

Henry Mintzberg há muito tempo é eminente comentarista acadêmico da gestão como atividade prática. Desde que escreveu seu primeiro livro, *The Nature of Managerial Work* (1973), ele tem sempre desbancado mitos complexos sobre a prática da gestão. Depois desse primeiro livro, ele publicou 18 outros títulos. Henry é professor de Estudos Gerenciais na McGill University, em Montreal, Quebec, Canadá.

Em que você pensa quando ouve a palavra "gestão"?
HM: Depende de como é soletrada: com G maiúsculo ou com g minúsculo. Com G maiúsculo, o termo evoca todas as distorções resultantes do enaltecimento e da sofisticação crescentes da disciplina, por parte de pessoas que frequentam uma escola de negócios durante dois anos e acham que gestão consiste em interpretar demonstrações financeiras e avaliar padrões de desempenho, em vez de arregaçar as mangas e pôr mãos à obra. Isso é gestão com letra maiúscula.

A gestão com letra minúscula é o simples e velho engajamento de pessoal. Nada elegante, nada sofisticado. Apenas pessoas que se importam, que se envolvem e sabem o que está acontecendo. Elas têm empatia por outros seres humanos, não por "recursos humanos".

Perdemos de vista a essência do que seja realmente gestão?

HM: Sim, sem dúvida. Sabe, quando se vê alguém que se encaixa espontaneamente no cargo, fazer o que essa pessoa faz é a coisa mais natural do mundo. Com efeito, a maioria dos gestores mais reverenciados do mundo nunca passa um dia numa escola de negócios, exceto talvez para dar uma palestra, depois que eles ficaram famosos. Quando você observa pessoas que nunca gerenciaram achando que aprenderam alguma coisa sobre gestão numa escola de negócios, só porque estudaram algumas técnicas sofisticadas, participaram de muitos estudos de casos e matraquearam sobre empresas de que não sabem nada, você termina com uma visão muito distorcida do processo. Chamo isso de "gestão por achismo" – minha neta de 12 anos poderia fazer a mesma coisa – "Acho que você pode reduzir os custos em 20%" ou "Você precisa aumentar o lucro em 36% ou é demitido". Fácil assim.

E esse tipo de atitude foi embrulhado em algo chamado Liderança com L maiúsculo?

HM: Exatamente. Eu acho que os bons gestores lideram e os bons líderes gerenciam. A ideia de que as duas funções são separadas e que um faz o trabalho nobre e o outro faz o trabalho rotineiro é um mito produzido pelas mentes distorcidas de alguns professores de Harvard. Eles estão criando "grandes líderes".

Na década de 1990, havia um livro intitulado *Inside the Harvard Business School*. Procurei alguns dos astros mencionados no livro: a maioria tinha fracassado, e somente uns poucos haviam vencido. Danny Miller, meu primeiro aluno de doutorado, realizou recentemente um estudo admirável sobre o que ele denominou CEOs Famosos, que apareceram na capa das principais revistas de negócios dos Estados Unidos. Embora o desempenho deles fosse pior do que o de outros que não tinham MBA, os salários deles subiram com mais rapidez. (Ver o blog de Henry: http://www.mintzberg.org/blog/mbas-as-ceos.)

Será que é a busca de tamanho e de escala que torna a vida mais difícil para os gestores?

HM: Eu expressaria de maneira um pouco diferente. Estou escrevendo um blog chamado "Enough of MORE, better is better" [Não mais MAIS, melhor é melhor]. O que quero dizer com isso é que você constrói uma empresa; você se importa com os clientes, com os produtos, com os serviços, com os empregados; até o dia da famosa IPO (oferta pública inicial de ações para a abertura do capital da empresa). E, a partir de então, tudo é MAIS, MAIS, MAIS. Para o inferno os clientes, os empregados, e tudo o que é humano, é só MAIS, MAIS valor para os acionistas. E isso é uma tremenda distorção.

Acho, francamente, que se os mercados de capitais fossem completamente fechados, a economia seria muito melhor. Há outras maneiras de levantar dinheiro, e você não fica refém desse tipo de investimento insensato imediatista.

A Tata tem ações negociadas em bolsas de valores, mas o capital votante é controlado por trustes da família. A mesma situação ocorre com a Novo Nordisk. Portanto, há alternativas para o modelo do mercado de capitais.

Será que a gestão está ficando mais difícil com a chegada de novas tecnologias?

HM: Não acho que a gestão esteja ficando mais difícil; porém, as pessoas que lidam de maneira insensata com as novas tecnologias estão tendo mais dificuldade. Escrevi sobre isso num blog denominado "Managing over the edge" [Gerenciando além do limite]. A gestão é frenética, agitada – sempre foi assim – é naturalmente um trabalho exaltado. Acrescente a isso as pressões para verificar e-mails a cada 20 minutos, de ter de responder a tudo imediatamente, e a ansiedade pode empurrar todo o processo, e o protagonista, para beira do abismo.

Isso torna o fator humano mais importante?

HM: Sim, voltamos a Peter Drucker: "Gestão é fazer coisas através de pessoas". Não através de elétrons!

Haveria prioridades específicas para os gestores nos próximos anos?

HM: Os temas da gestão sempre mudam, mas o processo de gestão basicamente não muda. Sempre há alguma coisa com que lidar, seja Donald Trump, agora, ou a crise do petróleo, anos atrás, as questões estão sempre mudando. Você nunca sabe como se manifestarão. Os gestores, porém, terão de responder. Mas, quanto ao que será... o seu palpite é tão bom quanto o meu.

Você acha que os recentes choques eleitorais – Trump, Brexit – têm alguma coisa a ver com os tipos de liderança e gestão que as pessoas estão experimentando?

HM: Essas reações, em parte, relacionam-se com a captura gananciosa de recursos, de bônus para banqueiros, e assim por diante. Não é uma questão unilateral. Os apoiadores de Bernie Sanders tinham muitas das mesmas preocupações dos apoiadores de Trump. Só que as manifestaram em outros termos. A globalização não é um mandamento sagrado. A globalização gera alguns benefícios maravilhosos e alguns malefícios pavorosos. Entre estes últimos, inclui-se, como um dos mais importantes, o ataque frontal às soberanias nacionais, o que significa contra a democracia.

Algumas pessoas ficaram satisfeitas quando a Unilever rechaçou Kraft, algum tempo atrás.

HM: Sim, eu compreendo, a Unilever tem sido uma das empresas mais responsáveis.

Que partes do mundo lhe despertam mais interesse no momento?

HM: De uns tempos para cá, tenho passado algum tempo no Brasil. Minha pergunta mais comum aos brasileiros é: "Que país é mais corrupto, Brasil ou Estados Unidos?". E eu digo: "Vou lhe dar uma dica, não é o Brasil". E estou falando sério. No Brasil, a corrupção é crime, e eles finalmente a estão enfrentando. Nos Estados Unidos, a corrupção é admitida pela lei. E eles não têm condições de enfrentá-la. Nos Estados Unidos, a Suprema Corte legalizou o suborno. No Brasil, o Supremo Tribunal recentemente reiterou a sua ilegalidade; as empresas não podem mais fazer doações para campanhas políticas.

O que mais o impressiona no Brasil?

HM: Sempre há algo fascinante ocorrendo lá. Parece que os brasileiros, mais do que outros povos, sempre se perguntam: "por que não?". São pessoas realmente interessantes, embora muita coisa ainda esteja pendente, por causa da desmotivação resultante dos acontecimentos recentes [a derrubada da ex-presidente Dilma Rousseff].

Mas em negócios, eles acrescentam alguma coisa diferente?

HM: Eles têm ideias próprias. Há muito empreendedorismo social lá. Evidentemente, isso também é empreendedorismo.

Mas, de fato, são realmente atividades comunitárias, não apenas iniciativas individuais, por todo o país. As soluções que eles encontram para os problemas sociais são, em geral, sem fins lucrativos, e mais criativas do que em outros lugares.

Será que as escolas de negócios podem fazer alguma coisa em relação à ortodoxia estreita?

HM: Muita gente nas escolas de negócios se preocupa com isso. No entanto, enquanto eles tiverem a pretensão de transformar em gestores pessoas inexperientes em gestão, nada mudará. Em nosso mestrado internacional para gestores [https://impm.org] recrutamos pessoas que já são gestores e lhes damos bastante tempo para refletirem sobre suas experiências e para aprenderem umas com as outras.

Ainda leciono na McGill, mas em tempo parcial, trabalho em tempo parcial há anos. Provavelmente, sou mais produtivo do que em qualquer outra época!

Apêndice 4

Herminia Ibarra

Herminia Ibarra é especialista em desenvolvimento de liderança. Seu livro mais recente é *Act Like a Leader, Think Like a Leader*, e antes ela também publicou *Working Identity: Unconventional Strategies for Reinventing Your Career* (ed. bras. *Identidade de carreira: a experiência é a chave para reinventá-la*, trad. Leonardo Abramowicz, 2009). Ela é professora da London Business School, tendo trabalhado vários anos no INSEAD.

O que a palavra "gestão" significa hoje?

HI: Infelizmente, a primeira coisa que me vem à mente é processos, complicação, coisas que você tem que fazer mas que nem sempre quer fazer, tarefas chatas, burocracias. O que em si é um mito... acho que nos acostumamos com o contraste entre gestão e liderança, liderança como atividade sexy, trabalho divertido, promoção de mudanças, execução de projetos; e gestão como a rotina burocrática, carregamento de pedra ladeira acima, incrementalismo ou mais do mesmo, reuniões enfadonhas, avaliações de desempenho e elaboração de orçamentos.

É lamentável, porque gestão é a infraestrutura que lhe permite não fazer tudo sozinho. É o recurso que lhe confere alavancagem — para que você oriente, lidere e faça o que é sexy. É uma acusação falsa e uma crítica injusta, acho, em parte porque ainda estamos usando sistemas de muito tempo atrás, que nem sempre são bastante flexíveis ou bem ajustados ao mundo de hoje. Se você observar a controvérsia sobre avaliação do desempenho e refletir sobre sua possível eliminação, talvez chegue à conclusão de que é possível melhorar sua execução, mas que extingui-la aumentaria o caos e a inconsistência, sobretudo no caso de organizações de certo porte.

E, talvez, sem gestão nada realmente aconteça?

HI: Sabe, por causa da revolução do "trabalho do conhecimento", vivemos em um mundo em que muitos de nós, como gestores e profissionais, também somos produtores e executores. O trabalho ficou complexo. De um lado, há o que você faz – análises, relacionamento com clientes, preparação de relatórios – de outro, há as questões estratégicas e de liderança, mas também temos certo tipo de trabalho que geralmente é imposto: não se limita a formulários e processos, mas envolve coordenação, execução de atividades através de diferentes unidades, que geralmente não é divertido e consome muito tempo e energia.

Às vezes, diz-se aos gestores para serem eles mesmos. Isso é boa ideia?

HI: "Seja você mesmo" é, na realidade, um conselho terrível, não porque não seja bom ser você mesmo, mas de que "eu" estamos falando? Somos tantos "eus" diferentes quantos são os papéis que desempenhamos, nas diferentes situações em que atuamos. A liderança situacional, que é uma das vacas sagradas, basicamente significa que você se ajusta ao público: suas táticas, seu estilo, e assim por diante, levada a um extremo, talvez signifique não haver "eu"; você é apenas uma tática circunstancial, ou um conjunto de táticas influenciadoras. O que é interessante para mim é: quando a autenticidade se torna problema? No final das contas, não deveríamos ter gastado tanto dinheiro com livros e cursos sobre "como ser você mesmo"!

Falamos tanto sobre isso porque é uma questão problemática. E se manifesta como problema de algumas maneiras diferentes. Uma delas é quando você enfrenta o dilema entre, por um lado, ser quem você é, agindo como agiria, espontaneamente, e, por outro lado, contrariar a própria índole, agindo como não agiria, para ser eficaz. De alguma maneira, ser bem-sucedido e ser eficaz pode exigir algo de você que não seja habitual, nem palatável. E é aqui que é preciso buscar uma solução. Se não for habitual, é necessário mudar, e, nesse caso, é muito fácil se acomodar na zona de conforto, e só porque não é habitual não significa que não seja algo que você possa fazer muito bem. Logo, é preciso se adaptar. A coisa fica um pouco mais difícil quando mudança é pouco agradável, quando não é o que queremos ser. Essa situação começa a gerar questões mais difíceis.

Estou especialmente interessada no dilema da autenticidade, em momentos de transição na carreira profissional. Definíamos essas transições, momentos do tipo "o que o trouxe até aqui não o levará para lá", quando a pessoa se mudava para nova função ou para nova empresa, e, obviamente, deparava com situações diferentes e com culturas diferentes, e tinha de se adaptar. Hoje, você realmente não pode se dar ao luxo de esperar por esses momentos cruciais de mudança de papel, porque as coisas estão mudando com rapidez, as expectativas estão mudando com rapidez, e as empresas estão se reorganizando, de modo que o seu título talvez continue o mesmo, mas suas atribuições são diferentes, e o ponto em comum em todas essas situações é que, se você continuar fazendo o que contribuiu para seu sucesso no passado, os resultados, agora, já não serão tão eficazes quanto antes. Porque sobrestimamos nossas forças – é a ideia de "forças fatais", que nos levam a exagerar o que fazemos. Ao sobrestimarmos nossas forças, temos a sensação de que estamos sendo extremamente autênticos. "Este sou eu!" – porque nossa identidade se baseia no passado, naquilo em que temos sido bons, naquilo em que somos confiáveis, naquilo pelo que temos sido recompensados. E, assim, essas forças se tornam nossas âncoras, no bom sentido, de que são aquilo em que nos amarramos, que nos ajudam a fazer escolhas; mas também atuam como âncoras no sentido negativo, de não nos permitir explorar outras forças e aprender coisas novas. Portanto, nesses pontos de transição, e, em especial, quando nosso destino não é claro, quando não sabemos ao certo o que ele exige – "ser melhor líder": o que é isso? – ou quando há alguma ambivalência, as pessoas querem avançar, querem exercer mais impacto, mas, ao mesmo tempo, quando olham para o chefe ou para os chefes, dizem "não quero ser como esses patetas..."; elas não sentem atração, elas os consideram politiqueiros, elas os acham manipulativos, elas percebem que eles não são transparentes. Elas não querem ser daquela maneira, mas pensam que, para serem bem-sucedidas, é preciso agir da mesma maneira.

Portanto, você, às vezes, pode ser autêntico ao se pautar por suas aspirações, não pelos seus comportamentos passados. Não no que você foi, mas no que você quer ser. Nesses casos, porém, você nem sempre chega a esse ponto, por não estar tão certo. Ou você sente que está se afastando de suas competências centrais, de que não as está explorando, o que o deixa em dúvida sobre como agregar valor. Assim, as transições estão carregadas de ambivalências – "Não sei se quero ser essa pessoa".

Logo, se você adotar uma abordagem mais reflexiva – "Quem sou eu, quais são as minhas forças?" –, essa atitude só servirá para ancorá-lo no passado. E isso não o ajudará a descobrir como avançar para uma versão futura de você mesmo, uma nova versão que mantenha a sua essência, mas que também tenha aprendido coisas novas, tenha crescido, e que talvez tenha até se surpreendido, e ficado agradavelmente surpresa. Não é o caso de "finja até conseguir", mas de "experimente até aprender".

E sinta a situação...?

HI: Sinta a situação, mas, às vezes, você também precisa fazer coisas radicalmente opostas às suas inclinações naturais. E se você vier de uma cultura de consenso e, de repente, você se vir num contexto em que é preciso expressar enfaticamente e defender energicamente suas opiniões; agir dessa maneira talvez pareça a mais absoluta transgressão do seu senso de identidade, mas você pode aprender muito com a experiência, e, às vezes, é preciso ir ao extremo para encontrar o caminho de volta ao meio-termo, que é parte de como você sempre foi e parte do conjunto de competências necessárias à adaptação.

A autenticidade tem sido componente tão importante do discurso público que as pessoas a usam como desculpa para tudo – "Eu não preciso mudar, eu não preciso ser melhor ouvinte, eu não preciso me preocupar com meu lado áspero, só estou sendo eu mesmo" – com a ideia de que, para que as pessoas se sintam felizes, basta a percepção de transparência total... não, a percepção de transparência total não é suficiente para que as pessoas se sintam felizes! Elas querem que você se comporte como se houvesse algum tipo de interdependência e que você sinta a necessidade de trabalhar com pessoas. Não basta ser você mesmo. É preciso criar relações de trabalho produtivas, e fomentar uma cultura e um clima em que as outras pessoas tenham condições de ser elas mesmas e expor com franqueza as suas opiniões. Não se trata apenas de você.

Então, é preciso experimentar?

HI: Sim, porque é um processo iterativo. Você não vai do ponto A ao ponto B totalmente formado. Você dá alguns passos, você aprende algumas coisas, talvez tenha sido um pouco agressivo, talvez tenha sido um pouco brando, quero observar como outras pessoas concluíram o mesmo percurso. Agora que aprendi o elementar, posso tentar a versão avançada. Por isso, é agir e então pensar, não que você deva sempre atirar com a arma na altura da cintura, mas sim que você experimente à sua maneira.

As pessoas dizem, "Ah, sim, ágil", mas, na hora de fazer alguma coisa que não lhes pareça muito natural, elas não se sentem assim tão ágeis. Ágil é bom para ferramentas e processos, mas quando se trata de pessoas, isso não é com elas.

Que tal admitir a vulnerabilidade? Ouvi Jeff Immelt dizer uma vez que você não pode dizer à organização que "eu não sei o que fazer!"

HI: Oferecer-lhes alguma variedade de experiências é essencial. Ainda somos propensos a deixar que as pessoas cresçam em silos. Minha definição favorita de identidade profissional é a de Ed Schein: o conjunto de experiências, preferências, crenças e valores com que nos definimos numa função profissional, mas, diz ele, ela se desenvolve por meio de experiências variadas e *feedback* significativo. Mas é muito difícil para alguém, no contexto empresarial, preencher essas condições! Algo que complica a situação é ter um chefe que não esteja no mesmo país. Nesse caso, aqueles momentos em que é possível ter uma conversa casual, em vez de reservar todas as questões para uma reunião formal, são raros e espaçados.

Que outros mitos de gestão devemos considerar?

HI: Considero mito a suposição de que o estilo de liderança é importante. Olhe ao redor, e você verá pessoas com todos os tipos de estilos de liderança serem muito bem-sucedidas. Com mais ou menos competências interpessoais. Mais impositivas ou mais participativas; com foco mais interno ou mais externo. Você constata, reiteradamente, a mais ampla variedade de estilos. Portanto, uma das questões que sugiro aos meus alunos como tema de reflexão não é "qual é o estilo de liderança certo?", mas sim "qual é o papel certo para mim nesse contexto?" O que é que posso fazer com mais produtividade?" Os líderes realmente eficazes – sejam eles agradáveis ou não, colaborativos ou não – quase sempre desempenham um papel realmente importante como ponte entre o grupo ou empresa e o ambiente externo. Eles estão sempre desenvolvendo relacionamentos com os principais *stakeholders* e com os clientes. E gerenciando insumos e produtos.

Você não está lá só para gerenciar o interior de uma unidade; você está lá para gerenciar o contexto da unidade.

Qual é o papel a ser desempenhado pelas escolas de negócios?

HI: As escolas de negócios permitem que as pessoas saiam da muvuca e reflitam um pouco sobre o passado e o futuro. Às vezes, no trabalho, passamos por experiências de aprendizado intensas, mas não temos tempo para parar e processá-las. Trabalhar nessas experiências com um grupo de colegas que também esteja passando pelas mesmas experiências é realmente importante.

Também é muito valioso expor as pessoas a diferentes grupos de colegas e a diferentes redes, em vez de limitar-se ao contexto mais estreito do trabalho.

E o futuro?

HI: Não sou boa futurologista! Mas o que vejo no contexto empresarial mais amplo é que o trabalho das pessoas se tornou impossível. É demais. A caixa de entrada, as demandas sobre o desempenho, a compressão dos custos, as expectativas de crescimento – sem muitas diretrizes, não sei até que ponto poderemos chegar com tamanha sobrecarga na condição de seres humanos.

Você vê muita gente pendurada pelas unhas, mas nem sempre felizes de estarem lá. Muitas pulam fora logo que possível.

Os gestores agora precisam gerir todos os tipos de provedores externos, que nem sempre têm a cultura, têm o compromisso ou têm os liames informais, o que os torna financeiramente menos onerosos, mas altamente custosos do ponto de vista humano.

Parece-me que a maneira como as organizações operam agora é muito diferente da maneira como as coisas eram, quando estudávamos e desenvolvíamos grandes teorias da organização. Talvez precisemos refletir mais uma vez sobre as estruturas organizacionais.

Apêndice 5

Laura Empson

Laura Empson é especialista em empresas de serviços profissionais (ESP). Seu livro mais recente, *Leading Professionals: Power, Politics and Prima Donnas*, foi publicado pela Oxford University Press. Entre outras publicações, ela também escreveu *Managing the Modern Law Firm* (2007). Ela é professora da Cass Business School, City University London, e antes lecionou em Oxford.

Em que você pensa quando ouve a palavra "gestão"?

LE: Acho que o termo "gestão" é basicamente sem sentido. Você só pode entender a gestão em justaposição com outros conceitos, como administração e liderança. O que chamávamos de administração 50 anos atrás hoje está sendo chamado de gestão. E o que poderíamos ter chamado de gestão 20 anos atrás agora está sendo chamado de liderança. Em escolas de negócios, cursos que já foram denominados gestão disso ou daquilo, agora foram rebatizados como "liderança", para atrair inscrições. Se você acrescentar a palavra liderança ao nome de um curso de educação executiva, você talvez consiga, imediatamente, cobrar muito mais. Assim, da mesma maneira como administração de pessoal se tornou GRH, e relações públicas se tornou comunicações, gestão está começando a se metamorfosear em liderança.

É inflação terminológica – agora que o termo "liderança" foi degradado, precisamos inventar outro.

Em termos simples, acho que gestão refere-se a trabalhar com outras pessoas e tentar fazer coisas por meio delas. Implica algum grau de controle hierárquico de cima para baixo, mas não necessariamente – todos estamos familiarizados com o conceito de gestão para cima, que ainda é gestão. As pessoas às vezes se referem a gestão como "fazer certo as coisas" e a liderança como "fazer as coisas certas", ou justapõem eficiência e eficácia, ou se referem a preservação e mudança, mas, em última instância, são distinções um tanto toscas. Acho que simplesmente precisamos compreender que "gestão" e "liderança" são termos usados em várias acepções diferentes; ninguém pode se apresentar com uma definição perfeita, e é um equívoco achar que é possível.

Há uma bela citação em um grande livro de David Knights e Hugh Willmott, intitulado *Management Lives* – que é: "Gestão é parte e parcela da vida, e como ela é vivida". Se você partir de uma definição tão ampla quanto essa, você pode levá-la para qualquer lugar.

Muita gente equipararia gestão a MBA, mas o M não é abreviação de *management* (gestão), e sim de *master*. O BA é abreviação de *business administration* – o que é engraçado, porque nenhum aluno de MBA gostaria que o vissem como aluno de administração. Portanto, ainda suportamos o legado da velha terminologia.

Muita gente ainda se tortura com a diferença entre gestão e liderança, mas seria essa distinção assim tão útil?

LE: Fiz muitas pesquisas sobre liderança. É muito difícil para um entrevistado explicar quando se está liderando e quando se está gerenciando. Se as próprias pessoas não sabem, por que deveríamos tentar impor essas distinções artificiais? É possível cobrar muito mais quando se dá uma palestra sobre liderança para profissionais. Na verdade, ninguém nunca me pede para proferir palestras sobre gestão; sempre querem que eu dê palestras sobre liderança, porque é sexy e é legal. O que estou tentando dizer é que existem muitas escolas de negócios e academias que têm interesses constituídos em promover esse conceito *premium* denominado liderança.

Como a gestão e a liderança são vistas no contexto de empresas de serviços profissionais [ESPs]?

LE: Se a gestão implica certo grau de hierarquia, dizer-se gestor de pessoas implica considerar-se acima delas, de alguma maneira. E, no contexto de ESPs, essa é uma distinção muito difícil de definir e sustentar, sobretudo numa sociedade profissional, em que você foi eleito pelos colegas. Nesse caso, os sócios realmente devem ter escolhido você como chefe deles. O que eles fizeram foi permitir que você exerça alguma "administração" no nome deles. Logo, se você começar a se comportar como se fosse o chefe, eles se sentirão pouco à vontade. Na primeira oportunidade, porém, eles o culparão por ser um líder ineficaz.

Portanto, eles se sentem desejosos de algo chamado liderança, que se caracterizará por algumas decisões e proclamações muito propositadas...

LE: ...mas só se forem decisões e proclamações com que concordem os profissionais. Num contexto profissional, a liderança deve ter um componente inspirador, para que os profissionais estejam dispostos a assumir o papel de seguidores. Em empresas de serviços profissionais, a gestão de outras pessoas é positiva, porque as outras pessoas precisam ser gerenciadas. "Eu sou liderado, ele é gerenciado."

Em certas fases da vida, queremos ser administrados; em outras, queremos liderar ou ser liderados, e outras em que precisamos ser gerenciados, ainda que não aceitemos essa condição. Nesse último caso, os profissionais tendem a considerar a situação um pouco burocrática.

Numa ESP, você não quer que profissionais com alta remuneração se atolem na gestão.

LE: A questão é liberar tempo para o "talento". Os profissionais mais capazes escolhem certas pessoas para gerenciá-los, como uma banda de rock tem um gerente. Isso é muito diferente de dizer "eu o seguirei". Com efeito, os sócios pagam a pessoa que está liderando a empresa, porque a pessoa "encarregada" é retirada do trabalho em tempo integral, que gera honorários, para gerenciá-los. Os sócios mais tradicionais diriam que essa pessoa agora se tornou um custo significativo para a empresa, e se dispõem a aceitar essa situação, porque é importante que as outras pessoas sejam gerenciadas. Não há, porém, a mínima chance de aceitação de que isso implique uma relação de poder.

Na verdade, tento evitar palavras como gestão e liderança, e falo mais em termos de atividades de executivos seniores, por se tratar de expressão muito mais neutra. Os executivos estarão exercendo uma mistura de liderança, gestão e administração, com diferentes pessoas em diferentes momentos. No caso, a competência mais relevante é compreender intuitivamente o que fazer, quando e com quem.

Algumas das pessoas seniores que você entrevista geralmente parecem relutantes em admitir que estão no controle.

LE: E a questão a considerar é: "eles realmente estão falando sério ou será isso parte do jogo, sugerindo certo grau de modéstia e timidez? Nas crises, porém, os sócios querem acreditar que o sócio sênior ou sócio-gerente está no controle.

Assim, trata-se de ter a sensibilidade e a sutileza de saber quem precisa ouvir o quê, e quando precisa ouvir. E fazer o tempo todo esses julgamentos de sintonia fina.

Mesmo nas quatro grandes empresas de contabilidade, que ocasionalmente são consideradas grandes empreendimentos, os líderes às vezes se sentem frustrados porque os sócios não se dão ao trabalho de abrir os e-mails que recebem deles. Talvez não haja resistência ativa, mas o grau de resistência passiva nas sociedades profissionais pode ser extraordinário.

Evidentemente, as grandes empresas também são infinitamente complexas e sutis. Minhas pesquisas têm revelado, no entanto, que a politicagem é endêmica nas sociedades profissionais, é um estilo de vida, é a corrente sanguínea dessas organizações. As empresas de serviços profissionais são concebidas como ambientes políticos por excelência. E seus atores praticam a política com tanta naturalidade e facilidade que nem sempre reconhecem estarem fazendo política. É como se faz acontecer e se exerce influência com naturalidade, num contexto em que a autoridade é contingente e a autonomia é permanente.

Será que essas organizações ainda são atraentes para os jovens, a ponto de eles as procurarem, juntarem-se a elas e se comprometer-se com elas?

LE: Bem, "comprometer-se com" é uma questão interessante. Eu não encorajaria nenhum jovem a comprometer-se com nenhuma organização, porque as organizações hoje não estão dispostas a se comprometer com eles. Acho que os jovens devem se lembrar dessa realidade – boa parte do que lhes dizem no processo de recrutamento é basicamente lixo. As pessoas podem ser "o maior ativo" das empresas de serviços profissionais, mas, na verdade, não passam de um ativo muito descartável.

Hoje, o mundo profissional é assim. Nem sempre foi assim, mas é assim agora.

As empresas de elite são muito boas em dar a impressão de serem muito glamorosas. São as empresas em que as pessoas querem trabalhar. Elas de fato remuneram muito bem. A aparência de suas instalações é ótima. Elas são ótimas em despertar a percepção de que, ao se juntar a elas, você está feito, você é parte da elite. E, para muita gente, isso exerce uma atração irresistível, e elas não hesitam em pagar o preço que cobram por esses privilégios.

Louise Ashley e eu fizemos um trabalho a esse respeito, analisando como essas empresas usam símbolos de capital cultural para atrair recém-formados sem pós-graduação. Durante o processo de recrutamento e treinamento, eles levam os calouros a lugares sofisticados, a restaurantes de que os papais e as mamães já ouviram falar, dizendo: "Você pode ser parte desse mundo um dia. Venha e vença, e um dia esta será a sua vida".

Seria isso algum tipo de ladainha de vendas?

LE: É uma ladainha de vendas muito explícita. E sedutora. Eu participei do processo – tornei-me consultora de estratégia logo que saí do programa de MBA. Antes dos dias do Uber e da Deliveroo, era espantoso, quando se trabalhava até tarde no escritório, pegar o telefone e pedir um táxi só para trazer o jantar – e então cobrar tudo do cliente. Até o faz esquecer o fato de que já passa de meia-noite e que você ainda está trabalhando. A sensação é arrebatadora quando você ainda é muito jovem e não nasceu na riqueza; você se sente especial quando o cliente paga £ 50 por um frango numa quentinha, para que você mate a fome sem deixar a mesa de trabalho.

Gerenciar jovens ambiciosos não pode ser fácil, pode?

LE: Algumas pessoas abordam o tema de maneira muito transacional, de quem sabe o que eles querem para sair da empresa. Eles querem receber algum dinheiro para viver alguns anos, e querem incluir alguma coisa boa no currículo, enquanto pensam no que realmente querem fazer na vida. E, então, partem para a ação.

Mas a coisa pode dar errado. Quando eu era professora em Oxford, recebia muitos jovens que me procuravam com ofertas de trabalho da McKinsey e do Goldman Sachs, em busca de orientação. Eu dava alguns conselhos aos jovens estudantes homens: aceite a proposta, se você quiser, mas não se acomode, nem tenha filhos logo. Porque eu conhecia muitos caras que tinham topado esse tipo de trabalho logo que saíram da universidade, ainda como temporários, porque lhes parecia adequado e seguro, e, de alguma maneira, deixaram-se levar pelo estilo de vida e pelo dinheiro, depois se casaram com a namorada da universidade, vieram os filhos, e, 20 anos depois, eles continuavam fazendo um trabalho de que nunca realmente gostaram, numa empresa onde não estavam satisfeitos, mas tinham matriculado todos os filhos em escolas particulares. E eu dizia: "Mas você sempre odiou esse trabalho", e eles respondiam, com um olhar meio triste: "Mas meus filhos tiveram boa educação".

Há também o fenômeno do "supervencedor inseguro", que tenho pesquisado de uns tempos para cá. Os supervencedores inseguros são muito mais complicados e muito mais valiosos para empresas de serviços profissionais de elite. Muitas dessas organizações se empenham deliberadamente em mirá-los e contratá-los. Elas os procuram nas universidades, buscam pessoas com um padrão de realizações fenomenal, mas também, em nível secundário, um padrão de insegurança subjacente. E o acordo que fazem com essas pessoas é o seguinte:"Nós o faremos se sentir especial porque queremos você, mas, em troca, podemos lhe pedir para fazer qualquer coisa por nós. Essas pessoas, então, se juntam à empresa e são levadas a se sentir especiais, mas, então, se dão conta de que nada impede que sejam demitidas, se o desempenho delas de fato não for excepcional. Essas organizações adotam pirâmides hierárquicas muito rigorosas, do tipo "para cima ou para fora", de modo que, de cada cem pessoas que contratam no nível de recém-formados, apenas dez chegarão a sócio – às vezes até menos. Pouquíssimos são os que atingem o topo.

Assim, as empresas ampliam a insegurança dos profissionais, de modo que concorram uns com os outros para assumirem a dianteira. E isso se converte em poderoso mecanismo de controle, que elimina a necessidade de gestão. Você não precisa gerenciar pessoas como essas. A mensagem implícita é "Todos os seus medos sobre inadequação carecem de fundamento – podemos tranquilizá-lo dizendo que você é bastante bom para ser sócio aqui, mas só continuaremos a dizer isso se você continuar a apresentar desempenho excepcional". É a isso que me refiro quando digo "supervencedor inseguro": as pessoas se desdobram e dão o melhor de si, implacavelmente, a fim de se manterem na empresa. O supervencedor inseguro tem o próprio senso interno do que significa ser bastante bom e de que essa condição nunca, jamais, pode ser totalmente satisfeita.

Por fim, será que as empresas de elite precisam se preocupar com a hipótese de serem substituídas por robôs ou pela tecnologia?

LE: A pista é a palavra "elite". As empresas de elite jamais serão substituídas pela tecnologia. Mas elas terão de mudar para reagir. A tecnologia nunca substituirá pessoas brilhantes. A tecnologia, em geral, executa tarefas basicamente rotineiras, e há muito trabalho extremamente rotineiro sendo executado nessas empresas, por mais que elas relutem em reconhecê-lo. Essa é uma das razões de elas sugarem tantos recém-formados todos os anos.

A tecnologia talvez possa executar as tarefas desses novatos. Mas quando você, como CEO, enfrenta uma tentativa de tomada de controle hostil, ou precisa levantar bilhões de dólares para financiar a expansão da empresa, ou se prepara para explicar à SEC (a CVM americana) algumas questões contábeis, você certamente não transferirá o serviço para os computadores.

Sempre haverá lugar para o trabalho realmente profissional. Acho que o futuro nos reserva um retorno às ideias mais tradicionais do que seja trabalho profissional, que, efetivamente, transmite as conotações de *expertise*, *status*, renda e, obviamente, até vocação. Ao longo do caminho, grande parte da expansão do conceito para trabalhos bastante triviais, medíocres, não tão bem remunerados e, por certo, menos interessantes será descartada para as adjacências, à medida que passam a ser executados nem sempre somente pela tecnologia, mas também por paraprofissionais, com menos qualificações e salários mais baixos, apoiados pela tecnologia.

Portanto, como que de volta para o futuro, o excepcionalismo e a excelência mais uma vez se reafirmarão?

LE: Bem, isso seria ótimo!

Apêndice 6

Lynda Gratton

Lynda Gratton é especialista em questões de trabalho e suas mudanças contínuas. Ela é autora de vários livros, como *The Shift*, *Hot Spots*, *The Key* e *The Exceptional Manager* – e o mais recente, com Andrew Scott, *The 100-Year Life*. Também é professora da London Business School.

Quando você ouve a palavra "gestão", que pensamentos lhe vêm à mente? O que ela significa para você?

LG: Parece, realmente, uma palavra ultrapassada, "gestão". O que é ser gestor, quem quer ser gerenciado, e como gerenciar? Não é de fato uma palavra que eu use com muita frequência. O que não significa dizer que todos numa organização sejam líderes. Acho que as organizações estão se transformando em grupos de especialistas que estão interligados porque eles têm algo que querem fazer juntos, ou seja, uma missão, e o papel dos gestores... Já não sei ao certo o que é isso...

Como o trabalho é mais fluido e ininterrupto, as equipes se formam e se reformam...?

LG: Em parte é porque a gestão convencional era diferente. Qual era o trabalho do gerente no passado? O trabalho do gerente era agir como funil entre a parolagem que fluía do topo e as pessoas que ficavam correndo na base, executando todas as tarefas, mas, na verdade, como aprendemos com empresas como a Tata Consulting Services (TCS), se você dá informações suficientes às pessoas que fazem o trabalho, elas darão conta do serviço.

Você realmente precisa de liderança numa equipe de projetos; não acho que seja possível manter grupos sem líderes. O líder, no entanto, é alguém que se empenha para que todo o trabalho avance na direção certa. O papel do líder é inspirar, engajar, mentorear e treinar; e, além disso, com os líderes mais seniores, o trabalho deles também é externo, olhar para fora e conectar-se com os *stakeholders*.

Como considerar as pessoas que ainda estão "como que" gerenciando?

LG: Acho que o trabalho delas é ser parte de um grupo, e contribuir com suas próprias competências especiais. Há outro papel para os gestores, mas é um papel muito mais sofisticado do que o de antes. Se você olha para o passado, para as organizações de 30, 40, 50 anos atrás, as equipes eram muito simples. Por simples, quero dizer que elas eram "colocalizadas", ou seja, compartilhavam o mesmo espaço, e eram homogêneas; geralmente, compostas de homens, não de mulheres; tinham características semelhantes de especialidade, nacionalidade e idade... de modo que gerenciá-las não era tão difícil. A gestão é realmente importante no caso de equipes complexas, isto é, aquelas em que as pessoas são "virtuais"; que são compostas de muitos membros, homens e mulheres, de diferentes idades; e geralmente são multidisciplinares... reunir um grupo espalhado pelo mundo é realmente uma tarefa gerencial complicada, e esse é o trabalho a ser executado pelo gestor. Nesse caso, eu diria que a gestão é um conjunto de competências especializadas, como tantas outras atividades. Ela realmente só entra em cena quando as equipes são complexas. Do contrário, as pessoas realmente são capazes de gerenciar-se a si próprias. Todas as coisas fáceis estão sendo feitas por robôs e por inteligência artificial. Só sobram as coisas difíceis.

Portanto, as pessoas precisam melhorar o jogo, não importa como o chamemos...?

LG: Os gestores são pessoas que gerem equipes, é um novo papel, um papel difícil. Escrevi sobre isso em meu livro *Hot Spots*: você precisa construir uma cultura colaborativa, você precisa pensar em redes, você precisa apresentar um propósito ou uma questão – isso é difícil. Como reunir um grupo: esse é realmente um trabalho gerencial. Você precisa ser treinado, você deve saber fazer.

As escolas de negócios nem sempre ensinam essas coisas.

LG: Acho que isso é verdade. Evidentemente, estamos muito entusiasmados com a liderança. Adoramos observar os CEOs e vibramos ao ouvi-los falar. Os alunos adoram ter pessoas poderosas por perto. O papel da gestão se perde. Por isso é que o trabalho de Julian Birkinshaw tem sido tão importante. Ele deixou claro como a gestão é importante – mas é a gestão complexa.

O seu último livro (escrito com Andrew Scott), *The 100-Year Life*, também considera como a gestão mudou.

LG: Ele se baseia em parte no mito de que a vida termina aos 60. É um estereótipo terrível. E assim é por duas razões. Uma delas é que, à medida que vivemos mais, temos que trabalhar mais. Vamos trabalhar depois dos 70 anos, na faixa dos 70, e além. Não podemos ser descartados aos 55 anos, faz mal para a pessoa. Também sabemos que, quando a pessoa para de trabalhar, a saúde se deteriora.

Em minhas aulas, costumo dizer: "Tenho 62, que são os novos 40"; certa vez, alguém me interrompeu e disse: "Lynda, são os novos 40, mais 20 anos de experiência." Esse é o ponto – à medida que as pessoas envelhecem, se elas aprenderam alguma coisa no percurso, elas têm mais a oferecer.

Isso leva ao mito sobre as gerações. Geração X, Geração Y, *boomers* – há muito poucas evidências em apoio às afirmações a esse respeito. As pessoas dizem: "Ah, a Geração Y adora trabalho significativo". Pelo amor de Deus, eu era hippie, você acha que eu não queria trabalho significativo? Ou dizem: "A Geração Y, eles são ótimos em tecnologia". Todos somos hábeis em tecnologia. É realmente negativo porque se trata de estereótipos sobre idade. Andrew (Scott) e eu, no livro, dizemos: "Pelo amor de Deus, olhe para as pessoas pelo que elas são. Não seja míope em relação à idade. Algumas das grandes empresas de contabilidade descartam as pessoas aos 55 anos – isso é simplesmente ridículo."

Portanto, outra tarefa para os gestores é extrair o máximo das equipes multigeracionais?

LG: Evidentemente. Andrew e eu temos coletado dados em nosso site (www.100yearlife.com), e uma das coisas que descobrimos é que há muito poucas diferenças entre 30 anos e 70 anos, em termos de como se considera o trabalho. Se você tem 70 anos, e responde à nossa enquete, é tão provável que você queira se manter apto quanto se tivesse 30 anos.

Duas considerações talvez ajudem na mentoria multigeracional envolvendo grupos de pessoas com diferentes faixas etárias, ou idades. A primeira é que, em geral, as pessoas mais velhas são mais ponderadas em relação ao equilíbrio vida-trabalho. E são mais capazes de considerar o contexto mais amplo. Por que, então, não praticar a mentoria multigeracional, quando as pessoas mais velhas podem ajudar as mais jovens, naquela fase frenética da vida, que é a dos 30 anos? A segunda é que as pessoas mais jovens estão muito mais sintonizadas na construção da reputação. Por que não recorrer aos mais jovens para ajudar os mais velhos, especialmente nas redes sociais?

Será que misturamos liderança e gestão?

LG: Bem, são funções diferentes. Os líderes olham para o futuro, e olham para fora. Os líderes, cada vez mais, conectam a organização com o mundo exterior, envolvendo *stakeholders* e investidores, e cuidam de como as pessoas veem a organização. Já os gestores, basicamente, olham para baixo e para os lados, e observam as tarefas complexas a serem executadas.

Porém, são trabalhos fascinantes, esses trabalhos gerenciais, e não precisam ser hierárquicos. Um de meus filhos está estudando medicina, ele quer ser cirurgião, e me disse que uma das coisas que acontece agora com as cirurgias complexas é que você tem um grupo de pessoas, todas sabem quais são as suas funções, mas a tarefa é a situação complexa, e é a isso que elas estão se adaptando, à medida que progridem. Há protocolos, uma lista de dez coisas que você precisa fazer, e esses protocolos são observados com todo o rigor. Há uma lousa branca na sala, e a pessoa que faz anotações na lousa branca pode ser uma enfermeira ainda muito no início da carreira. O trabalho dela é dizer:

"Ok, você já passou quatro minutos fazendo isso, e agora você deve fazer X...". Nesse caso, quem é o gerente na sala de cirurgia? Este é um grupo de pessoas que trabalham muito bem juntas, e alguém as está gerenciando, mas, na verdade, se você for honesto ao responder quem é o gerente, você teria de dizer: "Bem, é o cirurgião-chefe, mas é também a jovem enfermeira".

Outro exemplo: eu estava no National Theatre, no ano passado, admirando o desempenho de alguns dos principais nomes das artes cênicas, até que o gerente de palco entrou no cenário e encerrou o espetáculo, imediatamente, sem hesitação. Alguns componentes cruciais haviam falhado, colocando em risco atores e espectadores. Mais uma vez: quem era o gerente lá? Porque, por certo, ele não era a pessoa mais importante no recinto. Atores famosos, verdadeiras celebridades, tiveram de interromper a apresentação e sair do palco. Em qualquer tarefa complexa, alguém deve ser capaz de dizer: "Isso precisa ser feito agora" – mas nem sempre é a pessoa de mais alto *status* no contexto.

A mesma situação ocorre na ópera: uma amiga me contou a história de uma diva que estava causando problemas, queixando-se da peruca que teria de usar, até que o gerente de palco disse: "Amanhã, no palco, alguém estará usando esta peruca". Em outras palavras, o show deve continuar, com ou sem você. E era o gerente de palco que estava dizendo isso.

Em gestão, tendemos a tornar tudo muito hierárquico. O gestor é a pessoa em posição mais alta. Mas, na verdade, o gestor pode ser simplesmente alguém responsável por uma tarefa. Essa talvez seja a maneira mais sensata de refletir sobre a questão. O papel do gestor é observar protocolos. Se você estiver dirigindo uma equipe virtual, haverá um conjunto de protocolos a seguir. E o trabalho do gestor é conduzir as pessoas ao longo desses protocolos.

Será que você está falando sobre o que chamávamos de "equipe autogerenciada"?

LG: Eu não tenho muito tempo para esse rótulo. Tudo bem quanto às equipes autogerenciadas quando tudo é objetivo, quando você nem precisa de um gerente. No caso de tarefas complexas, porém, você precisa de alguém para gerenciá-las. Todas as pessoas estão muito ocupadas fazendo o trabalho. Elas não têm tempo para olhar ao redor. Acima de tudo, o gerente precisa ter a certeza de que os membros da equipe conhecem uns aos outros.

O que há nas óperas, que tanto a intriga?

LG: É simplesmente a complexidade da tarefa. Você tem as divas; você tem as pessoas que ficam sentadas lá o tempo todo, o coro e a orquestra; você talvez tenha, como é comum, somente um ou dois dias para ensaiar; é espantoso. E é muito complicado.

Outro ponto interessante são os ensaios – já assisti a muitos ensaios. E eles são muito mais brutais que os gerentes. Em gestão, estamos sujeitos a esse mandamento ridículo de que todos devem ser agradáveis uns com os outros. Não é que eles sejam brutalmente cruéis. Eles simplesmente dizem "vamos repetir", e não tem saída, "vamos repetir". Uma das coisas que eles fazem é que, se o diretor os está ensaiando – se você for um dos cantores, e eu estou falando com você sobre o seu desempenho, meu assistente está tomando nota – e, então, eles lhe entregam a nota, dizendo: "Isto é o que foi dito sobre você no ensaio". E, nos ambientes de trabalho, simplesmente não temos essa disciplina.

Acho que gestão é uma disciplina. E é complicado, e difícil, e o que acontece é que realmente não pensamos muito nos gerentes, porque eles nem sempre fazem o trabalho deles. Como você lida com o desempenho insatisfatório? Isso é o que as pessoas fazem na ópera o tempo todo.

Trata-se, em parte, de treinamento – treinamento significativo. E o mito do amador. "Todos podem ser gerente, basta gostar de pessoas..." – não, não é bem assim, é realmente difícil gerenciar de maneira adequada, e subestimamos o trabalho do gerente e como as pessoas devem gerenciar.

Podemos adotar essa abordagem no local de trabalho?

LG: O importante sobre a sala de ensaios é que ela acontece no momento. O diretor não diz: "Eu o procurarei daqui a seis meses, às quatro horas, para conversarmos sobre a sua apresentação". Eles simplesmente estão juntos naquele momento e ensaiam de maneira muito produtiva.

Eles realmente estão focados na tarefa. Assistindo, observando, prestando atenção ao que realmente está acontecendo, no momento, avaliando as pessoas com cuidado, e, então, lhes dão *feedback* muito detalhado no momento, e depois os anotam e os enviam aos avaliados... Não conheço nenhum gerente que faça isso. Para fazer isso, porém, você precisa estar presente.

Depois da estreia, outros gerentes – diretores, nesse contexto – ficam de olho nas apresentações, certificando-se de que tudo está acontecendo da maneira certa. Parte da gestão consiste em garantir que ocorre essa repetição de tarefas.

Por conseguinte, suponho que o que estou dizendo é, das duas uma: esqueça a gestão ou a aprimore, para exercê-la realmente bem. Não existe meio-termo.

Apêndice 7

Margaret Heffernan

Margaret Heffernan é escritora, empresária e consultora. No passado, ela trabalhou em televisão e dirigiu várias empresas de TI. O livro dela *Willful Blindness* foi um best-seller, e ele se seguiram os títulos mais recentes *A Bigger Prize* e *Beyond Measure*.

O que a palavra "gestão" significa para você?

MH: Quando ouço a palavra "gestão", minha mente toma duas direções. Nela, há aspectos positivos e negativos. Os aspectos positivos da gestão – que acho que caracterizam como sempre tentei dirigir minhas empresas – são: contrate muitas pessoas admiráveis e crie as condições em que elas possam dar o melhor de si. E é uma experiência totalmente vibrante e maravilhosa. Você sabe quando está dando certo. O ambiente vibra, as pessoas estão felizes. Você vê as pessoas crescendo, você sente um enorme orgulho, e você acha que está fazendo o melhor trabalho do mundo. E gosto de pensar que, vez por outra, por um breve momento fulgurante, acontece! Muitas das pessoas que trabalharam para mim partiram para dirigir os próprios negócios e se deram bem, e fico pensando que elas aprenderam alguma coisa que as levou a ser empreendedoras, o que me deixa muito orgulhosa.

Portanto, simplesmente, significa contratar bem e sair do caminho?

MH: Acho que é mais que isso. Tem a ver com restrições, porque a criatividade envolve liberdade e restrições. É apertar e soltar, ser capaz de pensar sobre restrições instigantes e inspiradoras, em vez de limitações opressoras da alma. Comecei minha carreira na BBC: se você está fazendo um programa de meia hora, ele deve durar 27 minutos e 30 segundos. O que você aprende é que grandes escritores conseguem, mas os amadores fracassam. Assim, eu respeito muito as restrições, como indutor criativo.

Portanto, não se trata apenas de liberdade. Também é certificar-se de que as restrições não são estúpidas, que elas fazem sentido, que há sensatez no contexto. Muitas vezes, consiste em perceber que as pessoas são mais capazes do que talvez suponham, ou que elas têm em si algo diferente do que elas próprias imaginam. E tive gestores que viram em mim esses atributos. Assim, gosto de tentar agir da mesma maneira, sempre que possível, com outras pessoas. E isso envolve detectar oportunidades, onde pessoas, mercados e tecnologias se sobrepõem.

Algumas das pessoas mais criativas com quem trabalhei eram engenheiros de software. Eu os tratava como pessoas criativas, e, para minha surpresa ainda maior, eles demonstravam ainda mais criatividade.

Isso é o que considero o aspecto divertido, o lado bom da gestão.

O aspecto ruim, porém, que, provavelmente, vi com mais frequência, para ser honesta, é o que considero corrigir o dever de casa. É assim: esta é a descrição do cargo, com detalhes monótonos e confusos; estas são as regras e regulamentos; aqui estão os procedimentos operacionais; este é o manual; aqui está a cultura; esta é a estrutura de recompensas; eis os incentivos, não importa o que isso signifique; e aqui estão as ferramentas de avaliação do desempenho e toda a papelada de sempre. Eu vou me sentar aqui e mexer as alavancas dessa máquina complicada, para me certificar de que todos fazem exatamente o que devem fazer. O que garante que eles não farão nada mais. E isso significa que, se o escritório pegar fogo, ninguém vai acionar o alarme e pegar os extintores, porque isso não está previsto nas descrições de cargos.

E acho que essa forma de gestão foi validada e enraizada, detesto dizer isso, pelas escolas de negócios, pelos economistas e pelas pessoas que preferem uma visão mecânica da gestão, ao que considero um modelo orgânico, isto é, sistemático e integrado, da gestão.

Então, essa é uma abordagem ultrarrígida?

MH: E, segundo essa abordagem, se não puder ser medido, não tem valor. Minha tendência, porém, é pensar que, se não for mensurável, tem mais valor. A visão convencional é muito quantitativa.

Quando eu dirigia empresas de software, nos Estados Unidos, o principal investidor de minhas empresas era realmente um gênio matemático, e também um indivíduo muito criativo e imaginoso. Eu tinha e tenho muito respeito por ele. Certa vez eu lhe perguntei: "Como você sabe o que está acontecendo nas suas empresas?" Ele tinha cerca de 40 empresas. E respondeu: "Eu olho os números". Embora ele seja o cara mais brilhante em números que eu conheço, tenho certeza de que ele não sabia o que estava acontecendo nas empresas dele.

A gestão, no que tem de pior, realmente acredita que os números dizem a verdade. E eu nunca estive numa organização, boa ou má, em que os números dissessem toda a verdade.

Portanto, trata-se realmente do modelo mecânico da revolução industrial *versus* o modelo orgânico. O modelo orgânico, para mim, é realmente vibrante – ele está vivo? Ele está florescendo? Já o modelo mecânico é – será que eliminamos todos os defeitos? Será que estamos produzindo dispositivos perfeitos? E o que considero realmente interessante é que algumas empresas – embora elas não se vejam assim – seguem, com frequência, os dois modelos. Se você pensar em empresas farmacêuticas, por exemplo, elas precisam cultivar o lado criativo, os cientistas são indivíduos extremamente criativos, mas se você não tiver a gestão industrial, que elimina as falhas, em termos de produção, o que você produzir, apesar de toda a criatividade, não é seguro. O mais fascinante ocorre quando as duas abordagens se sobrepõem. Tenho visto com mais frequência a mentalidade industrial contaminar a cultura criativa do que o contrário. E acho que uma das razões de a indústria farmacêutica estar confusa é o fato de GQ (garantia de qualidade) ter superado a ênfase em P&D. E, assim, o anseio de fazer coisas maravilhosas, e pessoas intelectualmente capazes de fazer maravilhas, são constrangidas por uma máquina que não lhes dá liberdade.

GQ e fabricação têm a ver com eficiências, o que não é o caso de criatividade e inovação. São incompatíveis. Não podem conviver. Por isso é que o mundo mais amplo do pensamento organizacional está uma mixórdia – esses dois aspectos precisam coexistir, mas ninguém consegue imaginar qual e como deve ser a interface dos usuários.

Uma das pessoas sobre quem tenho escrito muito, um de meus cientistas favoritos, chama-se Uri Alon, do Weizmann Institute. Ele se refere a como, quando você faz uma inovação revolucionária – e o laboratório dele fez muitas – é preciso atravessar um período em que você não tem absolutamente nenhuma ideia do que está fazendo. E, sem passar por isso, você não está, efetivamente, fazendo um trabalho criativo. É preciso ir aonde ninguém foi antes. Mas é assustador – do ponto de vista emocional e intelectual e, às vezes, financeiro.

Exige muito apoio institucional e social, o que, para muitas organizações, parece uma mixórdia, como realmente é. Mas elas não compreendem que é uma mixórdia necessária.

Daí a sua ênfase na necessidade de uma abordagem mais colaborativa – "isso pode não ser nada, mas pode ser algo..."
MH: Exatamente – mas você não saberá se não prosseguir. Porque quem recua para o já conhecido nunca irá aonde nunca foi antes. É preciso ser ousado e enfrentar o assustador.

Se você volta para casa todos os dias pelo mesmo caminho, não há como ver algo novo. Se você ousar entrar no beco escuro, talvez seja um pouco assustador, mas as chances de descobrir o desconhecido são maiores.

Em defesa da eficiência, uma empresa como a Toyota tornou-se dominante – antes de descambar – por meio de um foco implacável na melhoria dos processos...
MH: Sim. E vamos ser muito claros – eu e você não queremos dirigir um carro que foi produzido com mentalidade criativa. O motivo pelo qual os carros se tornaram tão mais seguros ao longo dos anos é realmente termos melhorado muito nos processos de fabricação. O aspecto crucial, porém, é saber com o que estamos lidando. Minha observação é que o fato de a mentalidade industrial ter produzido todos esses resultados quantitativos comprova que ela é eficiente, faz com que as pessoas se sintam mais seguras e tranquilas, e passam a achar que tudo se resume nisso. E não é bem assim.

Será que os dados não resolverão tudo...?
MH: Acho que há dois aspectos aqui. Participei de muitas reuniões de Conselhos de Administração em que todos nos debruçávamos sobre planilhas eletrônicas, com massas de dados. Acho que ninguém compreendia o que os dados estavam dizendo. E, então, o que faziam era pedir mais dados.

Os dados, então, estão se convertendo em álibi fantástico. E agora podemos gerar tantos dados que até podemos nos afogar neles, como acontecerá com a maioria das pessoas.

Isso dito, é lógico que o *big data* pode nos mostrar muitas coisas importantes. Mas é preciso saber como fazer as perguntas. E nenhum cientista de dados importante – e conversei com muitos deles – acredita que tudo passará a ser feito pelas máquinas. Ninguém admite essa hipótese. As únicas pessoas que estão difundindo essa mensagem – e não são poucas – são profissionais de vendas e marketing, que esperam aterrorizá-lo com a ideia de que os humanos estão sendo substituídos pela tecnologia. Você pode chamar de arte de vendas ou propaganda, e, como seria de esperar, é parte da verdade, mas não toda a verdade.

Qual é a diferença entre liderança e gestão? Será que nos preocupamos demais com essa distinção?

MH: Durante muito tempo, fui realmente alérgica ao termo "liderança". Eu o achava um tanto pomposo. E nunca me considerei líder. A palavra "líder" nunca se encaixou na minha cabeça.

Mudei de opinião. Talvez tenha sido, em parte, por causa dessa tensão entre o rígido e o flexível, entre o industrioso e o criativo. Parte do trabalho da liderança é descobrir onde estamos, que tipo de problemas enfrentamos e o que precisamos fazer. É julgar a pertinência dessas questões em si. Mas também acho, cada vez mais, que o trabalho de liderança também deve consistir em compreender, desenvolver, articular e monitorar as relações entre a organização e a sociedade.

As controvérsias sempre foram estas: as empresas existem para servir à sociedade ou a sociedade existe para servir às empresas, o negócio dos negócios são os negócios, e estou plenamente convencida da opinião de que as empresas existem para servir à sociedade, porque, sem sociedade, as empresas não podem funcionar, e porque a sociedade é maior e mais complexa que as empresas em si. Mas a pessoa que trata dessas questões, que as negocia e que aprimora continuamente esse relacionamento deve ser o líder da organização.

Mas quando você dirigia empresas de tecnologia, havia uma placa com um grande L de líder na porta da sua sala?

MH: Eu não tinha porta! Eu sabia que eu era a CEO, mas... meu trabalho era fazer o que fosse melhor para o negócio. Esse era o objetivo do meu cargo. E se isso significasse servir pizza às pessoas, porque eu não sei escrever códigos e quem sabe escrever códigos precisa de pizza, isso seria o que eu faria. E se isso significasse percorrer o país levantando recursos para as pessoas escreverem códigos, também isso seria o que eu faria. E se isso significasse explicar aos investidores o que fazíamos, essa seria mais uma de minhas atribuições. Meu trabalho era fazer o que fosse melhor para o negócio.

A gestão no contexto de tecnologia é diferente?

MH: Tenho duas opiniões contraditórias a esse respeito. A primeira é que você não pode dirigir uma empresa de tecnologia se você realmente não for capaz de refletir sobre as consequências dessa tecnologia. Para tanto, é necessário que você tenha muita imaginação. E muitos líderes de tecnologia não são imaginosos – pensam só na tecnologia, não compreendem as consequências do uso da tecnologia no mercado. Os puros tecnólogos não são bons líderes. E as pessoas que só são líderes geralmente não são bons chefes de empresas de tecnologia. Não conseguem prever as possíveis consequências. Portanto, as empresas de tecnologia são negócios difíceis de dirigir. O mesmo se pode dizer das empresas de biotecnologia.

Se grande parte do negócio consiste em desenvolver produtos e serviços que ninguém já viu, o negócio em si, por definição, é extremamente difícil de dirigir. Não é possível fazer pesquisas de mercado e é preciso ter alta tolerância ao fracasso. É bom que seu estômago seja realmente forte. O dilema rígido/flexível estará presente o tempo todo em sua cabeça.

As empresas de tecnologia não podem ser dirigidas como negócios tradicionais. Os riscos ainda são enormes. Você não pode deixá-los crescer rápido demais. Não é bom que seus filhos cresçam rápido demais, como também não é bom que sua empresa se expanda rápido demais. Ela corre o risco de desenvolver hábitos de meia-idade, quando ainda está na adolescência.

A vida não é fácil para as empresas que estão tentando se tornar digitais – elas não sabem o que manter e o que descartar, em termos de pessoas, processos e práticas.

Isso dito, as empresas de tecnologia precisam de dirigentes que conheçam e valorizem seres humanos e que saibam se comunicar com os seres humanos, que pensem no ROI (retorno sobre o investimento), e que compreendam a relação entre a empresa e a sociedade por ela servida, a ser negociada com sutileza. E isso não é um requisito opcional. Se você quiser dinheiro de gente grande em mercados de gente grande, você deverá se cercar de pessoas capazes de se comportar como gente grande. Nesse caso, a supervisão cuidadosa é indispensável.

E quanto ao novo ambiente de trabalho multigeracional?

MH: Desenvolvi trabalhos a esse respeito com uma enorme empresa de construção civil. Eles me deixaram fazer algumas pesquisas.

E uma de minhas perguntas foi: com que idade as pessoas da empresa querem se aposentar? A bifurcação foi espetacular: os jovens queriam se aposentar por volta dos 50 anos, e os mais velhos preferiam se aposentar aos 100 anos!

Portanto – aí está o conflito. A mentoria multigeracional, porém, ajudou a lidar com esse choque. Os veteranos eram pessoas extremamente sábias, que haviam desenvolvido projetos imensamente complexos, e eram fontes valiosas de sabedoria; e os jovens estavam sedentos de sabedoria e famintos de mentoria, mas também se destacavam pela vivacidade e abertura, o que mantinha os veteranos realmente jovens e viçosos. A conjugação de história e valores é que foi de fato eficaz, não a intromissão pessoal.

A questão aqui realmente é justiça e equidade. Para mim, o grande problema é como pode a geração mais velha receber pensão e ter segurança, desfrutando tudo isso há muito tempo, e a geração mais jovem engolir contratos de zero horas, sem pensão nem segurança? Essa questão de justiça deve ser resolvida. Evidentemente, os jovens também querem segurança. Eles anseiam por escolhas do tipo de que desfrutaram as gerações anteriores. Eles definitivamente querem pensões, querem alguma segurança no futuro, querem ser capazes de morar perto do local de trabalho. Isso não significa que eles fiquem no mesmo emprego para sempre, mas eu também não fiquei, nem você...

Michael Kinsley diz que se a geração *baby boomer* quiser entrar para a história como uma grande geração, ela terá de começar a pagar pelos privilégios. Diminuir os déficits e custear o próprio cuidado. Precisamos aliviar as gerações mais jovens de alguns dos sacrifícios que lhes estão sendo impostos.

Poderíamos encontrar um tom positivo para finalizar?

MH: Vejo muitas coisas boas acontecendo, sobretudo entre as gerações. Adoro trabalhar com pessoas mais jovens, porque elas me mantêm jovem, e acho que elas gostam de trabalhar comigo, não só por causa dos meus conhecimentos, mas também porque demonstro interesse por elas, estou disposta a ouvi-las, e não poupo tempo em saciar minha curiosidade a respeito delas, e, embora ache que sei alguma coisa, não tenho a pretensão de saber tudo.

As organizações, com e sem fins lucrativos, são capazes de resolver os problemas que estamos enfrentando.

Lembro-me de algumas fases em minha carreira em que trabalhava com pessoas absolutamente brilhantes, e não acho que ninguém tinha a sensação de estar sendo gerenciado. Estávamos juntos, trabalhando melhor do que quando estávamos sozinhos. Às vezes, nessas situações, eu era a chefe, às vezes, não era. Mas há certos momentos de entusiasmo, em que as coisas realmente estão funcionando, e você sente que está crescendo. É quando qualquer coisa que chamamos de gestão realmente está produzindo resultados. E, quando isso acontece, a sensação é indescritível.

Apêndice 8

Rob Goffee e Gareth Jones

Além de serem dupla popular no circuito de palestras e conferências, Rob Goffee e Gareth Jones são coautores de vários livros influentes, como *Why Should Anyone Be Led by You?*, *The Character of a Corporation*, *Clever* e, mais recentemente, *Why Should Anyone Work Here?*

GJ: [sim, gravador digital] Mas onde está a fita...? [risadas]

O que a palavra "gestão" significa para você?
RG: Você quer começar?
GJ: É o trabalho de coordenação. Em qualquer sociedade que pratique ampla divisão de trabalho, há o que Karl Marx chama a necessária coordenação do trabalho, que geralmente é executada por alguém que denominamos gestor ou gerente. Mas se essa é a única resposta para a indispensável divisão do trabalho é uma pergunta interessante.
RG: Acho que a gestão tem sido muito criticada. Ela tem a ver com coordenação, como Gareth diz, mas muitos jovens brilhantes que saem das escolas de negócios estão interessados em empreendedorismo, liderança, criatividade, mercado financeiro, consultoria... Fico pensando se alguém entra numa escola de negócios e diz: "Quero ser gestor". Acho que não, e algumas instituições ainda se intitulam "faculdade de administração", mas essa palavra já teve sua época, o que não quer dizer que os gestores são irrelevantes, pois acho que eles são realmente importantes.

Muitos clientes empresariais que vêm para lugares como esse (London Business School) dizem que estão interessados em desenvolvimento da liderança. E, na verdade, o que realmente precisam é de desenvolvimento da gestão. Só que gestão não soa tão sexy quanto liderança.

Muitas empresas criativas precisam de melhor gestão. Talvez também necessitem de melhor liderança, mas, certamente, também precisam de melhor gestão. Mas esse é o lado "chato".

GJ: Escrevemos muito sobre liderança, mas, geralmente, antecipo minhas observações, advertindo: "Isso não significa que a gestão seja irrelevante". De fato, Rob e eu passamos grande parte da vida ajudando as pessoas a se tornarem melhores gestores.

Veja, por exemplo, o caso das "conversas difíceis". Você ficaria surpreso se soubesse a quantidade de executivos seniores que não são capazes de enfrentar essas situações. Não só os ingleses – em todo o mundo. É possível desenvolver essa habilidade. É impossível ensinar as pessoas a passar de pavoroso a maravilhoso, mas é possível ensinar os medíocres a se tornarem bons. Você pode ensinar técnicas, competências e práticas gerenciais que fazem grande diferença no desempenho organizacional.

Então, eu não posso escorchar a palavra "gestão", mas é interessante atentar para o discurso popular sobre situações como a ineficiência da saúde pública. De quem é a culpa? "Estruturas gerenciais inchadas" – o que, certamente, não é o caso do Reino Unido. O Serviço Nacional de Saúde britânico é uma organização altamente complexa, que precisa de muita gestão de interface, ou de interação com o público, e os seus principais atores, os médicos especialistas, não estão muito interessados em gestão. Portanto, alguém tem que exercê-la.

RG: Escrevemos este livro sobre pessoas que chamamos de "clevers" (os inteligentes), e se estamos caminhando para uma economia do conhecimento, em que as organizações estão cheias de gente inteligente, a última coisa em que estão interessadas é gestão. O que interessa para essas pessoas é a própria *expertise* e suas contribuições individuais.

Drucker disse que gestão é dificultar para as pessoas fazerem o próprio trabalho.

GJ: Às vezes, volto à BBC [onde Gareth foi diretor de recursos humanos, sob o diretor geral Greg Dyke], para uma festa de aposentadoria ou algo semelhante, e as pessoas me procuram e dizem: "Você é Gareth Jones, não é?"; respondo que sim, e elas comentam: "Você não era muito ruim. Você não interferia". E eu, na verdade, interpreto isso como um grande cumprimento. Muitos diretores de RH se intrometem o tempo todo.

No contexto da BBC, você quer que os grandes produtores de programas façam grandes programas. E sua função é eliminar toda a tralha que os impede de fazer grandes programas.

RG: Isso remonta ao nosso primeiro livro, *The Character of a Corporation*. Aquela coisa de sociabilidade/solidariedade. Onde as pessoas inteligentes querem trabalhar? As pessoas inteligentes querem trabalhar no que denominamos *organizações comunitárias*, que mudam o mundo – Apple, Google, religiões. Também querem trabalhar no que chamamos *organizações fragmentadas* – baixa sociabilidade, baixa solidariedade – bancos de investimento e empresas especialistas. Elas querem trabalhar nesses ambientes de trabalho um tanto estranhos, onde, basicamente, trabalham por conta própria ou trabalham com outras pessoas realmente inteligentes, com a intenção de mudar o mundo. O ambiente em que não querem trabalhar é o da maioria das grandes organizações, que denominamos *culturas de rede* – alta sociabilidade, baixa solidariedade –, que, no pior dos casos, são politiqueiras, facciosas, hierárquicas, sobregerenciadas e sublideradas. E o outro tipo é o que chamamos *organizações mercenárias* – alta solidariedade, baixa sociabilidade –, repletas de normas; pense no Serviço Nacional de Saúde Britânico nos últimos 20 anos, normas impostas por pessoas que em grande parte não compreendem o trabalho que os médicos especialistas e clínicos estão desenvolvendo, e, portanto, são inadequadas.

As organizações complexas e de grande porte, na maioria, tendem a ser mercenárias ou em rede. São aquelas onde os indivíduos inteligentes e talentosos não querem estar. Essa é uma das razões de a gestão ter má reputação, por se associar, principalmente, a burocracias políticas ou a organizações relativamente disfuncionais, que regulam e controlam em excesso, são imediatistas, e assim por diante.

A rejeição à gestão tem alguma coisa a ver com a rejeição às organizações.

GJ: Anos atrás, eu trabalhava na Glaxo, como então se chamava, com o Dr. Richard Sykes, chefe de P&D. Na época, eles estavam pesquisando três cefalosporinas, antibióticos muito poderosos. Todas as três falharam nos últimos estágios dos testes clínicos, apesar de todo dinheiro e tempo que gastaram no desenvolvimento dos três medicamentos. Sykes, então, escreveu uma carta aos líderes das equipes, dizendo: "Muito obrigado por matarem o projeto". Achei que aquilo era gestão criativa de alta inspiração, pois é muito comum na indústria farmacêutica que os novos produtos fracassem nos estágios finais. Não é possível gerenciar o processo de inovação da maneira convencional, pois os medicamentos são suscetíveis a falhas. Tudo o que se pode fazer é estimular as pessoas a prosseguirem. O final da carta era "O que vem em seguida? O que faremos agora?".

A propósito, o mesmo acontece no setor de música. Meu chefe na Polygram, Alain Levy, costumava dizer: "Nunca demito ninguém por contratar bandas ruins, porque, se você não contrata bandas ruins, nunca contratará bandas boas". Absolutamente certo. Você não pode se dirigir às pessoas e cobrar: "Eu gostaria que você contratasse o próximo Bob Marley, por favor. Você tem três semanas".

Então, correr riscos deve ser uma decisão sensata e legítima, sem medo da morte instantânea?

GJ: Sim, mas isso não significa, de modo algum, uma receita para a anarquia. Porque, no final das contas, se tudo o que você fizer for contratar bandas ruins, será demitido. E se tudo o que você fizer for desenvolver medicamentos ineficazes ou nocivos, os resultados serão desastrosos.

Sykes costumava dizer: "A pessoa mais importante nesta empresa é um bom cientista de laboratório. A única coisa que importa é a ciência". Embora Sir Paul Girolami tenha triplicado o preço do Zantac, o que também fez grande diferença...!

Sir Paul não tinha o hábito de conversar com os gerentes abaixo do topo para descobrir o que estava acontecendo, para ver que ideias não tinham chegado a ele?

GJ: MBWA (Management by Walking Around), ou gestão perambulante, foi um bom modismo. Se você não agir assim, as informações que chegarem a você serão assépticas.

RG: Ser um executivo – ou gestor – numa boa organização – oferece-lhe uma profusão de experiências de desenvolvimento, que, em grande parte, são subestimadas e negligenciadas por essas organizações e vendidas como algo útil a ser feito.

GJ: Anos atrás, Rob e eu lecionávamos em um programa da Unilever, intitulado Seminário de Gestão Internacional, destinado a executivos na faixa dos 30 anos. Os grupos não podiam ser mais interessantes.

RG: A empresa tinha a intenção de empurrar as pessoas para fora das suas disciplinas, de seus negócios, de suas culturas. Os participantes saíram do programa mais redondos, mais flexíveis e mais experientes, e sabemos que esse tipo de vivência impulsiona a liderança.

GJ: Experiências precoces ricas e variadas.

RG: É possível conseguir esses resultados em programas de desenvolvimento de gestão sofisticados. As empresas, porém, nem sempre conseguem torná-los atraentes.

Quando você se apresenta diante de um grupo de executivos da Nestlé ou da Unilever, na casa dos 30 ou dos 40 anos, talvez você se defronte com um dos públicos mais difíceis de lidar, e a explicação para essa dificuldade é que eles são incrivelmente capazes! E são bons assim por que já passaram por outras experiências de desenvolvimento da gestão.

GJ: Eu me lembro de um executivo de marketing da Unilever, que foi incumbido de dirigir uma fábrica no norte da Itália. Ele nunca tinha dirigido uma fábrica antes. Ao chegar à fábrica, de táxi, foi recebido por uma multidão de trabalhadores saindo da fábrica, em greve. E pensou: "Cristo, nunca enfrentei esse tipo de coisa antes. Não temos greves em marketing!" E perguntou ao motorista o que estava acontecendo, e ele respondeu: "Ah, não se preocupe, eles sempre fazem isso quando chega um novo chefe." Mas, depois de dois anos, ele tinha se tornado uma pessoa diferente... e acabou assumindo grande parte do negócio.

Os gestores realmente competentes têm um vasto conjunto de competências. Se for possível borrifar a liderança com esses tipos de competências, a organização decolará.

E quanto ao problema de ter excesso de normas no negócio?

GJ: Recomendamos ter tantas normas quanto necessário, mas não mais. A segurança pode ser crítica em alguns negócios. Mas também é possível ter essa proliferação de normas em outros lugares. Certa vez, eu disse ao diretor geral da BBC que havia tantas regras na organização que era impossível não as transgredir. E isso significava que a maioria delas era ignorada. O que, evidentemente, leva a todos os tipos de excessos organizacionais – até ouso dizer que é como o escândalo de [Jimmy] Savile.

RG: As organizações geralmente tentam descartar parte das normas, mas as evidências mostram que elas acabam voltando. Em nosso livro mais recente [*Why Should Anyone Work Here?*], propusemos que as organizações tivessem menos normas, mais simples, mas a proposta de normas mais simples foi a que causou mais controvérsias. E, evidentemente, o excesso de normas irritará e afastará seu pessoal mais inteligente e criativo.

É realmente uma situação difícil. Max Weber talvez estivesse certo: à medida que as organizações crescem, os processos burocráticos se tornam mais volumosos e complexos. A questão é ter normas compreensíveis. Em geral, as pessoas não compreendem as normas, daí a conotação negativa de burocracia, o que não era a intenção inicial de Max Weber. O fato, porém, é que os sistemas são realmente necessários.

GJ: Nossa distinção é entre sistematização, processo indispensável nas grandes organizações, e burocratização, quando não se sabe para que servem as normas. São apenas normas. Mas não há como eliminar de todo a tendência à burocratização. Nosso conselho pragmático é que, ao criar uma nova norma, você elimine duas outras já existentes. Do contrário, você terá a proliferação da burocracia. Um punhado de valores comuns vale mil normas.

RG: Sim, antes de criar nova norma, que tal tentar confiar nas pessoas, o que é uma opção mais arriscada, mas pode dar certo.

Gareth, porque você acha que a gestão ainda tem esse problema de imagem?

GJ: Em parte, tem a ver com a ressaca do taylorismo. Taylor dividia o trabalho em concepção (pensar) e em execução (fazer). E concentrava a função de pensar nos gestores. E muitas organizações modernas ainda não superaram a ressaca do taylorismo. E, naturalmente, muitos dos dados realmente deprimentes sobre os baixos níveis de engajamento são realmente consequência da aplicação da mentalidade taylorista que concerne às organizações.

Um dos legados do taylorismo se manifesta quando você tenta reformulá-lo e encontra resistência por parte das mesmas pessoas a quem você vinha dizendo o que fazer todos esses anos. Donald Roy descreveu muito bem essa reação em seus artigos pioneiros e luminosos de fins da década de 1940 – "Efficiency and the Fix", "Quota restriction and goldbricking in a machine shop". E explica como os trabalhadores manipulam o sistema de remuneração por peça ou volume. Diz ele: "Os trabalhadores em minha oficina eram excelentes em cálculos... O símbolo do dólar esvoaçava sobre todas as máquinas". Hoje sabemos que é impossível conceber sistemas desse tipo à prova de fraude. É muito melhor dizer aos trabalhadores: por que vocês não propõem seu próprio sistema de remuneração por peça ou volume? No final das contas, teremos alguma coisa com que todos concordamos.

Como expulsar do ambiente de trabalho os instintos maléficos do taylorismo?

GJ: Donald Roy dizia: "Entrei num sino de mergulho e imergi até o fundo", o que, evidentemente, era uma ideia radical na década de 1940. Tem a ver com reconectar os altos executivos com o que realmente está acontecendo na organização. Uma das primeiras empresas em que trabalhei foi nas cervejarias Bass. Os membros do Conselho de Administração da Bass tinham de visitar um *pub* todos os dias, como um dos itens da sua descrição de cargo – não necessariamente um *pub* da empresa. Mas você tinha que ir a um *pub*, e tinha que observar as pessoas consumindo o produto. Certa vez, o chairman me disse: "Você é o único consultor que já tivemos que realmente gosta do produto!"

Um americanismo de que realmente gosto é "esteja onde a borracha encosta na estrada". Se você pensar em cargos típicos da sede social ou do escritório central, onde se reúne a alta administração e se executam as funções de apoio, se as pessoas não frequentarem deliberadamente os locais onde a "borracha encosta na estrada", tudo o que se consegue é uma versão imaginária e fantasiosa do mundo. Você capta, no máximo, uma visão asséptica, geralmente quantitativa, do que está acontecendo.

RG: O problema é que os gestores nem sempre acham que têm tempo para sair e ver o que realmente está ocorrendo. Eles supõem, erroneamente, que podem fazer tudo com o computador. A pressão para cumprir metas de curto prazo é opressora. Em nosso livro *Why Should Anyone Work Here?*, as melhores organizações que analisamos não eram sociedades anônimas, elas tinham outras estruturas de propriedade. Nem todas, mas a maioria. Essa situação lhes permite adotar perspectiva mais longínqua. Acho que, se você não assumir esse compromisso duradouro de melhorar a organização e a gestão, você não conseguirá; você focará no tipo errado de metas de curto prazo, dos pontos de vista individual e organizacional.

Será que as organizações conseguem evitar o próprio fracasso?

RG: A boa cultura pode degenerar em algo ruim, sem se dar conta do processo, e, quando perceber, já é tarde demais. Você descamba para o negativo, mas você precisa sair do buraco e desbravar o caminho para a frente.

GJ: A Marks and Spencer é um bom exemplo disso. Ela foi uma das principais empresas varejistas da Europa durante muito tempo. No fim, os executivos seniores não sabiam realmente o que estava acontecendo, e os poucos que realmente conheciam a realidade não eram ouvidos. Portanto, não havia ligação com o mundo real do trabalho. Obviamente, situações como essa envolvem riscos para as escolas de negócios. Embora todo mundo aqui seja superinteligente, é óbvio!

Eu tinha um aluno tão brilhante que, durante as discussões sobre casos de negócios, ele chegava a levantar a mão a meia altura, quando já tinha a resposta, antes de todos os demais. Depois de três semanas nisso, eu disse a ele: "Olha, você para de atrapalhar as minhas aulas e eu ensino você a ser um ser humano!" E ele foi bastante inteligente para concordar: "Tudo bem, negócio fechado!"

RG: Uma das coisas que digo em sala de aula é que os líderes influenciam a evolução da cultura. As pessoas parecem gostar disso. Em seguida, acrescento – mas você não pode gerenciar a cultura. Os líderes podem influenciar a evolução da cultura quase sempre por meio do exemplo das próprias ações. Mas a cultura é, em grande parte, um resultado do comportamento. E o comportamento pode ser gerenciado.

O que você gerencia é o comportamento. E essa é uma contribuição honrosa para a evolução das culturas. Mas, evidentemente, o processo de gestão não parece receber os créditos devidos, porque nosso foco se concentra na maneira como os líderes influenciam a cultura.

GJ: Essa é a função da coordenação. O trabalho da coordenação.

RG: E, na economia do conhecimento, o desafio das organizações é gerenciar essas imbricações, essas sobreposições e matrizes. Isso tem a ver com a gestão inteligente da coordenação.

GJ: Agora, há quem o denomine gestão da cadeia de fornecimento. E isso também é uma tarefa de coordenação.

Apêndice 9

Tom Peters

Tom Peters é o autêntico (e muitos diriam o melhor) guru da gestão. É coautor do best-seller *In Search of Excellence* (com Robert Waterman), de 1982 (ed. bras. *Vencendo a Crise)*, a que se seguiram mais de uma dúzia de outros títulos, a maioria traduzidos.

Que pensamentos lhe vêm à mente, ao ouvir a palavra "gestão"? O que ela significa para você?

TP: Discordei de muitas coisas que Peter Drucker disse – embora nem sempre isso seja permitido –, mas alguém lhe perguntou, alguns anos atrás, qual ele considerava ter sido sua maior contribuição, e ele respondeu que tinha, de fato, reformulado a gestão como "arte liberal". Para mim, essa consideração é extremamente importante, e se destaca como uma das muitas razões pelas quais acho que as escolas de negócios, francamente, são uma mixórdia!

Eu mesmo, agora, estou trabalhando em um novo livro, cujo contexto é: a tecnologia está avançando como um trem expresso. Você conhece as previsões de quantos trabalhos burocráticos desaparecerão. Para sobrevivermos a esse massacre, precisamos ir além de explorar a inteligência artificial, e, provavelmente, os sobreviventes revitalizarão as empresas na condição de artistas, por meio da arte, com mais sensibilidade, não importa qual seja a palavra que melhor expresse essa forma de atuação.

Li recentemente um livro, *When Breath Becomes Air,* de Paul Kalanithi (ed. bras. *O último sopro de vida*, trad. Claudio Carina, 2016). O autor é um neurocirurgião que contraiu um câncer terrível, e morreu. É um livro maravilhoso que, merecidamente, foi muito elogiado pela imprensa. Ao lê-lo, tive um momento de reconhecimento e inspiração. Sim, ele era um neurocirurgião que salvou muitas vidas, o que é de importância profunda. Muitos gestores, porém, têm a oportunidade real de salvar muito mais vidas do que um neurocirurgião. E o argumento é o seguinte: a gestão é o manejo de assuntos humanos; como tal, a gestão é, efetivamente, a mais elevada de todas as artes humanas. Porque com a gestão estamos tentando ajudar nossos companheiros, sejam eles três, seis ou sessenta mil.

Robert Altman, o diretor de cinema, tem uma passagem maravilhosa. Quando ganhou um Oscar pelas realizações de sua vida, ele disse que o papel do diretor é criar espaços onde atrizes e atores podem se tornar mais do que já foram, mais do que jamais sonharam em ser. Em minha opinião, a mesma consideração se aplica a alguém que dirija uma pequena equipe de arrumadeiras do Four Seasons, em Londres.

A gestão é, realmente, uma atividade complexa, e torna-se cada vez mais complexa. As escolas de negócios, infelizmente, a reduziram a projetos de marketing e a fórmulas contábeis. Meu orientador na minha tese me disse – é mesmo muito interessante – quando as crianças chegam aqui, aos 26 anos, para fazer o MBA, só querem saber de finanças e marketing; quando voltam, aos 38 anos, para se reciclarem em programas de educação executiva, o mais importante são as questões de pessoal.

O que você acha da distinção que algumas pessoas fazem entre liderança e gestão?

TP: Basta dizer o seguinte: essa alegada diferença entre liderança e gestão é a mais completa besteira, uma ideia inútil e contraproducente. Tudo se resume em fazer coisas por meio de pessoas. Para mim, a maneira mais sensata de expor a questão é: o bom gestor tem que ser bom líder e o bom líder tem que ser bom gestor, ponto final.

Adoro Warren Bennis, e o perdoo pela distinção entre liderança e gestão, mas com relutância!

No contexto de todas essas novas tecnologias, será que a gestão está ficando mais difícil?

TP: Os seres humanos são seres humanos, e, embora o contexto da gestão esteja mudando, há uma dimensão humana que, provavelmente, não mudará. Estou lendo agora um livro impressionante, intitulado *The Distracted Mind: Ancient Brains in a High-Tech World*, que diz, basicamente, que a tecnologia está arruinando nosso cérebro. Outro livro maravilhoso, escrito em 2012 por Frank Partnoy, *Wait* (ed. bras. *Como fazer a escolha certa,* trad. Ana Beatriz Rodrigues, 2013), cuja mensagem básica é que a única coisa que nos diferencia de outros animais é a capacidade de desacelerar e de refletir antes de agir. Literalmente, fazer pausa, ou pausar, é o que nos distingue como humanos.

Algo está acontecendo com a tecnologia que nos obrigará a encarar o mundo de maneira diferente. Isso é diferente.

Vale a pena refletir sobre a diferença entre Inteligência Artificial (AI) e Inteligência Aumentada (IA). Usaremos as novas tecnologias para nos ajudarem a ser mais humanos, ou seremos substituídos por elas?

Eu estava jantando com o CEO de uma das maiores empresas de investimentos do mundo e ele me perguntou: "O que você acha que é a principal deficiência dos nossos CEOs?", e, como um cara muito esperto, respondi: "Eu poderia lhe dar 50, mas não sei qual você poria em primeiro lugar". Mas a resposta que recebi foi espantosa: "Não leem o suficiente".

Uns dois anos atrás, entrei em recesso durante um período sabático de uns 12 meses, para pôr as leituras em dia. Eu me congratulava ao supor que estivesse um pequeno passo à frente da multidão, mas, ao olhar com atenção, percebi que já não via as pessoas à minha frente! A leitura não me pôs na dianteira, mas, pelo menos, eu agora conseguia ver os retardatários na cauda rarefeita da multidão. Posso ter conversas inteligentes com as pessoas que conhecem bem esse tema.

Os veículos autônomos estão chegando, mas não chegarão amanhã. Essa tendência demorará um pouco para pegar. Grande parte disso levará uns 10 a 20 anos para se difundir, e muita coisa continuará na mesma nesse meio-tempo.

Outro conceito equivocado predominante é que estamos todos trabalhando para empresas do FTSE 100 ou da Fortune 500, o que simplesmente não é verdade – 80% das pessoas trabalham para pequenas empresas. Devemos nos lembrar disso.

Dois livros importantes para mim, mais recentemente, foram *Quiet*, de Susan Cain, 2012 (ed. bras. *O poder dos quietos*, trad. Ana Carolina Bento Ribeiro, 2012), sobre ouvir a outra metade das pessoas que são introvertidas, e *Wait*, de Frank Partnoy (2012). Eles nos ensinam muita coisa.

E, no entanto, muito se fala sobre aceleração dos negócios, agilidade, pivotar (corrigir o curso), e assim por diante.

TP: Olha, o meu mais importante banqueiro de investimento me disse que os CEOs devem ler mais, e... detesto essa m★★★ de "agilidade"! Não existe essa coisa de um processo que faz tudo funcionar automaticamente. Certa vez, escrevi um trabalho que nunca publiquei, mas que é sobre um dos temas de que mais gostei, intitulado "Systems have their place: second place" [Os sistemas têm seu lugar: segundo lugar]. E basicamente conclui: "cultura primeiro".

Lou Gerstner e eu éramos arqui-inimigos, porque ele era o Sr. Estratégia e eu era o Sr. Cultura, embora não usássemos o termo "cultura" naquele tempo. Mais tarde, ele escreveu seu livro *Who Says Elephants Can't Dance?*, 2002 (ed. bras. *Quem disse que os elefantes não dançam?*, trad. Afonso Celso da Cunha Serra, 2003), sobre seus tempos na IBM, e nele há um parágrafo que me fez chorar copiosamente, porque ele disse que ele evitava tudo o que fosse "soft", para focar no "hard" das métricas e das estratégias; só que a cultura não é parte do jogo, a cultura é o jogo. Dei uma palestra no ano passado, e comecei com uma foto minha, com roupas de mulher, representando Elizabeth Cady Stanton, que contribuiu para a adoção do sufrágio universal nos Estados Unidos. Meu primeiro slide era sobre 70 anos, 8 meses, 3 dias e 6 horas em que as pessoas se empenharam nesse projeto, desde a primeira reunião, em 1838, até o dia, em 1920, em que a emenda constitucional foi aprovada. E concluí: minha ideia de projeto é 80 anos.

Quando uma ideia passa a ser escrita com letra maiúscula ela se torna religião, e, então, torna-se basicamente inútil. E isso é o que sinto em relação a Ágil! Com A maiúsculo! Treinamento Ágil! Certificação Ágil! Voltemos a Drucker e à gestão como arte liberal.

Henry Mintzberg certa vez citou algumas pesquisas segundo as quais os graduados em "artes mecânicas", como negócios, engenharia, etc. recebiam de duas a três vezes mais ofertas de emprego do que os graduados em "artes liberais", com o dobro do salário, mas que, 20 anos depois, os graduados em artes liberais deixavam os graduados em artes mecânicas na poeira. Assim, Henry indaga qual seria a melhor preparação para a gestão. Uma graduação em filosofia. Ponto não trivial. Muito pelo contrário, a questão se torna mais importante à medida que você tenta lidar com a velocidade da mudança.

Tempo para refletir é importante.
TP: Discuti essa questão recentemente com alguns executivos de bancos. Lembrei-lhes de que não existe documento legal que os obrigue a responder a um e-mail ou a uma mensagem instantânea em 45 segundos. Sei que seu chefe espera que você responda rápido, e você provavelmente terá que responder; mas você não precisa se meter com o seu pessoal. Isso não tem nada a ver com filosofia. O que você realmente precisa é de autodisciplina, ou de um mentor, ou de um colega... podemos desacelerar. Eu o denomino "o pecado de enviar" – espere cinco minutos antes de clicar no botão.

Eu tinha um editor, nos tempos das máquinas de fax, que dizia: "Sou meio esquentado e não quero ser capaz de responder imediatamente." E isso foi nos dias das máquinas de fax. Ele não queria se valer delas.

Que tipo de intervenções realmente fazem diferença?

TP: Em meu novo livro, escrevi um capítulo sobre liderança, mas ele é simplesmente intitulado "Algum material" – 29 coisas que você pode tentar. É Howard Schultz indo a 25 lojas Starbucks por semana; é o ex-chefe da Campbell's Soup escrevendo em dez anos 30.000 notas de agradecimento. Saia do escritório e escreva algumas notas de agradecimento. Não precisam ser profundas, mas elas por certo ajudarão.

Contratar. Eis um lampejo ofuscante do óbvio. Sou um grande fã da Southwest Airlines. Perguntei à ex-presidente Colleen Barrett: "Para que você contrata pessoas?", e ela respondeu: "Para ouvirem, cuidarem, dizerem obrigado, e serem calorosas". Isso se aplica a pilotos assim como a comissários de bordo. E vi com meus próprios olhos isso funcionar na prática.

Prego a MBWA, gestão perambulante, há 35 anos, mas sei que as tarefas se acumulam e em alguns dias você não consegue sair do escritório.

A autodisciplina é importante. Assim como a cara-metade ou um melhor amigo.

Como sempre, estou disposto a culpar as escolas de negócios por muitas coisas. Mas elas não ensinam essas coisas.

Um amigo da McKinsey uma vez me disse: "Quem se torna líder aqui? São as pessoas menos ruins no relacionamento com outras pessoas, ou as pessoas mais 'boas de gente'". Essa é parte da resposta. Contratamos pelas razões erradas; não contratamos para ouvir, cuidar e dizer obrigado. Contratamos mal, promovemos mal, as escolas de negócios ensinam o que não interessa e enfatizam o que é menos relevante.

REFERÊNCIAS

Introdução

BIRKINSHAW, J. *Reinventing Management: Smarter Choices for Getting Work Done.* São Francisco, CA: Jossey-Bass: 2010.

THE Boss Baby. Produção de Ramsey Ann Naito. Direção de Tom McGrath. Glendale, CA: Dreamworks Animation, 2017.

THE Office. Produção de Steve Carell et al. Nova York: NBC, 2005-2013.

Mito 1

COLLINS, J. *Good to Great: Why Some Companies Make the Leap… and Others Don't.* Nova York: William Collins, 2001.

GOFFEE, R.; JONES, G. *Why Should Anyone Be Led by You? What It Takes to Be an Authentic Leader.* Boston: Harvard Business School Press, 2006.

HERSEY, P.; BLANCHARD, K. H. *Management of Organizational Behavior: Utilizing Human Resources.* Englewood Cliffs, NJ: Prentice Hall, 1969.

ROSENZWEIG, P. *The Halo Effect… And Eight Other Business Delusions that Deceive Managers.* Nova York: Free Press, 2007.

Mito 2

KETS DE VRIES, M. *The Leader on the Couch: A Clinical Approach to Changing People and Organizations.* São Francisco, CA: Jossey-Bass, 2006.

MARMOT, M. et al. Health Inequalities Among British Civil Servants: The Whitehall II Study. *The Lancet,* v. 337, n. 8754, p. 1387–93, 1991.

PIKETTY, T. *Capital in the Twenty-First Century.* Boston: Harvard University Press, 2014.

Mito 3

JAPAN Panel Proposes Capping Overtime at 720 Hours a Year. *The Japan Times,* 2 maio 2017. <http://www.japantimes.co.jp/news/2017/02/15/national/japan-panel-puts-forth-proposal-cap-overtime-720-hoursyear/#.WWSC-V-GQyUl>.

BRITAIN at Work. *Lansons,* 2015. <http://www.lansons.com/britain-at-work-even>.

Mito 4

FROM BEST to Good Practice HR: Developing Principles for the Profession. *CIPD,* 2015. <https://www.cipd.co.uk/knowledge/strategy/hr/goodpractice-report?_ga=2.123483656.245948691.1497960773-1662614946.1497960773>.

GOFFEE; JONES, 2006.

MAGNUM Force. Produção de Robert Daley. Direção de Ted Post. Burbank, CA: Malpaso Productions, 1973. Estrelado por Clint Eastwood como o inspetor Harry Callahan.

Mito 5

NOBEL Prizes and Laureates. Oliver E. Williamson – Facts. *Nobelprize.org*, 2009. <https://www.nobelprize.org/nobel_prizes/economic-sciences/laureates/2009/williamson-facts.html>.

STERN, S. The Challenge of Straight Talking. *Financial Times*, 20 out. 2008. <https://www.ft.com/content/755d8364-9eb8-11dd-98bd-000077b07658>.

I, Claudius. Produção para TV escrita por Jack Pulman e estrelada por Derek Jacobi. Direção de H. Wise. Londres: BBC, 1976.

Mito 6

BEZOS, J. Carta para os acionistas da Amazon. *GeekWire*, 2017. <https://www.geekwire.com/2017/full-text-annual-letter-amazon-ceo-jeff-bezos-explainsavoid-becoming-day-2-company/>.

Mito 7

GOFFEE, R.; JONES, G. *Clever: Leading Your Smartest, Most Creative People.* Boston: Harvard Business School Press, 2009.

HAMEL, G. *The Future of Management.* Boston: Harvard Business School Press, 2007.

PFEFFER, J. You're Still The Same: Why Theories of Power Hold Over Time and Across Contexts. *The Academy of Management Perspectives*, 1 nov. 2013. <http://amp.aom.org/content/27/4/269.short>.

Mito 8

EMERSON, R. W. *Self-Reliance and Other Essays.* [1841] Disponível em: <digireads.com>. Acesso em: 10 mar. 2018.

Mito 9

GILL, A A. The Parenting Trap. *Vanity Fair,* dez. 2012. <http://www.vanityfair.com/culture/2012/12/aa-gill-schools-ruining-our-kids>.

HISCOX: The Art of Risk. Produção de C. Koch, C. *Director*, 18 jan. 2016. <http://www.director.co.uk/14550-2-the-art-of-risk>.

MONTY Python's Life of Brian. Produção de John Goldstone. Direção de Terry Jones. Londres: HandMade Films, 1979.

Mito 10

KAY, J. The High Cost of ICI's Fall from Grace. *John Kay,* 2003. <https://www.johnkay.com/2003/02/13/the-high-cost-of-icis-fall-from-grace/>.

KAY, J. Drug Companies Are Built in Labs Not Boardrooms. *John Kay*, 2014. <https://www.johnkay.com/2014/05/07/drug-companiesare-built-in-labs--not-boardrooms/>.

KENNEDY, J. F. Inaugural Address of President John F Kennedy. *John F Kennedy Presidential Library and Museum*, 1961. <https://www.jfklibrary.org/Research/Research-Aids/Ready-Reference/JFK-Quotations/Inaugural-Address.aspx>.

HENRY Mintzberg. Interview. *Thinkers 50*, 2011. <http://thinkers50.com/interviews/henry-mintzberg-interview/>.

Mito 11

DRUCKER, P. Essay. *Managing in the Next Society*. Nova York: St Martin's Griffin, 1984.

MADE to Measure. *High Pay Centre*, 2015. <http://highpaycentre.org/files/FINAL_MADE_TO_MEASURE.pdf>.

Mito 12

DWECK, C. S. *Mindset: The New Psychology of Success*. Nova York: Random House, 2006.

JACOBS, C. *Management Rewired: Why Feedback Doesn't Work and Other Surprising Lessons From the Latest Brain Science*. Nova York: Portfolio, 2009.

Mito 13

SUROWIECKI, J. *The Wisdom of Crowds: Why the Many Are Smarter Than the Few*. Londres: Abacus, 2004.

Mito 14

HUNT, V. *et al.* The Power of Parity: Advancing Women's Equality in the United Kingdom. *McKinsey*, 2016. <http://www.mckinsey.com/global-themes/women--matter/the-power-of-parity-advancing-womens-equality-in-the-unitedkingdom>.

SANDBERG, S. *Lean in: Women, Work and The Will To Lead*. Nova York: Alfred A. Knopf, 2013.

WITTENBERG-COX, A. *How Women Mean Business: A Step by Step Guide to Profiting from Gender Balanced Business*. Hoboken, NJ: Wiley, 2010.

Mito 15

DANNATT, R. Bill Slim Was an Inspiration – And the Greatest of Our Generals. *Daily Telegraph*, 8 abr. 2011. <http://www.telegraph.co.uk/history/worldwar two/8436002/Bill-Slim-was-an-inspiration-andthe-greatest-of-our-generals.html>.

Mito 16

BIANCHI, J. The First 90 Days: Secrets to Succeeding at a New Job. Entrevista concedida a Michael Watkins. *LearnVest*, 10 jun. 2014. <https://www.learnvest.com/2014/06/new-job-success>.

FREELAND, C. Entrevista concedida a Andrew Liveris. *Financial Times*, 1 jun. 2007. <https://www.ft.com/content/9ec78344-1061-11dc-96d3-000b-5df10621>.

NEFF, T.; CITRIN, J. *You're in Charge – Now What? The 8 Point Plan*. Nova York: Crown Business, 2007.

WATKINS, M. *The First 90 Days: Proven Strategies for Getting Up to Speed Faster and Smarter*. Boston: Harvard Business School Press, 2003.

Mito 17

FITZSIMMONS, A.; ATKINS, D. *Rethinking Reputational Risk: How to Manage the Risks that Can Ruin Your Business, Your Reputation and You*. Londres: Kogan Page, 2017.

HANCOCK, M.; ZAHAWI, N. *Masters of Nothing: The Crash and How It Will Happen Again Unless We Understand Human Nature*. Londres: Biteback, 2011.

Mito 18

BIRCHALL, J. Entrevista concedida a Lee Scott, do Wal-Mart. *Financial Times*, 6 abr. 2008. <https://www.ft.com/content/397effaa-028f-11dd--9388-000077b07658>.

Mito 19

CAMPBELL, A. Corporate Reputation: Alastair Campbell, Portland – Nine Lessons in Strategy. *PR Week*, 2012. <http://www.prweek.com/article/1152051/corporate-reputation alastair- campbell-portland--nine-lessons-strategy>.

KAY, J. Strategic Advantage. *John Kay*, 5 ago. 1998. <https://www.johnkay.com/1998/08/05/strategic-advantage>.

MARTIN, R.; LAFLEY, A. G. *Playing to Win: How Strategy Really Works*. Boston: Harvard Business Review Press, 2013.

MINTZBERG, H. *The Rise and Fall of Strategic Planning*. Nova York: Free Press, 1994.

MINTZBERG, H.; LAMPEL, J.; AHLSTRAND, B. *Strategy Bites Back*. Londres: FT Prentice Hall, 2004.

RUMELT, R. *Good Strategy, Bad Strategy: The Difference and Why It Matters*. Nova York: Crown Business, 2011.

Mito 20

DAVIDSON, A. UK: The Davidson Interview – Gerry Robinson. *Management Today*, 1995. <http://www.managementtoday.co.uk/uk-davidson-interview-gerry-robinson/article/410472#mRA4o0vBKbpPwee6.99>.

LACK of Flexibility Is Killing UK Productivity *Red Letter Days for Business*, 14 out. 2015. <https://www.redletterdays.co.uk/companyupdates/14-10-2015>.

SAUNDERS, A. Power Part Timers 2017 – Flexible Heroes. *Management Today*, 2017. <http://www.managementtoday.co.uk/power-part-timers-2017-flexible-heroes/your-career/article/1421373>.

MUMS Forced Out Due to Lack of Flexible Jobs. *Workingmums*, 2016. <https://www.workingmums.co.uk/mums-forced-due-lack-flexible-jobs/>.

Mito 21

FISHMAN, C. Whole Foods Is All Teams. Entrevista concedida a John Mackey. *Fast Company*, 1996. <https://www.fastcompany.com/26671/whole-foods-all-teams>.

FURNHAM, A. Executive Pay: Is It Fair? *Chartered Management Institute*, 2015. <http://www.managers.org.uk/insights/news/2015/october/executive-pay--is-it-fair>.

Mito 22

EMRICH, M. *Abraham Maslow* (1908–70). Disponível em: <http://www.muskingum.edu/~psych/psycweb/history/maslow.htm>. Acesso em: 10 mar. 2018.

FEDER, B. J. F. I Herzberg, 76, Professor and Management Consultant. *New York Times*, 1 fev. 2000. <http://www.nytimes.com/2000/02/01/business/f-i--herzberg-76-professor-and-managementconsultant.html?mcubz=2>.

HERZBERG, F. One More Time: How Do You Motivate Employees? [1968] *Harvard Business Review*, reimp. jan./fev. 2003. <https://hbr.org/2003/01/one-more-time-how-do-you-motivate-employees>.

KETS DE VRIES, 2006.

MARTIN E. P. Seligman. *Positive Psychology Center*, [s.d.]. <https://ppc.sas.upenn.edu/people/martin-ep-seligman>.

Mito 23

ARNTZ, M.; GREGORY, T.; ZIERAHN, U. The Risk of Automation for Jobs in OECD Countries: A Comparative Analysis. *OECD Social, Employment and Migration Working Papers*, 2016. <http://www.oecd-ilibrary.org/social-issues-migration-health/the-risk-of-automation-for-jobs-in-ecdcountries_5jlz9h56dvq7-en>.

CHAFFIN, J. Farm Robots Ready to Fill Britain's Post-EU Labour Shortage. *Financial Times*, 25 abr. 2017. <https://www.ft.com/content/beed-97d2-28ff-11e7-bc4b-5528796fe35c?mhq5j=e2>.

DAVENPORT, T.; KIRBY, J. *Only Humans Need Apply: Winners and Losers In the Age of Smart Machines*. Nova York: HarperBusiness, 2017.

DENNETT, D. Philosopher Daniel Dennett on AI, Robots and Religion. *Lunch with the FT*, mar. 2017. <https://www.ft.com/content/96187a7a-fce-5-11e6-96f8-3700c5664d30>.

FREY, C. B.; OSBORNE, M. A. The Future of Employment: How Susceptible Are Jobs to Computerisation? *Oxford Martin School*, 2013. <http://www.oxfordmartin.ox.ac.uk/publications/view/1314>.

JACOBSON, H. A Point of View. *BBC Radio 4*, 2017. <http://www.bbc.co.uk/programmes/b08ns2m6>.

MASUNAGA, S. Robots Could Take Over 38% of US Jobs Within About 15 Years, Report Says. *Los Angeles Times*, 24 mar. 201. <http://www.latimes.com/business/la-fi-pwc-robotics-jobs-20170324-story.html>.

MURGIA, M. Satya Nadella, Microsoft, On Why Robots Are the Future of Work. *Financial Times*, 29 jan. 2017. <https://www.ft.com/content/7a03c1c-2-e14d-11e6-8405-9e5580d6e5fb>.

O'CONNOR, S. Never Mind the Robots: Future Jobs Demand Human Skills. *Financial Times*, 16 maio 2017. <https://www.ft.com/content/b893396c--3964-11e7-ac89b01cc67cfeec>.

TAYLOR, F. W. *Principles of Scientific Management*. Nova York: Harper and Brothers, 1911.

Mito 25

CABLE, D. *Change to Strange: Create A Great Organization by Building a Strange Workforce*. Londres: FT Prentice Hall, 2007.

ERICKSON, T. The Future of Work: Firms Must "Mobilise Intelligence". *Human Resources*, 2017. <http://www.hrmagazine.co.uk/article-details/the--future-of-work-firms-must-mobilise-intelligence>.

YES, Minister. Produção de Stuart Allen, Sydney Lotterby e Peter Whitmore. Londres: BBC, 1980-1988.

Mito 26

BLOOM, P. *Against Empathy: The Case for Rational Compassion*. Nova York: Ecco Press, 2016.

LITTLEJOHN, B. *Hug Me While I Weep, for I Weep for the World: The Lonely Struggles of Bel Littlejohn*. Londres: Little, Brown, 1998.

OBAMA, B. President Obama's Visit to Northwestern: Commencement Speech at Northwestern University. *Northwestern*, 2006. <http://www.northwestern.edu/newscenter/stories/2006/06/barack.html>.

PERALTA, C. F.; SALDANHA, M. F. Can Dealing with Emotional Exhaustion Lead to Enhanced Happiness? The Roles of Planning and Social Support. *Work & Stress*, v. 31, n. 2, 2017. Disponível em: <http://www.tandfonline.com/doi/full/10.1080/02678373.2017.1308445>. Acesso em: 10 mar. 2018.

Mito 27

BOURDAIN, A. *Kitchen Confidential: Adventures in the Culinary Underbelly*. Londres: Bloomsbury, 2000.

GOFFEE; JONES, 2006.

SCOTT, K. *Radical Candor: Be A Kickass Boss Without Losing Your Humanity*. Nova York: St Martin's Press, 2017.

GEORG Simmel: Biographic Information. *Sociology in Switzerland*, [s.d.]. <http://socio.ch/sim/bio.htm>.

Mito 28

GOFFEE; JONES, 2006.

IBARRA, H. *Act Like a Leader, Think Like a Leader*. Boston: Harvard Business Review Press, 2015.

Mito 29

GRATTON, L.; SCOTT, A. *The 100-Year Life: Living and Working in an Age of Longevity*. Londres: Bloomsbury, 2016.

HANDY, C. *The Second Curve: Thoughts on Reinventing Society*. Londres: Random House, 2015.

HILL, A. Part Generation X, Part Baby Boomer: Why Products Do Not Suit Me. *Financial Times*, 2015. <https://www.ft.com/content/f5dca830-89d0-11e-4-9dbf-00144feabdc0>.

THE Can Do, Will Do Generation. *Manpower Group*, 2016. <http://www.manpowergroup.com/millennials>.

TURCO, C. *The Conversational Firm: Rethinking Bureaucracy in the Age of Social Media*. Nova York: Columbia University Press, 2016.

WOODS, D. McDonald's Proves the Benefit of an Age-Diverse Workforce. *Human Resources*, 2009. <http://www.hrmagazine.co.uk/article-details/mcdonalds-proves-the-benefits-of-an-age-diverse-workforce>.

Mito 30

WHAT Employees Think of Their CEO's Pay Packet. *CIPD, 2015*. <https://www.cipd.co.uk/knowledge/strategy/reward/ceo-pay-report>.

PINK, D. *Drive: The Surprising Truth About What Motivates Us*. Edimburgo: Canongate, 2010.

YOUNG, S.; LI, W. An Analysis of CEO Pay Arrangements and Value Creation for FTSE-350 Companies. *CFA Society United Kingdom*, 2016. <https://www.cfauk.org/media-centre/cfa-uk-executive-remuneration-report-2016>.

Mito 31

CLIFTON, J. The World's Broken Workplace. *Gallup*, 13 jun. 2017. <http://www.gallup.com/opinion/chairman/212045/world-broken-workplace.aspx?g_source=EMPLOYEE_ENGAGEMENT&g_medium=topic&g_campaign=tiles>.

DAHLGREEN, W. 37% of British Workers Think Their Jobs Are Meaningless. *YouGov*, 12 ago. 2015. <https://yougov.co.uk/news/2015/08/12/british-jobs--meaningless/>.

MCGREGOR, D. *The Human Side of Enterprise*. Nova York: McGraw-Hill, 1960.

PROFESSOR Rob Briner. Queen Mary University of London. *School of Business and Management*, [s.d.]. <http://www.busman.qmul.ac.uk/staff/brinerr.html>.

Mito 32

KAHNEMAN, D. *Thinking, Fast and Slow*. Londres: Allen Lane, 2011.

DR LOUISE Ashley. *Royal Holloway University of London*, [s.d.]. <https://pure.royalholloway.ac.uk/portal/en/persons/louise-ashley(0dd5ce07-ba2c-4eae--853e-e6cdd35b0719).html>.

Mito 33

HILTON, A. HBOS Whistleblower Paul Moore Exposes Badly Designed Corporate Culture. *Evening Standard*, 12 jan. 2016. <http://www.standard.co.uk/business/anthony-hilton-hbos-whistleblower-paul-moore-exposes-badlydesigned-corporate-culture-a3154506.html>.

LUYENDIJK, J. *Swimming with Sharks: My Journey into the Alarming World of the Bankers*. Londres: Guardian Faber, 2015.

MOORE, P. *Crash, Bang, Wallop: The Memoirs of the HBoS Whistleblower*. Londres: New Wilberforce Media, 2015.

SEDDON, J. The Vanguard Method and Systems Thinking. *Vanguard*, [s.d]. <https://vanguard-method.net/the-vanguard-method-and-systems-thinking/>.

STERN, S. Anti-Guru of Joined-Up Management. Entrevista concedida a Russ Ackoff. *Daily Telegraph*, 8 fev. 2007. <http://www.telegraph.co.uk/finance/2803955/Anti-guru-of-joined-up-management.html>.

Mito 34

HUMAN Rights Campaign. Disponível em: <http://www.hrc.org/>. Acesso em: 10 mar. 2018.

SANDHU, S. Isolated, Anxious and Less Confident – The Damage That Can Be Done by Hiding Who You Are. *Huffpost United Kingdom*, 15 mar. 2014. <http://www.huffingtonpost.co.uk/suki-sandhu/lgbt-diversity-intheworkplace_b_6461636.html>.

Mito 35

NAYAR, V. *Employees First, Customers Second: Turning Conventional Management Upside Down*. Boston: Harvard Business School Press, 2010.

WILLIAMS, J. C. What So Many People Don't Get about the US Working Class. *Harvard Business Review*, 10 nov. 2016. <https://hbr.org/2016/11/what-so-many-people- dont-get-about-the-u-s-working-class>.

Mito 36

STERN, S. Expert Eyes on Today's Leading Questions. *Financial Times*, 8 jan. 2009. <http://www.ft.com/cms/s/0/5164884e-dd25-11dd-a2a9-000077b07658.html?ft_site=falcon&desktop=true#axzz4mRiRNF7N>.

SUTTON, B. Sesame Street Simple: A. G. Lafley's Leadership Philosophy. *Work Matters*, 25 set. 2008. <http://bobsutton.typepad.com/my_weblog/2008/09/sesame-street-simple-ag-lafleys-leadership-philosiphy.html>.

Mito 37

ABRAHAMSON, E. Managerial Fads and Fashions: The Diffusion and Rejection of Innovations. *Academy of Management Review*, v. 16, n. 3, p. 586–612, 1991. Disponível em: <http://amr.aom.org/content/16/3/586.short>. Acesso em: 10 mar. 2018.

TAYLOR, 1911.

Mito 38

ORWELL, G. Politics and the English language. *Horizon Magazine*, abr. 1946.

SHAW, G. B. Prefácio. *The Doctor's Dilemma*, 10 nov. 1906. <https://ebooks.adelaide.edu.au/s/shaw/george_bernard/doctors-dilemma/preface.html>.

Mito 39

BRANSON, Sir R. *Give People the Freedom of Where to Work*. Disponível em: <https://www.virgin.com/richard-branson/give-people-the-freedom-of-whereto-work>. Acesso em: 10 mar. 2018.

SWISHER, K. Physically Together: Here's the Internal Yahoo No-Work-From Home Memo for Remote Workers and Maybe More. *All Things D*, 2013. <http://allthingsd.com/20130222.physically-together-heres-the-internal-yahoo-no-work-from-home-memo-whichextends-beyond-remote-workers/>.

TARAFDAR, M. Good Morning, Digital Co-Worker. *Small Business Charter*, 2016. <http://sbc-devwebsite.mj7.co.uk/business-advice/good-morning-digital-co-worker/>.

Mito 40

LIQUID Workforce. *Accenture*, 2017. <https://www.accenture.com/gb-en/insight-liquid-workforce-planning>.

ZERO-HOURS Contracts: Myth and Reality. *CIPD*, 26 nov. 2013. <https://www.cipd.co.uk/knowledge/fundamentals/emp-law/terms-conditions/zero--hours-reality-report>.

LABOUR Force Survey (LFS). *Office for National Statistics*, [s.d.]. <https://www.ons.gov.uk/surveys/informationforhouseholdsandindividuals/householdandindividualsurveys/labourforcesurveylfs>.

Mito 41

CABLE, D. Seven Questions to Ask Before Leading Change. *London Business School*, 2012. <https://www.london.edu/programmes/executiveeducation/content/7-questions-to-ask-before-leading-change#.WUmsUtQrJkg>.

KOTTER, J. *Leading Change*. Boston: Harvard Business School Press, 1996.

KOTTER, J. *A Sense of Urgency*. Boston: Harvard Business School Press, 2008.

LEWIN, K. Frontiers in *Group Dynamics*: Concept, Method and Reality in Social Science; Social Equilibria and Social Change. *Human Relations*, v. 1, n. 1, 1947. Disponível em: <http://lchc.ucsd.edu/MCA/Mail/xmcamail.2013_07.dir/pdfeF83xvxgaM.pdf>. Acesso em: 10 mar. 2018.

Mito 42

THE Cincinnati Kid. Produção de Martin Ransohoff. Direção de N. Jewison. Estrelado por Steve McQueen e Edward G. Robinson. Nova York: Filmways Solar Productions, 1965.

Mito 43

KELLAWAY, L. Apple Has Built an Office for Grown-Ups. *Financial Times*, 2017. <https://www.ft.com/content/6e873378-5d68-11e7-b553-e2df1b0c3220>.

EMPLOYEE Job Satisfaction and Engagement: Revitalizing a Changing Workforce. *SHRM*, 2016. <https://www.shrm.org/hr-today/trends-and-forecasting/research-and-surveys/pages/job-satisfaction-and-engagement-report-revitalizing-changing-workforce.aspx>.

STERN, S. Loiter with Intent, Says Dr Goodnight. *Daily Telegraph*, 24 fev. 2005. <http://www.telegraph.co.uk/finance/2906530/Loiter-with-intent-says-Dr--Goodnight.html>.

AGRADECIMENTOS

Sou grato aos chefes para quem trabalhei, os bons, os brilhantes, e os nem sempre de todo impecáveis, pelos exemplos que me ofereceram, nos quais me baseei para escrever este livro. Passei um ano na BBC, em meados da década de 1990, que foi como fazer um curso intensivo em política de escritório. Lembro-me com carinho dos meus tempos na Industrial Society, pouco depois, onde deparei pela primeira vez com a teoria e a prática da gestão, e também conheci meu grande herói e mentor, o falecido Geoffrey Goodman. Rufus Olins tornou-me editor da revista *Management Today*. Devo-lhe essa grande oportunidade. Vivenciei a Web 1.0 com Pradeep Jethi e Simon Caulkin. Até que o *Financial Times* se arriscou comigo, primeiro como colaborador freelance, depois como colunista. Sou grato ao editor Lionel Barber e às dezenas de ótimos colegas com quem trabalhei. O *FT* ainda é padrão de excelência e prestígio. Robert Phillips e Richard Edelman foram empregadores generosos e imaginosos. E os *trustees* do High Pay Centre foram gentis, pacientes e tolerantes com a minha gestão menos que perfeita.

Meu coautor, Cary Cooper, foi fonte maravilhosa de encorajamento e apoio. Este livro nunca teria sido escrito sem a energia, o entusiasmo e a inspiração dele. Também agradeço a meu pai, de 95 anos, por sua grande sabedoria, temperamento e maturidade, e por seus *insights*. Tem sido ótimo trabalhar com a Kogan Page. Eles realmente sabem o que estão fazendo.

Meus mais profundos agradecimentos se destinam à minha esposa, Rachel, e às nossas filhas, Josie e Rosa, que aprenderam a tolerar a rabugice de um pai cujas palavras nem sempre fluíram tão bem quanto deveriam.

Stefan Stern

LEIA TAMBÉM

RECEITA PREVISÍVEL
Aaron Ross & Marylou Tyler
TRADUÇÃO *Celina Pedrina Siqueira Amaral*

Toda empresa precisa vender, isso é inquestionável. No entanto, a maior parte delas permanece refém do acaso, sobrevivendo à base de resultados pífios, insuficientes e imprevisíveis. *Receita Previsível* (*Predictable Revenue*) é uma provocação a empresas, gestores, empreendedores e todos aqueles que lidam com vendas, para que saiam da posição de vítimas passivas da demanda de mercado e passem a protagonistas dos resultados.

Com a revolucionária metodologia *Cold Calling 2.0*, sua empresa nunca mais perderá tempo e dinheiro com processos de prospecção ultrapassados e ineficazes, e você assumirá o controle da receita, tornando-a completamente previsível.

De forma objetiva e com *cases* reais implantados pelos próprios autores – Aaron Ross e Marylou Tyler –, você aprenderá, passo a passo, como colocar em prática o processo de vendas *outbound*, que levou empresas como a Salesforce.com e a HyperQuality a aumentarem em mais de 300% suas receitas e a obterem milhões de dólares em receitas futuras. Sem milagres ou fórmulas mágicas, você será capaz de estruturar uma verdadeira máquina de vendas na sua empresa, sem grandes investimentos em marketing, utilizando apenas método, pessoas e disciplina para obter resultados incríveis.

Considerado a bíblia de vendas do Vale do Silício, *Receita Previsível* é um livro instigante, mas acima de tudo útil, como uma consultoria do mais alto nível.

PETER DRUCKER: MELHORES PRÁTICAS
Como aplicar os métodos de gestão do maior consultor de todos os tempos para alavancar os resultados do seu negócio.

William A. Cohen, PhD

TRADUÇÃO *Afonso Celso da Cunha Serra,
Celina Pedrina Siqueira Amaral*

Mundialmente conhecido como o pai da administração moderna, Peter Drucker (1909-2005) também foi um dos mais renomados e bem-sucedidos consultores de gestão de todos os tempos, tendo atuado em centenas de organizações públicas e privadas de vários países. Em *Peter Drucker: melhores práticas*, William A. Cohen, o primeiro aluno graduado no PhD executivo criado por Drucker, detalha as práticas mais efetivas de gestão adotadas pelo fenômeno da administração que ajudaram empresas como a General Eletric (GE) a chegarem ao topo. Esta obra pode ser considerada uma enciclopédia das práticas de Drucker, além de orientar sobre como e quando aplicá-las. Enquanto consultores de gestão encontrarão um guia completo com as melhores técnicas e metodologias para serem aplicadas em projetos de intervenção organizacional, executivos, gestores e empreendedores poderão ter em mãos uma verdadeira bússola para examinarem seus negócios e organizações, por meio de perspectiva pragmática – que reforça a influência e o impacto do pensamento e das metodologias de Drucker sobre as organizações até os dias atuais.

A BÍBLIA DA CONSULTORIA
Métodos e técnicas para montar e expandir um negócio de consultoria

Alan Weiss, PhD
TRADUÇÃO *Afonso Celso da Cunha Serra,*

Se você já atua ou pretende ingressar no mercado de consultoria, precisa ler este livro. Alan Weiss é um dos mais notáveis consultores independentes de todo o mundo. Com cerca de 40 livros publicados e mais de 500 clientes atendidos em 55 países, o autor é referência quando o assunto é consultoria.

Com a consistência de quem pratica o que diz, Alan discorre, ao longo de 15 capítulos, sobre seus métodos e técnicas, indo desde a estratégia e o posicionamento do serviço de consultoria até questões mais operacionais sobre como elaborar propostas ou como lidar com questões administrativas, tecnológicas e de pessoal.

Para aqueles que já estão nesse ramo há algum tempo, Alan dá dicas e orientações valiosas sobre como lidar com clientes, como cobrar honorários mais elevados e como expandir seu negócio por meio de licenciamento, *franchising* e desenvolvimento de processos patenteados que possam se tornar fontes de receita.

Se tornar-se um consultor ainda é apenas uma possibilidade, este livro pode ajudá-lo a tomar a decisão mais acertada, porque expõe de forma verdadeira, clara e objetiva o que constitui a rotina de um profissional da área.

Com uma linguagem didática e bem fundamentada, *A Bíblia da Consultoria* é um guia prático, tanto para prestar o serviço de consultoria em si quanto para gerir um negócio com excelência técnica e resultados financeiros.

TRANSFORMAÇÃO DIGITAL
Repensando o seu negócio para a era digital

David L. Rogers
TRADUÇÃO *Afonso Celso da Cunha Serra,*

Como podemos adaptar nosso negócio à era digital? Essa é a pergunta que vem tirando o sono de muitos CEOs, dirigentes e gestores de empresas diante da quantidade e profundidade das mudanças no ambiente de negócios nos últimos anos. Especialmente para negócios estabelecidos antes da virada do milênio, esse cenário tem se mostrado bastante desafiador. Migramos do mundo analógico para o digital, em que o ritmo é bem mais frenético, e os resultados, incertos. A comunicação entre pessoas e empresas se dava por telefone, correio ou, no máximo, e-mail. Não se podia prever a dimensão que as redes sociais, as mensagens virtuais, o comércio eletrônico e o marketing digital alcançariam. Basta lembrar que algumas empresas gigantes da atualidade, como Amazon, Google, Facebook, YouTube e Netflix, têm pouco mais de 10 anos de existência.

Transformação Digital: repensando o seu negócio para a era digital é um caminho para ajudar empresas de todos os portes e segmentos a refletirem sobre esse universo que se impõe e a encontrarem alternativas estratégicas para se ajustarem aos novos tempos. Com a autoridade de quem vem ajudando empresas como GE, Google, Toyota, Visa, SAP e IBM a fazerem sua transformação digital, e com o conhecimento de quem dirige os programas executivos de Digital Business Strategy e Digital Marketing da renomada Columbia Business School, David L. Rogers propõe uma análise profunda do que denomina "os cinco domínios da transformação digital: clientes, competição, dados, inovação e valor". Com esse *framework,* o autor consegue organizar o raciocínio em torno do tema e pavimentar o acesso à sua implementação. Parafraseando o próprio Rogers, transformação digital não se trata de uma questão de tecnologia, mas sim de estratégia.

CUSTOMER SUCCESS
Como as empresas inovadoras descobriram que a melhor forma de aumentar a receita é garantir o sucesso dos clientes

Dan Steinman, Lincoln Murphy, Nick Mehta
TRADUÇÃO *Afonso Celso da Cunha Serra,*

De onde virá a receita do seu negócio no futuro? Sua empresa ainda é daquelas que têm de "matar um leão por dia" para fechar o mês? Já ouviu falar em receita recorrente? Acha que customer success é assunto apenas para empresas de tecnologia ou startups?

Se esses e outros questionamentos já lhe foram feitos, você precisa ler *Customer Success* para descobrir que, mais que um neologismo, trata-se de uma nova estratégia para lidar com os modelos de negócio fundamentados em serviços em vez de produtos, no uso em vez da propriedade. Seja qual for o segmento em que atua, direta ou indiretamente, você será impactado por esse fenômeno.

Customer success tem a ver com a geração de receita por meio da criação de drivers de retenção ativa de clientes, de redução do *churn* e estratégias de *upselling* para maximizar o valor do cliente ao longo do seu ciclo de vida, o *Lifetime value* (LTV). Muito além da satisfação dos clientes, *customer success* é saber que a sobrevivência da sua empresa depende do sucesso do negócio do seu cliente e, a partir daí, adequar estruturas e processos para crescer de forma rentável e contínua.

INTELIGÊNCIA EMOCIONAL EM VENDAS
Como os supervendedores utilizam a inteligência emocional para fechar mais negócios

Jeb Blount
TRADUÇÃO *Afonso Celso da Cunha Serra,*

Os profissionais de vendas estão passando por uma verdadeira prova de fogo. De um lado, compradores com mais poder, informação e acesso a fornecedores prontos para tomar o seu lugar em todo o mundo. De outro, um ambiente tecnológico disruptivo, onde um produto ou serviço pode virar pó da noite para o dia.
O que fazer nessa situação?
Aproximadamente 1% dos profissionais que atuam em vendas estão se dando bem nesse cenário: são os supervendedores. Essa elite de vendas está usando a inteligência emocional para fechar mais negócios.
Nesta obra, Jeb Blount apresenta detalhadamente as técnicas e os comportamentos utilizados por esses vendedores de alta performance, capazes de influenciar compradores e decisores e superar a concorrência.
Inteligência Emocional em Vendas aborda o hiato do relacionamento humano no processo de vendas atual, um momento em que as organizações estão falhando porque muitos vendedores nunca desenvolveram as habilidades humanas necessárias para envolver os compradores no nível emocional.

MITOS DA LIDERANÇA
Descubra por que quase tudo que você ouviu sobre liderança é mito

Jo Owen

TRADUÇÃO *Afonso Celso da Cunha Serra,*

Em *Mitos da Liderança,* Jo Owen derruba um a um, 56 mitos sobre a liderança que fazem parte do senso comum e estão impregnados nas mentes de milhares de estagiários, jovens profissionais e até dos mais experientes especialistas, impedindo-os de assumirem posições de liderança pela crença em ideias arraigadas, ultrapassadas e sem qualquer comprovação científica sobre o que é ser um líder de fato. Com base em dados e estudos científicos, Jo apresenta a cada capítulo os argumentos que derrubam cada um dos mitos que o senso comum em negócios nos faz acreditar. Ele também releva um horizonte de possibilidades para que cada um de nós se identifique com o texto e faça seu próprio diagnóstico sobre suas crenças e conhecimento a respeito da liderança.

Mais do que conhecimento, Jo Owen abre um novo horizonte sobre o tema da liderança e sacode o nosso espírito crítico para que possamos remover as barreiras que nos impedem de explorar todo o nosso potencial como líderes.

Depois de *Mitos da Liderança* sua visão e opinião sobre as "verdades" sobre os líderes nunca mais serão as mesmas.

OS SONHOS DE MATEUS
Aventuras e desventuras de um empreendedor no universo das startups

João Bonomo

Já pensou em empreender?
E em ter sua própria startup?
Essas e outras questões afligem milhares de jovens que estão ingressando na vida adulta e se vendo diante de dilemas até então distantes do seu cotidiano. Com a conclusão do ensino médio e o ingresso na universidade, a busca por uma carreira que concilie qualidade de vida e sucesso profissional é permeada por dúvidas, prazeres, dores, sucessos e fracassos. É um momento de escolhas difíceis, que terão impacto por toda uma vida. É também um período de fortes emoções nas relações familiares, amizades, amores e novos meios sociais que o jovem passa a frequentar.

Em *Os sonhos de Mateus*, uma ficção sobre empreendedorismo, esses e outros ingredientes se juntam para apresentar aos jovens um dos caminhos possíveis para a busca da autorrealização na vida e no trabalho: a arte de empreender.

Ambientado no universo das startups – empresas de base tecnológica fundadas e dirigidas por jovens empreendedores –, *Os sonhos de Mateus* conta a jornada de um jovem como qualquer outro, que se vê diante de questões complexas como carreira, independência financeira e a busca da própria identidade.

De forma leve e didática, os conceitos, processos e atitudes para se empreender são tratados ao longo do livro nas passagens de Mateus e nas suas relações com familiares, amigos, colegas de faculdade, de trabalho, enfim, no seu dia a dia. *Os sonhos de Mateus* também mostra os dois lados do empreendedorismo: os sucessos e fracassos, as aventuras e desventuras. É um livro esclarecedor, que desmitifica a figura do empreendedor e faz com que os jovens se identifiquem com Mateus, levando-os a conhecer e refletir sobre a questão do empreendedorismo e a encontrar o "Mateus" que existe em cada um de nós.

Este livro foi composto com tipografia Bembo e impresso
em papel Off-White 70 g/m² na Assahi.